Conjeturas sobre la memoria de mi tribu

José Donoso

Conjeturas sobre la memoria de mi tribu

ALFAGUARA

© 1996, **José Donoso**
© De esta edición:
1996, **Aguilar Chilena de Ediciones, Ltda.**
Pedro de Valdivia 942, Providencia,
Santiago de Chile
Inscripción N° 96057

- **Santillana, S.A. (Alfaguara)**
  Juan Bravo, 38. 28006 Madrid, España
- **Aguilar, Altea, Taurus, Alfaguara, S.A.**
  Beazley 3860, 1437 Buenos Aires, Argentina
- **Aguilar Mexicana de Ediciones, S.A. de C.V.**
  Avda. Universidad 767, Col. del Valle,
  México D.F. CP 03100
- **Editorial Santillana, S.A.**
  Carrera 13 N° 63 - 39, Piso 12,
  Santa Fe de Bogotá, Colombia
- **Editorial Santillana, S.A. (ROU)**
  Javier de Viana 2350
  Montevideo, Uruguay

ISBN: 956 - 239 - 017 - 9
Diseño:
Proyecto de Enric Satué
Cubierta:
Verónica Rojas, Magaly Villalón

Impreso en Chile/Printed in Chile
Primera edición: abril 1996

Éste es un tributo para
las mujeres de mi descendencia,
PILAR, NATALIA y CLARITA,
para que no se olviden
y lo vuelvan a contar
y a inventar otra vez más.

En el ocaso de la vida se impone la necesidad de recoger el mayor número de sensaciones que han atravesado el organismo. Pocos lograrán hacer con ello una obra maestra, pero todos deberían preservar algo que sin ese pequeño esfuerzo se perderá para siempre. Llevar un diario, o escribir, a cierta edad, nuestras memorias, tendría que ser una «obligación impuesta por el Estado». Al cabo de tres o cuatro generaciones se habría recogido un material precioso, y podrían resolverse muchos problemas psicológicos que acosan a la humanidad. (No hay memorias, por insignificante que haya sido la persona que las escribió, que no encierren valores sociales y expresivos de la mayor importancia...)

Giuseppe Tomasi di Lampedusa

Capítulo uno

La trama de los orígenes

Hace quince días terminé mi nueva novela, *Donde van a morir los elefantes:* comprobé una vez más que ciertos textos tienen mayor envergadura, poseen más fuerza y presencia que el escritor que pretende haberlos creado. Había iniciado esta novela con un esquema que me creí capaz de despachar en doscientas páginas. Pero el relato, indómito, exuberante, díscolo, se me fue saliendo alegremente de madre, y al final, acezante, completé seiscientas páginas que no comprendo de dónde fueron apareciendo. Resulta difícil pensar que todo este enigmático material no me haya acechado desde siempre, escondido en los pliegues de un texto-previo-al-texto inscrito en el silencio en mi ADN antes de que yo naciera. Un tiránico pie forzado, una simiente remota de lo que muchos avatares más tarde se manifestaría como el espacio y el tiempo de lo que estoy escribiendo: mi modo de sentir, de imaginar, me viene de muy atrás, y ahora estas «memorias» son la ocasión propicia para utilizar esos antiguos instrumentos.

Por los días en que entregué el manuscrito de *Donde van a morir los elefantes,* una buena amiga, aunque de sensibilidad algo roma, me preguntó con la mejor intención del mundo si se trataba de mi «testamento literario». Contesté con un airado «¡no!». Su pregunta consumió mi pobre remanente de tranquilidad en una llamada de protesta, ya que hacia el final de la escritura de un libro suelo sentir un trueno en el sismógrafo que oscila con mi habitual temor ante el término de un texto. ¿Por qué esta sensación de catástrofe para mi salud cuando entrego una novela? ¿Por qué esta sensación de merma del oxígeno de la fantasía, de paseo por los ribetes de la muerte, de carencia, de ser un pobre hombre vulnerable e inerme?

Inmediatamente después de expedirle mi texto a Carmen Balcells, mi ilustre agente literario en Barcelona, para que lo ofreciera como en un remate, sentí el acoso de las preguntas de siempre en el momento de consignar mi carne a las fieras que rugen en el circo de las ediciones y los lectores. Son preguntas que no versan ni sobre la calidad literaria o informativa de mi obra, ni sobre el resultado exitoso o no de lo recién entregado. Son mucho más brumosas estas especulaciones propuestas por mi autoritario texto-previo-al-texto: acertijos sin respuesta, preguntas brutales enclavadas en el centro mismo de todas las preguntas posibles. La amenazante perspectiva de no ver nada si no logro despojarme de ciertos antifaces y máscaras que velan la superficie oceánica de mi inconsciente... ¿Confesiones? ¿Qué voy a confesar, si ni siquiera identifico de quién es la sombra que transita desvelada por el jardín, y que puede o no ser una parte esencial de mi yo fugitivo? ¿Por qué me siento incapaz, vano, huero, torpe, ante las invitaciones a compartir la luz, donde la realidad se muestra accesible para mi inteligencia o mi amor? ¿No es todo otra burla salvaje del controvertido Ser Supremo? Los cucos infantiles, las acusaciones de mi propia ineficacia, reaparecen en el gesto virtual del arco tendido: sé que mi flecha no será flecha verdadera mientras no la haga volar de nuevo y no tenga la certeza de que su puntería hará sangrar el blanco.

¿Qué escribir, entretanto, para echar a volar de nuevo mi flecha? ¿Un ponderado romance filosofante? ¿Un libro de viajes y aventuras infantiles? ¿Una relación de míticas batallas entre onas y yaganes que luchan por apoderarse de una manada de guanacos? ¿Un recorrido por las sensibilidades desolladas —víctimas de aquello que entonces solíamos llamar «la vida»— en los salones de Madrid y Lucca, de Washington y Barcelona, de Buenos Aires y Santiago de Chile, al pie de esta cordillera vertiginosa en cuyas cimas heladas encontraron a un pequeño noble incaico, plácidamente dormido bajo un intacto manto de blancura desde hacía varios siglos?

La verdad es que nada de todo esto me apetecía. Carezco de imaginación histórica, aunque la historia, especialmente la de mi tribu, me apasiona cuando me toca de cerca.

Pero ninguno de los temas que me escocían en la punta de los dedos me quemaba la mano entera para que los escribiera. Ansiaba verme, y a los míos, en medio de un fragor que desconozco porque, claro, mi historia personal, mi experiencia, es casi exclusivamente doméstica, jamás épica, y sólo los acontecimientos tocados por lo épico son conservados por la memoria en volúmenes empastados en rojo y oro, tanto que en mi casa, de niño, las cartas y los diarios de otro tiempo me parecían servir sólo para embalar la cristalería. Todo lo que me rodeaba se me ocurría carente de arranque y motores propios, sin metabolismos autónomos que estiraran mis sinapsis para ligarme a mundos que no fueran sólo domésticos, sino también encarnaciones de los grandes temas que —lo sentí— me dejaban al margen. Quizás a modo de paliativo me convencía de que crecer significa echar mugrones, enterrar papas para cosechar más de lo mismo, sólo que reconstituido. Reviví esa vieja ansiedad que me había mantenido sediento durante años y años de espera, hasta que me llegó el momento para cumplir ciertas obsesiones, inabordables mientras no florecía en mí el absurdo lirio morado de la nostalgia. Ahora he cumplido setenta años y cuento con lirios y nostalgia para dar y regalar: estoy seguro de que me ha llegado el momento de revisar y revalorar —reinventándola— mi propia historia y la de los míos, y aceptar todo lo que ella puede tener, y de hecho tiene, de «trucado».

Desde niño aceché, esperando con malsana avidez, la coyuntura propicia para ceder a la tentación de escarbar en mi memoria tribal y reordenar su arquitectura para reconocerme en ella.

Hablé con viejos o los llevé de paseo al parque, abrí los cajones de la niñez para rescatar fotos amarillentas, reactualicé nombres de personas y de caserones donde las ventoleras inflaban los postigos de las habitaciones vacías del invierno, atesoré como detentes ciertos objetos que pertenecieron a algún anciano rengo del que yo me declaré alevín. «¡Pobre!

¡Qué antipático este niño! Casi no es un niño; es un viejo-niño; o un niño-viejo... ¿por qué no juega con los demás, en vez de andar preguntando cosas tontas y visitando a cuanto viejo encuentra?» Y yo seguía a los ancianos a todas partes, embrujado por su ceceo, por su cojera, por ese aroma tan particular que tienen los que transitan cerca de la muerte... «¿Por qué no juegas conmigo?», me llama mi padre, de seis años, vestido de marinerito blanco, arrastrando un coche de juguete por los senderos del parque de «Odessa», el fundo de su abuelo ya anciano en 1895, que es la fecha de la foto. Pero yo no acudía al llamado; o al de mi madre, que luciendo el amplio escote de un vestido de teatro, en un palco de 1920, me mandaba a jugar con mis primos. Yo no siempre obedecía, prefería quedarme interrogando a alguien, embobado en las barrocas locuras de algún viejo. Era como si estuviera apacentando mis cohortes para después, en una audaz zambullida de buzo en las aguas turbias, hundirme a rescatar unas cuantas piezas originarias, ahora deformadas por las algas y las sales del mundo subacuático donde fueron depositadas por antiquísimos naufragios: yo, con mi formidable instrumental de palabras, era el único capaz de rescatarlas...

Las noches que siguieron a la pregunta de mi amiga sobre mi «testamento literario», no logré dormir ni una pestañeada, ni siquiera con el antifaz de seda negra que reservo para mis noches más indomables. Con la ausencia del sueño se hicieron más urgentes las preguntas: ¿quién, al fin y al cabo, era yo? ¿De dónde había aparecido mi cuerpo? ¿Quién fue el primer dueño de mi mirada, de mis manos diestras con el alfabeto, de mi futuro tal como lo tenía escrito en mi palma? ¿Quién lució la horma alargada de mis pies, mi torso demasiado angosto? ¿Quién la docilidad de mi pelo, de mis orejas un poco móviles? ¿De quién fueron las circunstancias que determinaron la conducta de tantos tatarabuelos desconocidos, y por eso mismo obsesionantes, que me impulsaban a reinventarlos a partir de escasos datos? ¿Qué manías, qué preferencias, qué visiones trajeron los primeros de mi tribu que arribaron a estas pobres costas que al cabo de tantas generaciones he aprendido a llamar «nuestras»? ¿Cómo vivieron? ¿Conocieron el hambre y el frío y los tinglados del poder y los cambullones del dinero? ¿Cómo se defendieron del terror en la despoblada tierra americana? ¿Con el hacha y la lanza, o comprendieron que también se sobrevive por medio de la copla y la vihuela?

Mis desvelos tenían poco que ver con la genealogía, trabajo que me parece más bien insulso. ¿Por qué debían importarme los blasones, por lo demás, si a los doce años yo ya estaba resuelto a adquirir una gloria distinta, de novelista, dedicando mi vida a contar cuentos?

Dos motivos avalan mi derecho a reclamar como propias ciertas justificaciones. En primer lugar, desde el principio acepté las fantasías y los temores característicos de una raza que jamás dudé en llamar «mía»: desde el inicio me di cuenta de que todo consistía en la herencia de una fisura, una pifia que destruía la perfección superficial de toda visión, una fragilidad de la cual nacía el impulso a ser otra cosa, que en mi caso era —como en tantos de la familia de mi madre— la ambición de reencarnarme en escritor. No tuve libertad de elección porque un escritor no elige ni su voz, ni su mundo, ni su protesta, ni su modo de manifestarla; lo que fue creciendo desde mis palabras, pronto lo comprobé, me estaba asignado antes de que yo naciera, atándome a cierto dolor de perfil inconfundible. En mí ese dolor se dio, desde que fui niño, como una conciencia de *fisura social,* un desorientador menoscabo de quién era yo y quiénes mis padres, lo que destruía mi escasa seguridad sobre el lugar que me correspondía dentro del grupo de los que la suerte me asignó como pares. Quizás por eso estoy escribiendo ahora.

El segundo motivo es más puramente cultural. Desde mis lecturas iniciales me di cuenta de que el dolor causado por la ambigüedad social es uno de los temas que en los novelistas han dado mayores frutos, una de las «fallas geológicas» con *pedigree* literario más sólido. Genios como Jane Austen, Dostoievski y Trollope, como Stendhal, Victor Hugo, Balzac y Marcel Proust, como Henry James, Oscar Wilde y Virginia Woolf, montaron sus temores, sus fantasías, en novelas sobre esta pasión que hoy nos parece tonta, anacrónica, y que no le importa a nadie. Pero de algún modo les sirvió a estos genios para armar sus grandes maquinarias literarias, dándole a esa *fisura* una validez atemporal y universal. Frente a las potentes fantasías de estos grandes creadores, más de un oligarca chileno puede burlarse, y no sin razón, de que los escritores y sus personajes, e incluso a veces su lenguaje, sean *siúticos* («¡qué lástima que Balzac haya sido siútico!», he oído quejarse a más de un oligarca *made in Chile)*, seres socialmente ambiguos o desclasados, víctimas del quiero-pero-no-puedo que suele transformarlos en caricaturas. Es la batalla clásica de los que se debaten en esa dolorosa frontera que es conocer el pelo que los separa de lo absurdo. Claro que al desdeñarlos, y desdeñar esa batalla, el oligarca pasa por alto el hecho de que ningún antisiútico escribió *Rojo y negro* o *En busca del tiempo perdido,* narraciones llenas de execrables excesos y de fallas del pensamiento cartesiano. No se puede negar, claro, que Tolstói y Turguénev, que Faulkner y Melville, fueron novelistas geniales además de ser consumados aristócratas. Pero Tolstói era un señor feudal de otro continente y otro siglo; Turguénev se marginó haciéndose amante de una Viardot y fue más un parisino que un ruso; Faulkner fue provinciano y Melville pobre, lo cual les abrió las puertas de la inseguridad, dándoles acceso al aire libre, a la irreverencia de esa pasión que lleva a exponerse al mal gusto de las cosas extremas: muchas de sus novelas suelen ser excesivamente emocionales, recargadas de perifollos o exageradamente intelectualizadas, lo que les da, en el fondo, un aire muy burgués, una solidez muy decimonónica.

No acuden fácilmente a la memoria nombres de grandes novelistas que hayan sido aristócratas absolutos y se sintieran propietarios del talento y la ironía, del contenido y el tono de las ideas y la inteligencia, dictadores de qué es el buen gusto y qué no. En Chile, en cambio, dicen estos efímeros Petronios, no se puede decir «falda» sino que hay que decir «pollera»; jamás «rojo» sino «colorado»; nunca «invitar» sino «convidar», etcétera.

Al pensar en los grandes novelistas, acuden a mi memoria,

más bien, los nombres de burgueses inseguros, habitantes de las fronteras entre las clases, titubeando en el límite de lo ridículo: Balzac, gordo y desdentado, se lanzó a la conquista de Mme Hanska blandiendo su bastón de empuñadura de oro con turquesas, causando la risa y la envidia de cuantos lo conocían. O la cohibida figura de Virginia Woolf, que permitió que se le cayeran los calzones cuando lucía un vestido verde de aparato en la recepción de una duquesa. Con razón uno de los mellizos de Grammont me dijo, no sin orgullo, en su casa cerca de París: «*Ma grande-mère ne recevait pas Proust*», aludiendo a Mme de Grefulle, prototipo de Oriane de Guermantes. ¿Por qué, en realidad, habían de «recibir» al *pauvre petit Marcel* en ese ambiente de caballos de carrera y de Issotta-Fraschini, donde en una reunión oí afirmar que resultaba mucho más barato tener dos Daimler en vez de uno solo? El novelista oligarca, o que aspira a serlo, tiende a producir una literatura hegemónica, normativa —¡castigo por decir «rojo» en vez de «colorado»!—, propia de un mundo que no debe parecer, por ningún motivo, un mundo amenazado. Suelen ser novelas un poco duras, sin oscilación, divertidas, agudas, inteligentísimas, a veces encantadoras, pero carentes de *pathos*. No tienen esa visión tentativa que propone al autor como víctima parcial de su propio texto, desgarrado por toda clase de titubeos que son, al fin y al cabo, la esencia misma de toda gran novela. Viajar en primera clase en avión conserva para ellos un prestigio de *rastás,* algo que desde una óptica contemporánea parece totalmente ingenuo: tiene poco que ver con la comodidad y mucho con su obsesión de categoría.

Todo lo dicho sobre la hegemonía implícita en los escritos de los oligarcas se puede afirmar en forma muy similar sobre la producción novelística de la clase popular. Los obreros son muy conscientes de sus postergados derechos, y trabajan para continuar siendo lo que son en las mejores condiciones posibles. Así sus novelas, generalmente, son metáforas cerradas de su lucha social, tratados doctrinarios, defensivos. Las innumerables novelas de inspiración popular producidas entre los años 1930 y 1960 son casi siempre de calidad más bien discutible. No hablemos, claro, de un James Joyce, el Picasso del lenguaje, cuyas novelas serían lo que son cualquiera sea la clase social de su procedencia. Ni de D. H. Lawrence, que inauguró el mundo del inconsciente. Los novelistas de gran altura —Camus, por ejemplo— jamás pertenecen al pueblo: traicionan a su clase en cuanto se ponen a escribir genialidades.

Los novelistas de origen popular a que me refiero no son tránsfugas que aspiraron a ser lo que no son, ni se sienten obligados a buscarse en un dolor pequeño, particular, sin proyecciones, analítico, culpable, individual. No sufren la desorientación endémica de los que carecen de misión, ni aspiran a revalorizar un mito. Ninguno debió inventar sus códigos, en los que la fisura personal representa la metáfora de una fuerza que tiene misteriosas resonancias, inasibles fuera de lo literario: los obreros están empeñados en su lucha para sobrevivir como clase, y en mejorar esa condición con los resultados de su lucha. No se pueden distraer de ella para remozar sus textos equiparándolos con los grandes textos de la cultura.

Sería ciertamente exagerado afirmar que para convertirse en un novelista de fuste es menester ser *siútico,* en el sentido chileno que aquí le he dado a esa confusa locución. Sea como sea, me sigue pareciendo imprescindible reconocer que si no se siente inseguridad, inestabilidad, falta de certeza, si la novela no es búsqueda y pregunta, el novelista en ciernes tendría la necesidad de procurarse cualquier laya de marginación. El escritor joven se dará cuenta de que esta bajada a los infiernos tiene un alto costo, siendo necesario liquidar, mediante un resentimiento creador, aparejado con una capacidad de admiración, e incluso de envidia sin límites, todo remanente burlón, fruto de su inseguridad: marginarse, aceptar el papel de víctima o derrotado, traicionar a su clase y, sobre todo, ejercer un ánimo destructor. La novela, más que ninguna otra forma, moviliza a los seres a cumplir la fantasía, rara vez lograda, de ser lo que no son.

Yo desciendo, tanto por la familia de mi padre, que es reprobablemente provinciana, como por la familia de mi madre, que es de origen oscuro, de tribus muy distintas pero que, hasta cierto punto, comparten parecidas fallas geológicas, pese a estar colocadas en las antípodas de la sensibilidad, de la cultura y del poder.

Mi padre pertenece a una vieja raza de latifundistas originada en la Conquista, de la que yo encarno la decimoquinta generación en línea recta desde el primer Donoso llegado a Chile en 1581. En este fin de milenio, la familia ha perdido tierras y posición, aunque hasta hace poco fueron autoritarios «caciques» regionales, una orgullosa estirpe de huasos descendientes de encomenderos y feudatarios, dueños de extensas heredades y señores de múltiples caseríos indígenas. Fueron empobreciendo hasta que al final sólo producían personal para el servicio de las casas patronales. Mis abuelos fueron gente de a caballo, señorones provincianos de poncho de vicuña —o de manta de Castilla cuando el invierno arreciaba—, espuelas tintineantes y sombrero de ala recta sombreando su mirada azulina, su cutis de loza y sus airosos bigotes blancos. Eran agricultores de la zona central de Chile y carecían de otra ciencia que la de vigilar sus predios, revisando de tanto en tanto los pies de cabra construidos en el caudal del río para impedir que el vecino de más arriba les robara el agua a la que tan antiguo derecho tenían. Vigilaban los grandes terrones de cuarzo salado en horquillas de palo colocadas en el centro de sus potreros para que no le faltara sal al ganado lanar. La mayoría de estos terratenientes eran bastante primitivos, ajenos a los idiomas de la cultura y de las ideas, y al refinamiento importado de Londres, Nueva York, París y Madrid. Siempre hubo excepciones, claro —pienso en el brillo intelectual de mis parientes Donoso Novoa y en su educación alemana, por ejemplo, pero lo frecuente era que los más avisados abandonaran su zona de origen para huir, apenas fuera posible, a establecerse en ciudades donde la vida tenía mayor variedad que la ofrecida en las tertulias de los parientes Cruz, Vergara, Silva, Letelier, Garcés y Opazo, y sobre todo antes de que las hijas comenzaran a inquietarse en la soledad de los largos inviernos talquinos y tomaran lo que entonces se llamaba «por el camino de en medio». En la casa de mis bisabuelos no se podía dejar de sospechar que tanto soñar con femeniles refinamientos obedecía a malvadas leyendas europeizantes, herejías con las que ellos, criollos de pura cepa, preferían no tener nada que ver.

No eran, eso sí, extraños a las oraciones de las vísperas en la Parroquia, ni a jugar, en los crepúsculos de invierno con aroma de sopaipillas en chancaca de Paita, una mano de malilla con el nuevo sotacura, ni al rosario prolongado con interminables cogollos y jaculatorias, ni a las procesiones con anda, ni a las novenas para santos de escasa monta. Pero su beaterío no les impedía tomar parte en las cuecas y el guitarreo de las provisionales chinganas que de la noche a la mañana crecían como la mala hierba en la otra orilla del río Claro para celebrar las Fiestas Patrias. Allí, es de suponer, achispados por la chicha y el vino nuevo, los jóvenes tarambanas fueron engendrando el hato de *guachos* de su multicolor descendencia. Tengo una regocijada consanguinidad con los Donoso de todos los pelos, diseminados por los campos, los pueblos y las barriadas del país, y casados, o simplemente rejuntados, con toda laya de hembras: la india de largas trenzas negras; la mulata de extremidades rítmicas; la visigoda de ojos azulinos y cabellera de oro, seguida cada una por una tropa de chiquillos patipelados y mestizos que, con el tiempo, se adentraron eficazmente en todas las clases sociales y en todos los oficios. Es a través del apellido compartido que me siento ligado a esta tierra y a esta historia y a esta provincia que apenas conozco pero que, suelo fantasear, es la mía.

¿Es escasa la realidad, y mucha mi imaginación relativa a los guachos familiares? No lo creo. Mi tía Berta, bella y elegante, todavía una amazona de paso largo y firme a sus arruinados noventa años, suele recorrer Santiago entero en bus o en metro para visitar a los que quedan de su familia y predicar sus ideas de izquierda. Me cuenta que en una ocasión, cuando vivía en la casa de su padre en Talca, se descompusieron las cañerías de la cocina y fue necesario llamar de urgencia a un gásfiter. Éste llegó y ejecutó su trabajo bajo su vigilancia. Ella no dejó de observarlo. Al terminar le pagó, pero después de cerrar la mampara, la tía Berta le preguntó en voz baja a su padre:

—¿Hermano tuyo?

El abuelo tomó un minuto para recapitular y luego respondió con soltura:

—No. Tío.

Rescato de mi memoria infantil, que se va poniendo borrosa, los largos caminos en el polvo de caseríos de adobe y chilcas, los techos coloreando con los choclos puestos al sol para la chuchoca. En primavera el aroma de las higueras lo penetraba todo, y los álamos cambiaban sus cortezas como ofidios preparando su vestuario de seda para los calores, sacudiendo en la brisa sus chascas enredadas en nidales de quintral. Y en medio de las mesas del comedor se disponían, como charcos de sangre ritual, fuentes rebosantes de peumos para que las vírgenes los picotearan entre plato y plato, ejercitándose para estar calladas porque así pescarían marido, ya que sólo tienen suerte las mujeres que hablan poco gracias a que de chicas se les enseñó a «cocer peumos» en la boca cerrada.

Con el chirrido de sus ejes de madera, las pocas carretas de ruedas enterizas que iban quedando levantaban tierrales al llegar al pueblo, moliendo bostas secas, avanzando paso a paso cargadas con porotos de la trilla, y cebollas y pimientos de guarda. Y sacos de carbón de espino para alimentar los braseros con que en invierno se intentaba vencer las corrientes de aire que silbaban por esos pasillos donde se perdía una que otra silueta de caballero enlutado, el sombrero sumido sobre la frente para defenderse de los sabañones que le devoraban las orejas y los labios como si fueran tan tiernos como los de una colegiala.

Ésta es una visión de los Donoso de otro tiempo, de muchísimo antes de mis años: una visión decimonónica, bucólica y arcaica. Sin embargo, recuerdo muy bien que en mi infancia solía jugar en el esqueleto de un coche-trompa arrumbado en el rincón de una bodega del campo, detrás de sacos de papas y fardos de alfalfa. Mis tías vestían anacrónicos ropones negros o castaños, montando de lado para asistir a las zorreaduras en los secarrales de Santa Elena-Arriba, y mi parentela, después de tantos años, aún comentaba lo incómodo que era cuando, hasta hacía no mucho, el tren llegaba sólo a Molina y era necesario apearse y arreglárselas como se pudiera para llegar a Talca, en coche, en cabrita, a caballo o en carreta. En todo caso, la larga sombra de ese mundo agreste era amenazante —no sólo por las incomodidades, sino también por las acechanzas del bandolero Ciriaco Contreras, o de los pehuenches que esperaban el paso de los viajeros escondidos en los malignos cerrillos—, y persistió en la forma de mil aventuras soñadas durante mi niñez y mi adolescencia antes de quedarme dormido bajo las pesadas frazadas de la cama. O relatadas alrededor de las largas mesas a la hora de *onces*, cuando la parentela en verano se reunía para refrescarse con una sandía con harina tostada; en invierno, cuando oscurecía temprano, nos atiborrábamos de picarones alrededor del brasero, sorbiendo el mate cocido en leche con que las sirvientes nos cebaban.

Muchas personas en el extranjero, sobre todo estadounidenses, cuando al hablar de la historia de Chile me veo obligado a revelar mi origen de chileno puro de quince generaciones, creen que estoy presumiendo de aristócrata. Pero no lo soy, como tampoco soy plebeyo. No hay más que saber un poquito de historia para darse cuenta de tamaña equivocación.

En este anómalo país que es Chile la antigüedad de una estirpe no garantiza carta de ciudadanía en nuestro patriciado: la antigüedad familiar remite más bien a clanes campestres (fuera de algunas ramas que alcanzan distinción por el dinero o actuaciones públicas o matrimonios espectaculares) con limitado acceso a la oligarquía, o que simplemente ignoran su propio origen enraizado en la Conquista y el coloniaje, en los encomenderos, feudatarios y burócratas del Reyno de Chile, nombrados aquí directamente por Su Majestad el Rey de España.

La verdad es que en Chile el patriciado no está constituido por los descendientes de los viejos troncos nacionales, ni de los criollos que mantuvieron «ejército propio», en los siglos XVII y XVIII, para defender contra los indios los derechos de la corona española. Los aristócratas de hoy —los que integran una clase alta que significa más que nada dinero—, nuestros improvisados dueños del poder, son los políticos y los generales, los banqueros y mineros de oscuro origen, los economistas surgidos ayer, los que siguen las huellas de los descendientes de los comerciantes vascos considerados advenedizos en el siglo XVIII («¡que Eyzaguirre se vuelva a su tienda y Cienfuegos a su parroquia!», gritó enrabiado don Juan Martínez de Rozas a comienzos de nuestra Independencia), y de algunos ricachones ingleses y franceses de un poco después. Medraron los que tuvieron buen ojo para casarse con las hijas de las grandes casas y fortunas criollas ya de baja —Ortiz de Gaete, Bravo de Naveda, Velásquez de Covarrubias, Rodríguez del Manzano y Ovalle, y otros—, forjando la casta que gestó nuestra Independencia a comienzos del siglo XIX. Hacia fines del mismo siglo, ya un tanto decadentes, encarnaron a los «trasplantados», fueron los *rastás* que partieron a vivir en París para hacerse retratar por Boldini y disfrutar de los refinamientos europeos, intentando penetrar esas aristocracias, casando a sus hijas con miembros de la nobleza francesa o española.

Las viejas tribus procedentes de la Conquista y la Colonia, entretanto, permanecieron en Chile, ajenas tanto a los viajes y las ambiciones de clase como a las grandes ideas del mundo contemporáneo. Recluidas, generalmente, en sus posesiones campestres perdidas en las provincias, se casaban endogámicamente con demasiada frecuencia. Se repetían los matrimonios dentro de un ruedo cada vez más defensivamente restringido de parientes que así fueron perdiendo poder para proyectarse, aislándose y alejándose cada vez más de la educación y del acontecer mundial: en suma, transformándose en «provincianos» de tomo y lomo, desdeñados por sus iguales o inferiores. Éstos, entretanto, acrecentaban sus fortunas y enriquecían sus relaciones familiares por medio de matrimonios exógamos y tomando parte activa en lo que estaba sucediendo en las armas, la política, la economía y la cultura del país. Pronto algunos ingleses, franceses y españoles tardíos se forjaron una inesperada autoridad, desdeñando a sus antecesores criollos y, muchas veces, alterando con este fin el relato de la historia. Duchos en el manejo de la economía y de la vida pública, están dándole un interesante vuelco universalista al clima de nuestro país, hasta hace poco cerradamente criollo. El dinero, el manejo del poder, el adscribirse a firmas y tratados internacionales, son lo que hoy, más crudamente que antes, confiere posición y *status*. Se pueden vender provincias enteras de bosques milenarios a hipócritas firmas norteamericanas y japonesas para que los conviertan en astillas, sin que las autoridades políticas meneen ni el dedo meñique para revertir este horror; en cambio, ni la cultura, ni la memoria, ni la conservación de nuestros modestos hitos y hábitos tradicionales, ni la antigüedad de una toponimia, ni la tradición y el lenguaje criollos, tienen hoy prestigio para patrocinar adelantos que no sean mera chafalonía.

Los que viajaban y «se refinaban» sentían cierta vergüenza de ser catalogados como «criollos». Hoy esta locución, desgraciadamente, con el último aluvión de extranjeros precariamente chilenizados que le están sacando el jugo al país y devolviéndole poquísimo, ha caído en descrédito pese a que en tantos sentidos seguimos siendo más retrasados y «criollos», y más provincianos, que nunca. Solamente una revolución en la educación, con la rotura de los anillos de hierro del catolicismo rígido que nos está gobernando, y un interés real por el pasado que se proyecte en un humanismo tolerante, no monetizado ni competitivo e hipocritón, podrá romper nuestro círculo de provincianismo, que subsiste pese a los supuestos adelantos (a nuestros «avances», como dice la televisión) con que nos tientan los paraísos de los *malls*.

La familia de mi madre, los Yáñez, es harina de otro costal. Tempranos advenedizos muy ricos (1900), constituyeron una tribu brillante pero improvisada, culta y francófona gracias a sus largas peregrinaciones por Europa. Se los percibía —se los percibe hasta hoy— como una tropa de excéntricos rendidos ante el poder de familias de prosapia. Mi abuelo Luis Fidel se desempeñó durante muchos años discretamente como diputado y juez defensor de viudas, menores y ausentes —entre otras curiosidades, de niño yo jugaba con un trabuco que perteneció a un bandolero conocido como el *Huaso* Raimundo, del que mi abuelo fue defensor; y nuestras paredes estaban decoradas con cuadros de Juan Francisco González, de quien mi abuelo también fue abogado, antes de la espectacular muerte del pintor—, ganando una pasable fortuna como juez partidor de importantes propiedades agrícolas pertenecientes a la oligarquía que por esos años ya comenzaba a desintegrarse. Pero fue sobre todo como un vividor, que mantenía rumbosamente a su familia y a sus queridas —entre las amistades se recuerda el *vis-à-vis* familiar en que mi madre y mi tía Mina, de niñas, paseaban por el Parque Cousiño; y el discreto cupé para los devaneos particulares del abuelo—, como *sportsman* (que en ese tiempo no significaba más que ser aficionado a, y propietario de, caballos de carrera), que el abuelo Luis Fidel se hizo conocido. Fue «jugador, botarate, fracasado, bueno para nada», al decir de una persona que lo juzga con desaprobación.

Su hermano fue el brillante Eliodoro Yáñez, el pariente singular, todopoderoso, de actuaciones superlativas en el foro aunque humillado por ilusiones políticas, mundanas y de poder. En varios gobiernos fue canciller, ministro del Interior, candidato a la Presidencia de la República; fue también propietario del fundo «Lo Herrera», a las puertas de Santiago, y del poderoso diario *La Nación*. Fue enviado al Tribunal de La Haya y a la Liga de las Naciones, representando a Chile en cuestión de límites con Argentina. En el Senado se decía que tenía «pico de oro», aunque su retórica demasiado frondosa y de gran vuelo era juzgada por muchos como excesivamente azucarada. Fue en todo caso un gran tribuno, una de las figuras descollantes en la política chilena de su tiempo, culto y admirador de la belleza en todas sus formas.

Dígase lo que se diga de Eliodoro Yáñez, hay que reconocerle que fue un espíritu excepcional. Hombre de vasta ilustración, se codeaba con los autores clásicos y era conocedor de otras culturas, un enamorado de la inteligencia, del refinamiento y de la elegancia. Tenía el prurito de formar y educar, impulso que fue heredado por una de sus hijas. Más que un abogado fue un jurisconsulto, más que un senador fue un tribuno, más que un profesor fue un maestro. En el ambiente restringido y provinciano de entonces, su personalidad era la de un excéntrico, un ser inclasificable que escapaba a todos los clichés habituales del político de entonces, un ser «distinto», y sabido es que en este país la virtud mayor es ser todos iguales. Fue una figura que, escapando a las clasificaciones, parecía un ser sospechoso. Existía un sustrato de dolor no expresado en todo él, un *pathos*, una nostalgia que lo convierte en un ser sensible y conmovedor. ¿Estaban listos los huasos chilenos para comprender la complejidad de una personalidad —de un ser humano— como Eliodoro Yáñez?

Tuvo tres hijas y un solo hijo. Hoy, apagado ya el prestigio de tantos hombres públicos de hace medio siglo, Eliodoro Yáñez es recordado más que nada por una avenida que lleva su nombre (algunos estiman que la avenida le queda grande). El nombre que lleva esa calle es un «nombre nuevo», lo que causa momentánea irritación o risa a algunos oligarcas, que dicen añorar el «nombre antiguo» de la avenida: Las Lilas, modificado hace ya cuarenta años. Alegan que era «más bonito», ya que llamarla «Eliodoro Yáñez» vuelve a señalar las indebidas pretensiones de un ser que no tendría derecho a una calle tan importante.

También se recuerda al tío Eliodoro por el aporte literario de su único hijo, un «bohemio» según mi gente, pero sobre todo según Neruda que sin embargo lo respetaba como escritor. El clásico hijo del millonario, dedicado a gastar en París la fortuna levantada por su padre: el jovenzuelo que, según Cortázar, se va a París «a hacer macanas». En este caso el hijo oveja negra sorprendentemente resultó ser Álvaro Yáñez, *Pilo* para la familia, Juan Emar para sus lectores. Juan Emar es objeto de un curioso culto literario, y los entendidos lo consideran uno de los creadores de la prosa surrealista latinoamericana. Su liturgia recoge hoy casi todo el lustre que le va quedando a esta familia en que abundan los escritores de varias categorías. Eliodoro Yáñez fue un personaje admirado y envidiado. Algunos están rescatando su figura del olvido. En todo caso, fue un hombre de gran brillo que sufrió, como toda su familia, el desdén de la oligarquía; ese dolor alcanzó hasta a sus sobrinas, como mi madre, que nunca lograron encontrar su fiel en la balanza social, confundidas por las leyendas que envolvieron el paso del gran hombre. Es a esa clase que hay que echarle la culpa de todo: por lo malo en cuanto a dolor, por lo positivo en cuanto a creación. Pero no se le puede perdonar el dolor que causó.

El dolor por la posición social ambigua de su familia permaneció como el rumor de un secreto en mi madre, un sustrato un poco vergonzante de su personalidad jovial, generosa y apasionadamente protectora de los que sentía más débiles, haciéndola creerse excluida, sin pertenecer en propiedad a ningún grupo humano salvo a la familia que ella misma creó. No se rebelaba ni daba su brazo a torcer, sin embargo: era rápida de risa y rica en ironía, y jamás claudicó de su sentido del humor —solía aplicarlo de un modo brutal, es verdad, injusto y directo aunque siempre nutricio—, que alimentaba sus pasiones, amores y rencores, que los tenía en abundancia. Pero sobre todo se dedicó al perfeccionamiento de su imaginación, de la que disfrutábamos ella y todos los que la rodeábamos.
    No era un ser angelical, diría yo. Incluso la he visto alegrarse con pequeños y no muy valiosos afanes vengativos, resultado, supongo, de todo lo que padeció por cuestiones que pese al sufrimiento sabía colocar dentro de una óptica que no desconocía lo absurda, lo pequeña, lo poco importante que era la causa de su dolor. Recuerdo la indignación protectora que le provocaba el que la reina de Inglaterra se refiriera públicamente a Tony Armstrong-Jones como «plebeyo». Tanto, que pienso que en su juventud debe haberlo oído aplicado a sí misma. Era necesario explicarle en qué sentido la prensa inglesa utilizaba ese término, que no significaba necesariamente un desaire para «ese muchacho tan simpático que se va a casar con la pesada de la Margarita». No puedo olvidar

el regocijo de mi madre cuando, al regreso de la luna de miel de la pareja, Margarita ofreció una cena en su residencia para que la reina madre la conociera. La soberana casi se desplomó de espanto, se murmuraba, cuando descubrió que en el baño de visitas Margarita —que había cuidado personalmente todos los detalles— había dispuesto papel *toilette* blanco, pero decorado con coquetones corazoncitos rosados. Mi madre lloró de la risa figurándose la reacción escandalizada de esa señora, siempre *«tirée à quatre épingles»*.

Una tarde, cuando mi mujer estaba enferma en cama, yo y mi hija, entonces de dos años, vimos aparecer a mi madre por nuestro departamento que se asomaba sobre el precipicio del cerro de Vallvidrera, de cara al Mediterráneo y a Barcelona. Había llegado con el propósito de ayudar a María Pilar a llevar la casa y cuidar a nuestra hija mientras durara la dolencia materna. Sabíamos que pese a su terror por los aviones había viajado a Frankfurt a visitar a su hermana Elena, casada con un gran burgués alemán y a quien no veía desde tiempos de la Segunda Guerra Mundial, cuando la tía Elena y sus hijos, flacos de muerte y con la cabeza llena de pústulas por la mala alimentación, y después de haber sobrevivido no sé cómo ni durante cuánto tiempo escondidos en un sótano arruinado por el bombardeo de Frankfurt, se refugiaron durante dos años en nuestra casa en el barrio de Providencia. Cuando había un temblor o pasaba un camión ruidoso por la calle, los niños huían a esconderse debajo de las camas o en el fondo del jardín, gritando que venían los aviones.

Durante el tiempo que estuvo con nosotros, mi madre, ya de casi setenta años, trabajaba duro haciendo de comer y ocupándose de la limpieza y el cuidado de Pilarcita, que era un torbellino, además de cuidar la salud de María Pilar. Mi madre se negaba a hacer vida social, alegando que tenía mucho trabajo en la casa y que no había traído ropa adecuada, rehusando relacionarse hasta con nuestros amigos más distinguidos, que podían haberla invitado a la ópera, que le encantaba y de la que conocía un buen repertorio... o a hacer el clásico *shopping* de las señoras burguesas carentes de ilustración.

Casi todos los días, llegadas las seis de la tarde, nos decía que estaba aburrida de trabajar, se arreglaba un poco y se iba por un par de horas a dar vueltas por Barcelona, que en esos años era una ciudad benigna. Bajaba al plano en el funicular vecino y se dirigía a las Ramblas. Paseaba observando a los transeúntes, escudriñando los escaparates, entrando a una bollería a comer una ensaimada, y compraba de paso otra que hacía envolver y se metía en el bolsillo de su abrigo de pelo de camello: una clásica señora discreta, mayor, de talle delicado, de piernas un poco flacas y pelo color humo. Después seguía Ramblas abajo, hasta la Plaza Real.

Una vez que la seguí, espiándola —curioso por lo que hacía durante sus paseos—, vi que a poco de llegar a la Plaza se reunía con un muchacho negro, de boca y dientes tan grandes y tan blancos que parecía capaz de devorarla de una sola tarascada. Me dispuse a intervenir: ¿de qué se trataba, ya que podía ser de cualquier cosa? ¿Sexo, drogas, hambre...? ¿Por qué pensé que yo podría tolerar cualquier cosa en ella, pero la fantasía de que se trataba de algo sexual me parecía lo más intolerablemente transgresivo de todo, no sólo porque ya era una mujer de edad? Sin embargo, algo en mí, que era como algo de ella, me retuvo, haciéndome respetar su independencia, y me dije: ¡no! ¿Para qué? ¿Qué sacaba con arrancársela del brazo al negro, del que ella se había prendido con tanta naturalidad? ¿Para salvarla...? Pero, ¿salvarla de qué? ¿O se trataba simplemente de celos míos al ver el afecto con que se dirigía a él? Para espiarlos más de cerca me escondí detrás de una de las pilastras del soportal que rodea la Plaza. El negro era feroz, largo, flaco, una sombra inmensa, las facciones marcadas con crueles cicatrices tribales. Se inclinó hacia mi madre como si tuviera la intención de devorarla, pero sólo depositó un beso en su mejilla, tan cuidadosamente atendida todas las mañanas frente a su diminuto espejo de mano. Ella le respondió con su propio beso, acariciando, con la levedad de una pluma, sus mejillas con sus dedos traslúcidos. Se quedaron hablando y riéndose juntos un rato, escindidos por otra pilastra de la arquería: charlaban como si fueran amigos de toda la vida. Echaron a caminar muy lento, dueños del tiempo, ella prendida del brazo de él como si fuera su prometida, yo ansioso, siguiéndolos. Dieron la vuelta entera a la Plaza bajo los soportales. Mi madre le dio la ensaimada al negro, que la devoró carnívoramente. Alcanzaron de nuevo las puertas de las Ramblas por donde mi madre, yo siguiéndola, había ingresado al espacio de la Plaza Real. Se detuvieron ante una vitrina iluminada. ¿Cómo no adivinar la expresión maravillada de mi madre al contemplar las formas fantásticas de los grandes caracoles nacarados que exhibía el escaparate del malacólogo? ¿Cómo no calcular su asombro al oír las palabras incomprensibles con que el africano bautizaba las piezas exhibidas, los fonemas con que saludaba a algún transeúnte conocido, en inglés, francés, holandés, o mediante una indescifrable sílaba originaria de una zona desconocida de la negritud?

El viento caliente, probablemente llegado del desierto al otro lado del Mediterráneo, cimbreaba los altos plumeros de las palmeras al centro de la plaza, donde la pareja acababa de cruzar. Yo los seguí. Iba a llover. Me escondí cerca de ellos entre los arbustos. El viento traía olor a especias, a león, al oscuro hombre de otra raza que detuvo a mi madre con una brusquedad que sentí peligrosa, bajo la luz de una de las farolas gaudiescas, y la atrajo hacia su cuerpo, interpelándola en una lengua de tonos que me parecieron brutales: de ese cuerpo provenía el olor sexual, animal, que traía el viento. Manteniéndola muy cerca, la interrogaba, ella con los dedos crispados sobre los antebrazos del muchacho, rechazándolo pero reteniéndolo. ¿Se quería ir y ella no se lo permitía? ¿Qué laya de compromiso unía a esos dos seres? No era un muchacho, me di cuenta a la luz: era un hombre hecho y derecho, de quizás treinta años, y por su expresión y por la actitud de su cuerpo parecía haber pasado por todos los infiernos. Mi madre fue atrayéndolo suavemente y apoyó su cabeza gris sobre su pecho musculado, cuya piel luminosa y sudada entreví por el cuello abierto de su camisa. Se quedaron mudos un instante. Luego mi madre levantó su cabeza para decirle, para proponerle algo: a la luz de la farola vi que la pobre tenía las mejillas mojadas de lágrimas pero no gemía, sino que le hablaba, intentando convencerlo. Él le contestó en forma definitiva. Y mi madre tembló al sentir los brazos gentiles de su compañero, cuya piel, con la emoción, pareció ponerse más oscura, barnizada como la de un ofidio. Esos brazos se cerraron alrededor de su talle y sus hombros, y una mano hecha como de un material distinto a nuestra carne le acarició la melena. Con un esfuerzo el negro se desprendió de ella, moviendo la cabeza, negándose a lo que ella le proponía. Ella, entretanto, había abierto su cartera y escarbaba adentro. Él no se lo permitió, cerrándole el bolso suavemente, repitiéndole que no... que no... que no... Él se iba y el dinero de mi madre no podía retenerlo.

Tuve el impulso de intervenir, hacer algo que convenciera al negro de que se quedara con mi madre para mitigar su dolor. ¿Pero quedarse en el papel de qué... para qué... qué se podría hacer con él... y con mi padre en Chile, y conmigo y con mis hermanos y sobrinos... y con mi mujer y mi hija? ¿Cómo iba a comprender María Pilar una situación tan turbia? ¿Qué pensaba, qué sentía yo mismo? Antes de alcanzar a refugiarme bajo el paraguas de un proyecto racional, el negro había comenzado a alejarse de mi madre, retrocediendo primero, luego a tranco largo, como huyendo, dejándola, y ella, que sin duda sabía que no iba a poder hacer nada para retenerlo, mirándolo alejarse, parada en la cuneta, limpiándose las lágrimas, sonándose, recomponiendo su maquillaje como podía en su minúsculo espejito de cartera. El negro se iba por debajo de los arcos, confundido con las sombras de las pilastras. En la esquina donde la escalinata pasa a la otra calle bajo la edificación, el negro enorme, de amplio pecho, se detuvo, se dio vuelta y gritó a todo pulmón, de modo que sus palabras atronaron la Plaza Real:

—*Mammy... mammy... adieu, mammy...*

Mi madre no le contestó. Ya no quedaba nadie bajo los portales. La habían dejado sola, con su espejito en la mano, murmurando muy despacio:

—Sam... Sam...

Pensé acercarme a ella para apoyarla en ese momento de soledad tan intenso, de un dolor que rechazaba todo y a todos los que estuvieran colocados fuera de él. Pensándolo mejor, resolví no acercarme. Al fin y al cabo, la pobre vieja tenía derecho a su vida, a sus secretos, a su tiempo privado, a sus pasiones confusas. Era necesario respetarla. ¿Con qué derecho osaba yo penetrar en sus asuntos? Podía protegerla desde la sombra para que no le sucediera algo peligroso: eso sí. La seguí hasta el metro. Subí a un compartimento separado del suyo en el funicular que remontaba hasta nuestra casa en la colina, a pocos pasos de la boca de la máquina. Me adelanté por la otra vereda para llegar a mi casa antes que ella y recibirla con fingida sorpresa, para que no se diera cuenta de que había estado vigilándola.

Al llegar, mi madre se desmoronó en la falda de María Pilar, que leía tendida en su cama; necesitaba confiarse en otra mujer, no en un hijo. Se lo contó todo a borbotones. Sam, dijo, era un negro francófono del Senegal, por eso sus piernas tan largas, sus brazos interminables, su cabeza pequeña y elegante, su talle enjuto como el de un insecto. Aunque parecía imposible, había viajado casi enteramente a pie desde su patria hasta Rabat, donde un amigo marinero lo embarcó de polizonte en un chinchorro que hacía la carrera a Gibraltar. De ahí, por tierra, trabajando un tiempo aquí, otro allá, siempre un salto más adelante que la Guardia Civil, fue avanzando hacia el norte. Llegó a Barcelona, donde merodeaba por las callejuelas y los portales de la Plaza Real, en pensiones de mala muerte de las que no tardaban en despedirlo por impago, en los bares, cafés y comedores del mundo sospechoso que frecuentaba y lo protegía. De vez en cuando ganaba un puñado de pesetas vendiendo hashish por el barrio.

Mi madre jamás se aterrorizó con esta historia de drogas —como veía poca televisión, era demasiado extraña al prestigio de esa mitología—, de modo que no intentó aleccionarlo: si tan cruelmente se le había planteado la vida al muchacho de Senegal, así estaba condenado a vivirla hasta evolucionar hacia algo mejor... para salvarse de algún modo. Nadie podría efectuar ese proceso por él, y ella no creía en lo efectivo de la caridad. Ahora Sam se iba a París. Sorpresivamente le había «salido» un viaje para esa misma noche y estaba dispuesto a seguir el camino que le trazaba la suerte. No tenía un céntimo. Así llegó y así se iba: no le aceptó ni una peseta a mi madre. ¡Sam había llegado a juntarse con ella con la noticia de que se iba esa misma noche a París! Lo llamaban unos amigos... y de ahí a Oslo, a Estocolmo, a Copenhague... allá toda la gente era blanca y rubia y un negro tan negro como él seguramente llamaría la atención, argumentó. Fue en ese instante, cuando se lo dijo, que mi madre soltó el llanto bajo las farolas y vi gotas de luz reflejadas en sus lágrimas. Era claro que no soportaba que este hombre oscuro, que le decía «mammy» al desprenderse de la escasa protección que le prestaba su brazo, fuera a perderse desprovisto de todo apoyo en un país extraño donde encarnaría el espectáculo y donde podrían tratarlo tan mal como a un perro de circo.

Tras separarse de él mi madre había venido llorando todo el camino. ¿Qué quería de la gente blanca y rubia este estilizado ángel negro? ¿No iban a reírse de él, a darse vuelta en la calle para mirarlo, a señalarlo con el dedo, a aprovecharse de su ingenuidad, de su ignorancia, de su mente transparente que no le pedía a la vida otra cosa que unas migajas de placer y eso que era, a pesar de los horrores que conocía, el privilegio inaudito de seguir viviendo? ¿Qué mitos de su ignoto pasado tribal se proponía reactualizar entre las mitologías mecánicas recién inventadas por los blancos?

Mi madre sollozaba sobre la cama de María Pilar, que se levantó para prepararle un plato de sopa, una ensalada y unas rebanadas de *pa amb tomaquet* a la catalana que, como a todos los de la familia, le encantaba. Estábamos comiendo en silencio cuando alguien golpeó nuestra puerta. Mi madre, con un respingo, se puso de pie murmurando:

—Es él.

Pero no era. Resultó ser, en cambio, nuestra linda vecina del piso de abajo. Lucía un gran peinado duro y alto como una colmena. En diez minutos más, nos comunicó —lo acababa de anunciar la televisión—, un ser humano alunizaría por primera vez. Era un momento histórico que no podíamos perdernos, y nosotros no teníamos televisión. ¿Por qué no íbamos, la familia entera, a tomar una copa con ellos, y a presenciar la llegada del primer hombre a la luna y brindar por él? Nos apresuramos a aceptar su convite.

—¿A quién vamos a dejar aquí para que cuide a la niña? —preguntó María Pilar, poco dispuesta a dejar sola a su hija, pero sin querer perderse la primicia del alunizaje.

—¡Llevémosla! —propuso al instante mi madre.

—¡Claro! ¡Llevémosla! —asentí—. No quiero que mi hija se pierda una experiencia como ésta, que aunque ahora no se dé cuenta, con seguridad la marcará de por vida.

Lo vimos todo: el torpe pájaro mecánico cayendo en el desierto lunar, las huellas de los pies de Neil Armstrong en ese gran rostro lívido, hasta entonces virginal, de la blanca Artemisa. Cuando terminó la transmisión en directo que había anulado el tiempo, el espacio y la gravedad, nos volvimos a nuestras camas. Después de comentarlo un rato con María Pilar, apagué la lámpara. Me quedé despierto, «en la luna», como decía nuestra vieja Nana Teresa. Oí a mi madre sollozar muy despacito en la oscuridad del otro dormitorio. Sin encender la luz, fui a sentarme en la cama que ella ocupaba junto a mi hija en la pieza de al lado. Prendí un cigarrillo.

Estaba seguro de que mi madre no lloraba por nada relacionado con la luna. Pensé: ¡qué cosa más humana es fumar! Seguro que en la luna nadie fuma. Le pedí que me hablara más de Sam. Lo hizo, pese a que no había mucho más que contar. El hecho es que nos quedamos charlando de esto y de aquello hasta muy tarde, muy quedo, de todo y de nada, de la Plaza y de sus inquilinos y de Sam y de las veces que se habían encontrado allá abajo. Le di un beso en su frente tan lisa, tan fresca como un trozo de cuarzo, y me fui a mi cama porque tenía sueño.

Nunca volvió a mencionar a Sam. Su historia había concluido: si no, su recuerdo podía matarla. También rehusó volver a la Plaza Real y a ese barrio. Sólo cuando algún inadvertido nombraba la Plaza, era como si por ese instante su piel tan fina se arrugara. Como si sus delicadas facciones se transformaran de repente en las de una negra muy vieja, encorvada sobre el eterno fuego primitivo que los miserables encandilan sobre la tierra, pensando en las cosas en que se le iba la vida. ¿Qué iba a darles de comer a los suyos si la cosecha de mijo de esta temporada era tan mala como la del año pasado? ¿Cómo sobrevivir... y para qué?

Sí, fue una de esas noches. Llena de tentáculos. Una noche que es parte de una historia que nunca concluye... ni ahora, cuando ya hace quince años que mi madre murió...

Capítulo dos

El paraíso es aquí y ahora

Los viajes de mi familia a Europa ya no se hacían como los viajes de los millonarios de antaño, con un ejército de criados, la proverbial vaca para la lactancia infantil y una jaula de gallinas *mulatas* que ponían huevos azules, «los únicos que a la señora le gusta comer». Eran muy apreciadas estas «gallinas mulatas». La señora siempre tenía una, su regalona, sin la cual rehusaba desplazarse. La caravana de mulas en que ciertas familias cruzaban la cordillera de Los Andes hasta Mendoza para tomar el tren que los llevaría a Buenos Aires, para luego embarcarse rumbo a París, eran encabezadas por la mula madrina, cabalgada por el mayordomo emblemático, con la gallina regalona de la señora acunada en sus brazos. Le he oído decir a uno de los miembros de la familia en que estoy pensando, que una vez, con la altura cordillerana, tanto el mayordomo como la gallina comenzaron a boquear, apunados, y el mayordomo fue compartiendo durante el resto del camino su botella de coñac (francés, por cierto) con la gallina. Ambos estaban bastante mareados al apearse en Mendoza, tanto que el mayordomo perdió el equilibrio y la gallina borracha huyó despavorida, cloqueando sin que el desbande de chiquillos de la familia lograra agarrarla. Por las calles de Mendoza, es de presumir, vivirán sus descendientes hasta hoy, mientras que el mayordomo, degradado y humillado, se negó a continuar el viaje sin la gallina.

Pero cuando yo nací, en 1924, hacía ya muchísimos años que las cosas eran distintas. El año antes de mi nacimiento había muerto mi abuelo Luis Fidel, que con su lujo de coches y caballos había dejado a mi abuela en la calle, un poco a la merced de los desembolsos de sus hijos. Ella acababa de volver de Europa en un viaje más bien modesto, donde fue a visitar a la menor de sus hijas, la tía Elena, en Frankfurt. Este matrimonio no había sido fácil. Eran los años previos al nazismo, de modo que cuando se trató de que la tía Elenita se casara en Alemania, aquí se produjo un gran revuelo de notarios y abogados, porque las autoridades alemanas exigieron ver un certificado de varias generaciones que probaran que la tía Elena no tenía sangre contaminada de judío, oriental o gitano. Por fin partió a Europa el certificado ennoblecido por muchos lacres y cintajos, y a su siga salieron mi abuela con mi tía Elena, con la excusa de que querían asistir a los preparativos para los Juegos Olímpicos de Berlín. No recuerdo si asistieron o no. El hecho es que este viaje tuvo dos resultados: uno, que la tía Elenita hizo un gran matrimonio con su alemán (tuvieron dos hijos que apenas conozco); y dos, que mi abuela volvió convertida en una nazi de tomo y lomo, admiradora de Von Spee, Leni Riefensthal y Zarah Leander. Nos trajo de regalo todo un ejército de camisas pardas con sus feroces maquinarias de guerra; inocentemente, jugábamos con ellas mientras mi abuela hacía extender sobre una pared de la galería del segundo patio un gran mapa de Europa, con la Línea Maginot y Stalingrado. Día a día, después de leer exhaustivamente el diario y rabiar adecuadamente, cambiaba la posición de los alfileritos con banderas esvásticas que tenía clavados en el mapa. Mi padre, en su escritorio del primer patio, tenía un mapa complementario donde alteraba diariamente la posición de unos alfileritos con la Union Jack.

Ése fue el último viaje de los muchos que hizo mi abuela a Europa después de la muerte de su marido en 1922. Ya no le quedaba dinero para repetir esa gracia. Mi abuelo jamás quiso comprar propiedades pues la superstición —estalló el tintero del notario cuando metió en él su pluma para comprar una propiedad céntrica conocida con el nombre de «Palacio Urmeneta»— se lo impedía. Pero era gastador, aunque nunca millonario como su hermano Eliodoro, y gozaba de una regular fortunita que se le iba entre los dedos a causa de su pasión por los coches, el oropel con que cubría a su querida colorina y pechugona, una alemana dueña de un *Konditorei* cerca de la Plaza de Armas, y sobre todo su amor por los caballos de carrera: sus colores, plata y violeta, alcanzaron a disfrutar de cierto prestigio.

Su agonía de descreído fue larga y dolorosa, con todas mis tías orando alrededor, y mi abuela, adelantada con su luto, rezando rosario tras inútil rosario a los pies de su cama. El Viernes Santo de 1921 mi abuela creyó percibir una señal con que mi abuelo le pedía que trajera a un confesor:

—¡Niñitas! ¡El papá se quiere convertir! Vayan a La Merced a traer a Popaul...

Unas hijas fueron a la iglesia, donde convencieron a Paul Vergine de que las acompañara: era hijo de Mme Vergine, que fue la infructuosa institutriz de mi madre y mis tías; Popaul se había criado en la casa; en reconocimiento por los favores de mi abuelo, Mme Vergine le regaló una cabeza de Cristo de piedra que su padre, muerto en la Guerra Franco-Prusiana de 1871, había rescatado de entre los escombros humeantes de la catedral de Rennes bombardeada. Mme Vergine se la regaló al descreído de mi abuelo; ahora está en manos de mi hija Pilar. Popaul corrió a la casa de mi abuelo, donde éste, ya sin conocimiento, agonizaba. Tenía los ojos cerrados. Mi abuela le rogó a Popaul que, fuera como fuera, le diera la bendición y la extremaunción a su marido. Paul Vergine dijo que eso no tenía valor si el agonizante no se lo pedía. Mi abuelo, al sentir a Paul rezando junto a su cabecera, y al verlo darle la bendición con el antebrazo adornado con la estola violeta y plata de Viernes Santo, sonrió beatífico y acariciando la estola murmuró:

—¡Mis colores...! —y exhaló su último suspiro. Dejó caer de lado su cabeza sobre la almohada, como si morir fuera una forma de ganar la carrera definitiva. Expiró sin decir más.

Fue triste el desmantelamiento de la casa, donde con tanta amplitud se había vivido. Pero algo quedó: la colección de casi treinta cuadros de Juan Francisco González, que fue un protegido de mi abuelo y que le pagaba con obra su aplicación para sacarlo de sus enojosos enredos con mujeres y con hijos variopintos que le reclamaban paternidad. Mi niñez y adolescencia pasó entre paredes colmadas de cuadros de Juan Francisco González, dispuestos unos encima de otros hasta el techo, además de obras de Helsby, de Molina, de Sommerscales, de Orrego Luco, de Camilo Mori, de Henriette Petit y de Luis Vargas Rozas.

Llegó un momento en que el dinero ya no le alcanzaba para nada a mi abuela Herminia. Fue necesario, entonces, hacer un remate de pintura en el que ella intentó reservarse sólo el gran retrato de mi abuelo pintado por Juan Francisco González. Pero la familia de mi abuela jamás fue muy ducha en materia de negocios; le dieron la concesión y comisión de esta venta a un amigo de la familia, el dudoso Carlos Flesch de Boos. El resultado de la venta fue que los pesos se hicieron sal y agua en seguros, cuidadores, cambios de marcos —no entiendo para qué— y, sobre todo, en comisiones para Carlos Flesch. Gran parte de la colección desapareció sin dejar huellas. Pero una parte quedó en nuestra casa.

Fue después de esto que mi abuela comenzó paulatinamente a delirar, y su razón a debilitarse (véase mi novela *Coronación*, donde hay un retrato, no fiel aunque aproximado, de ella como anciana; pero ese libro fue escrito muchos años más tarde). La última visión que de ella tengo es sentada en un dagoberto en el jardín de nuestra casa de la Avenida Holanda: se ponía un tricornio de viuda con un velo que le caía por la espalda, vestida de negro y apoyada en su bastón con cacha de plata. Caminaba acompañada por la China, la gran danesa de mi padre, una arlequín con grandes manchones negros y blancos y con las orejas bien paradas, que seguía el lento, noble paso de la anciana de noventa años hasta la iglesia de San Ramón. Era todo un espectáculo de elegancia y belleza ver cómo la perra se recostaba a la puerta de la iglesia esperando la salida del público y de mi abuela, que a veces se quedaba charlando un instante con el cura, el señor Cabrera. La perra se reunía con ella, la seguía lentamente por las tres cuadras que separaban la iglesia de nuestra casa, mientras los domingueros se daban codazos para contemplar el espectáculo que en su inocencia la anciana daba.

La década de los años veinte fue de gran amplitud económica en Chile. La clase poderosa, todavía bien estructurada, daba sus últimos pataleos exhibiendo su versión de la opulencia. El influjo cultural más difundido entonces no era el yanqui, como ahora, y ni siquiera el francés —como presume la leyenda oligarca y como era la vida entre nuestros archirrivales en Buenos Aires—, sino el español, y eso les daba el tono a la calle y a la convivencia, con peines de carey y mantón de Manila para el teatro. Los elegantes se paseaban por la Plaza de Armas fumando su pitillo, y lucían más bien achulados con bastón, polainas, trajes acinturados y caras ligeramente empolvadas, aspirando a ser misteriosos y gráciles como juncos, no formidables deportistas norteamericanos como ahora: si los «niños bien» veían a alguien «raro» en sus lugares preferidos —el Lucerna, el Bar Torres, el Teatro Garden—, le «sacaban verso», que no tardaba en correr de boca en boca en el limitadísimo ambiente pueblerino de un Santiago de doscientos mil habitantes. Fue la época de oro de las zarzuelas en el Teatro Santiago, donde *La corte del faraón* escandalizaba; años de tonadilleras y cupletistas, como las hermanas Arosamena, que deleitaban con su desenfado. Los hermanos Álvarez Quintero, don Jacinto Benavente, María Guerrero haciendo *En Flandes se ha puesto el sol,* o Catalina Bárcena en *Canción de cuna,* repletaban los teatros. Todo el mundo leía las *Sonatas* de Valle-Inclán, y a don Pío Baroja, y *Sangre y arena* de Blasco Ibáñez, y los escritos de Ortega y Unamuno estaban presentes en todas las sobremesas. Se hablaba no sólo de economía y de política, sino que se comentaba que tal señora de mundo se había hecho retratar vestida de pescadora gallega por el maestro Álvarez de Sotomayor, y otra de gitana granadina por Romero de Torres. Era sólo un grupo muy reducido de millonarios *rastás* los que se trasplantaban a

París y se hacían retratar por Sargent y Helleu, por Boldini y De Reszka, y despreciaban a Sorolla. Jamás compraron ni por mal pensamiento un cuadro impresionista, en Francia ya superados y de poco precio: los encontraban «raros».

Corrían los años del gran entusiasmo por la ópera en el Teatro Municipal. En los palcos rebosantes de beldades y fragantes de Mitsouko y de polvos de arroz, las bellas lucían sus escotes albos, un «robacorazones» pegado a una oreja y una rosa fresca prendida al moño, mientras en los entreactos se comentaban los safaris de Perico Vergara y se repetían los versos mundanos de don Paulino Alfonso, imitación del popularísimo Amado Nervo. En un tiempo tuve una preciosa fotografía de mi madre disfrazada de Mignon en un baile: hasta muy vieja, mientras le subía el punto corrido a una media sentada bajo el damasco de nuestro jardín en la Avenida Holanda, solía canturrear: *«Connais-tu le pays où fleurit l'oranger»*, con un acento *sui generis,* que tenía más que ver con un vago recuerdo de Mme Vergine que con París. Citando a Palacio Valdés, novelista popularísimo en esa generación, mi padre solía comentar, sin que ella lo oyera: «Tiene poquita voz pero desagradable.» Mis padres se habían conocido en una matiné del Teatro Garden, cuando la tía María Salinas le presentó mi madre a mi padre, y se quedaron hablando de *Marianela* de Pérez Galdós. Al día siguiente mi padre pasó a ver a mi madre y a dejarle un ejemplar de esa novela. Se quedó: se casaron después de cuatro años de pololeo. El matrimonio, como todos, tuvo altos y bajos. Dicen que el flechazo definitivo que sufrió mi padre fue cuando asistió a ver a mi madre bailando, con un grupo de debutantes, *La danza macabra* de Saint- Saëns, en un beneficio para la Araucanía que no ha dejado huellas ni siquiera en la leyenda social.

La ingenuidad del ambiente cambió radicalmente con la llegada de los refugiados de la Guerra Civil española en el «Winnipeg», ingeniada por la Hormiga y Pablo Neruda. No puedo olvidar, eso sí, un detalle literario-mundano con relación a esto, y recordar la cantidad de escritores ingleses que se pusieron a las órdenes de los republicanos, organizándoles entretenimiento, alimentación y formas de huir. Uno de estos personajes fue una de las famosísimas hermanas Mitford, aristócratas literarias inglesas. No recuerdo cuál de las hermanas se encargó de confeccionar, a medida que iban llegando, la lista de las mujeres que se embarcarían en el «Winnipeg». Se presentó una muchacha con una hija de horas en los brazos solicitando pasaje a Chile. La inglesa estimó que era necesario bautizar a la niña al instante. Las mujeres de la fila que iban a tomar el barco, en su mayoría granadinas, se llamaban Encarnación, Visitación, Presentación... nombres cuyo significado la inglesa no comprendía. En vista de que no había curas en la vecindad porque se trataba de un grupo de «comunistas», ella decidió bautizar a la niña de horas con sus propias manos, y tomándola, le dio el crisma, el agua y la sal, con los consabidos chillidos infantiles. Sin que se le ocurriera un nombre adecuado, la bautizó en el nombre del Padre, del Hijo y del Espíritu Santo como «Embarcación».

La oligarquía de pronto, con la llegada del «Winnipeg», cambió de tranco. La mayor parte de los refugiados españoles eran universalistas y pedantes, muchos muy bien preparados —se habló de algún graduado en filosofía por la Universidad de La Sorbonne o de Heidelberg—, especialistas en historia del arte o de la música, cultos, parlanchines de nunca acabar, a veces puro saber ostentoso, alegres, simpáticos: en su mayoría eran demasiado zalameros para calzar con el «buen tono» de los sobrios chilenos de entonces. Los autores predilectos ya no eran los Álvarez Quintero y Benavente, sino García Lorca, los Machado, Alberti. En vez de los cuplés de toda la vida, esos hombres de boina vasca, pipa fétida y pantalones de pana de corte muy distinto a los nuestros, en el fondo del Café Miraflores cantaban conmovedoras canciones republicanas. Nos producía escalofríos de admiración oír sus profundas voces viriles, tan distintas a las vocecitas de embeleco de nosotros, los hombres chilenos, incapaces de vocalizar con prestancia. Muy tarde en la noche, ya baja la cortina metálica del Café Miraflores y de otros cafés españoles similares, arrastrados por la marea púrpura de nuestros vinos, las voces de los milicianos atronaban las cristaleras que ornamentaban los aparadores de los viejos restaurantes, cantando:

Si me quieres escribir
Ya sabes mi paradero
Ya sabes mi paradero:
En el frente de Gandesa
Primera línea de fuego
Primera línea de fuego.

Poco podía adivinar entonces que muchos años más tarde las circunstancias me arrastrarían a vivir a un par de kilómetros de Gandesa, el lugar de esa mítica «primera línea de fuego», en uno de los paisajes más conmovedores que conozco y cuya imagen todavía hiere mi recuerdo: colinas con un desfile de densos cipreses negros ordenados hasta la cima coronada por una ermita románica, todo rodeado por un país de viejos olivos canosos —que tienden a desaparecer porque son poco comerciales—; y en primavera, bajo sus ramas de plata, con una feroz floración, vivaz y autónoma, un manto de amapolas rojas como la sangre cubre toda la distancia visible. En el pueblo de enfrente, Picasso había convalecido, cuando joven, de una enfermedad al pulmón, y más tarde había regresado con la bella Fernande Oliver a crear allí el cubismo. Y Luis Buñuel y sus parientes se dejaban caer en Calaceite, donde yo vivía, a contemplar las amapolas en todo su lujo, a comer gachas con uvas, a discutir la posibilidad de llevar mi novela *El lugar sin límites* al cine. Cuando arreciaba el invierno helado y se ponían al cierzo los jamones para que el frío los curara, llegaban los gitanos, con sus orgullosos perros de piel brillante y espléndida cola airosa —al contrario de los humillados perros de los campesinos españoles, que no los quieren—, a cosechar de alba las aceitunas negras como sus ojos. En la noche se reunían en los bares a cantar canciones gitanas, a bailar, a gastar todo el dinero ganado en el pueblo: por eso los querían los campesinos dueños de los olivares, porque se iban del pueblo sin llevarse ni un duro en el bolsillo, dejándolo todo en las cajas recaudadoras de los bares y restaurantes de Calaceite.

El cambio de sensibilidad en Chile no operó paralelamente en lo estructural, en los espíritus, sino que fue pura cuestión de estilo, de tono, de epidermis. La Nana Teresa despreciaba a los «coños» refugiados por sus atuendos tan distintos; y mi abuelo Emilio, conservador de pura cepa, solía llamarlos «pipiolos de porquería», como cuando a nosotros nos reprendía por desaliñados. El hecho es que para la gente que «cortaba el bacalao», según el decir de los españoles, las cosas en el fondo siguieron igual que siempre. Lo importante seguía siendo «casar bien a las niñitas», y la política, que pareció al comienzo que iba a cambiarlo todo en el país —el Seguro Obrero, la Constitución del 25, el tifus exantemático, la crisis, Wall Street, el advenimiento de Alessandri, la Milicia Republicana—, no cambió nada, ni los valores de la burguesía ni la miseria de los menesterosos. Dictaban el tono urbano unas cuantas señoras desfallecientes abandonadas por sus maridos, o que escandalizaban con sus divorcios, languideciendo junto a delicados muchachos engominados, aquejados del mal del refinamiento, que al fondo de los *boudoirs* adornados con los cojines, los cupidos y los pebeteros de la década de los años veinte se mataban poco a poco inyectándose morfina, el veneno de moda: reducía a las *flappers* a rompecabezas de huesos mientras dotaba a sus pretendientes de una palidez elegante y enfermiza que no era toda maquillaje.

Pilo Yáñez —más tarde se llamaría Juan Emar— vivía en ese tiempo en París, casado con la tía Mina, hermana casi gemela de mi madre y su reverso físico: mi madre, frágil y rubia; la tía Mina, tórrida y temperamental, de trágicos ojos negros insaciables, encendidos como teas en sus cuencas oscuras. No se puede pensar en dos vidas más diametralmente opuestas que las de estas dos hermanas. Mi apacible madre servía de ejemplo para sus primas Yáñez Bianchi cuando parecían estar a punto de desbarrar. La *Momó* Rosalía Bianchi la usaba como ejemplo para reconvenir a sus hijas, predicándoles:

—¿Por qué no hacen algo inteligente con sus vidas y se casan con hombres buenos y serios, como la Tití? ¡De la Mina mejor ni hablar...!

El París del tío Pilo (que entretanto enviaba estupendas colaboraciones sobre arte y literatura que publicaba *La Nación*, haciéndose un nombre espectacular en ese sentido en toda América Latina) y de la tía Mina fue el de los latinoamericanos de Montparnasse, donde ni siquiera se sospechaba la existencia de Hemingway, Ezra Pound o James Joyce, ni de Gertrude Stein, Ford Madox Ford o Scott y Zelda Fitzgerald. Y éstos, a su vez, nada sabían de los latinos. Era el París internacional, aunque principalmente norteamericano, de Josephine Baker, de las piernas de la Mistinguette y el canotier de Maurice Chevalier, y una gran cantidad de Pernod. Poco antes de su muerte le pregunté a la tía Mina, ya jubilada en un pequeño piso de Santiago, por qué, habiendo vivido tantos años en París, hablaba francés con un acento tan latinoamericano. Perversa, me contestó:

—Eres muy chico y no sabes nada. Los franceses se vuelven locos cuando pronuncio así: dicen que hablo *comme une petite nègre...*

En esa época se iba a los *bals musette* a bailar tango con los apaches; y por París circulaban los aires de Nadja y Moravagine, y las *flappers* se descuartizaban bailando el chárleston encima de las mesas del Jimmy's Bar llegada cierta hora, revigorizando sus ambiguas siluetas de muchacho con un gin-fizz tras otro para no interrumpir su danza. Se leía *El sombrero verde* de Michael Arlen y todas intentaban actuar con el elegante desgano de Brett Ashley; también los resabios de la Primera Guerra Mundial: *L'homme que j'ai tué* de Rostand Fils, *Le feu* de Henri Barbusse y *Le bal du comte d'Orgel* de Raymond Radiguet, que al morir dejó a Cocteau llorando en los umbrales. Mientras tanto Marcel Proust terminaba su obra maestra sin que muchos se dieran cuenta y Joyce publicaba su *Ulises*, prohibido por la censura, aunque era posible comprarlo por debajo del mostrador en las librerías de Adrienne Monier o de Sylvia Beach. Y los escritos de Pierre Louys y las novelas de Colette lanzaban al baile a perversas Claudines que todas deseaban imitar; se pusieron de moda las lesbianas, con las que todos los hombres aspiraban a hacer el amor como demostración de su refinamiento erótico.

Para los latinoamericanos y españoles que pululaban por los cafés de Montparnasse, los reyes eran Vargas Vila, Vicente Blasco Ibáñez, Pío Baroja y Rubén Darío. Me parece, eso sí, que los latinos de que estoy hablando eran poco dados a la lectura, y más al baile, a la fiesta, e incluso a las artes plásticas.

—Si mal no recuerdo —me dijo mi prima Carmen Yáñez hace algunos años—, yo nací una noche en La Coupole... llevaron a mi madre gritando a nuestra casa en el Boulevard Raspail, muy cerca, y por el camino fui terminando de nacer...

Esto, claro, como tantas cosas de Carmen, era pura fantasía; La Coupole se inauguró en 1927, cuando Carmen ya era una sabia niña de seis años. Otros cafés o cabarets similares, sin embargo, acogían la estridente vida jazzística de la juventud relacionada con las artes y las letras, que se desarrollaba con preferencia en la Rive Gauche, dejándola perpetuamente signada por ellos: los *montparneaux* propusieron un estilo y una visión de la vida, y aunque después llegó la seriedad de la lucha comunista-anticomunista con Gide y Malraux a la cabeza, que borró toda esa maravillosa frivolidad, los descocados artistas de la pluma y el pincel continuaron bailando con sus *petites tonkinoises,* o con sus muñequitas Nami-Ko, o con sus trágicas Cio-Cio San, o con lo que estuviera de moda en la *rive gauche* esa temporada. La bohemia internacional borraba todas las fronteras, raciales, culturales, sociales, sexuales, todos mezclados con todos, y sólo la satisfacción del pasajero antojo figuraba como ley. Era el París de Cole Porter, de Ivonne Printemps, de las canciones del bello y empolvado Vertinsky cantándoles a los rusos blancos que fumaban sus nostalgias en el fondo de cafés decorados por epígonos de Léon Bakst, con evocaciones de los ballets rusos de Diaghilev, ya lamentablemente disueltos. Se dejaban arrastrar hasta las lágrimas por la devastadora melancolía eslava del cantante ruso del que tanto las mujeres como los hombres se enamoraban perdidamente. Vertinsky era delgado y acariciador como un fantasma de humo enroscándose felinamente para que todos lo admiraran, mientras los rusos blancos, en los rincones, liquidaban su remanente de joyas escamoteadas en su fuga —huevos de Fabergé tachonados de brillantes, diademas, *sautoirs,* relojes de esmalte del siglo XVIII— para poder atiborrarse de blinis y vodka. Y bajo la helada llovizna de las calles ventosas Jean Rhys, antes de ser la gran escritora que después fue, se vendía por un plato de *pôt-au-feu* bien caliente, o por un chaleco de Chanel para capear el frío.

Aragon, Breton, Eluard, Buñuel, eran los dioses de los intelectuales de entonces, porque del antiguo cubismo no iban quedando nada más que vestigios, y de esta polvareda estaba surgiendo el Bauhaus y los restos del *Blau Ritter* iban transformándose en *art déco*. El dadaísmo, a partir de los experimentales rusos e italianos, tuvo gran influencia en la sensibilidad de los chilenos que viajaban en busca de un arte que no fuera académico, tan bien absorbido que a veces parece que ese momento se nos hubiera quedado pegado para siempre. Era lo «literario» en los surrealistas lo que el dadaísmo rechazaba, suplantándolo por los *objets trouvés* de Marcel Duchamp, porque al fin y al cabo la estética de Schwitters, Tristan Tzara y Hans Arp era más afín a las proposiciones de Huidobro y Juan Emar. Y para qué decir nada del potente espectáculo de la deconstrucción que los heredó, y que estamos presenciando en este fin de siglo.

Vicente Huidobro y Juan Emar eran vecinos y muy amigos en el París de los años veinte, participando en la flamante bohemia de ese período, destinada, como siempre, a *épater les bourgeois,* olvidándose de que ahora los *bourgeois* eran ellos mismos, dueños de un nuevo poder adquisitivo junto a una renovada ansiedad. Eran muchachos que en esos años hacían sus primeras armas y daban sus primeros escándalos, mientras Cyril Connolly, que pregonaba sus oráculos y era el Andy Warhol de entonces, les advertía inútilmente: «Al que los dioses tienen intenciones de destruir, comienzan por llamarlo prometedor...», y todos en Montparnasse, entonces, eran jóvenes y prometedores. Dicen que la tía Mina era bella y extravagante, además de estupenda *femme d'interieur,* que sabía hacer encontrarse cómodos a los demás y organizar un ambiente para que sus hombres se sintieran a gusto. Mantenía una corte de pretendientes en su departamento del Boulevard Raspail, o por lo menos una divertida banda de admiradores que la seguían en sus excentricidades. Además de Huidobro, formaban parte del grupo Camilo y Maruja Mori, Henriette Petit, don Pepe Eyzaguirre, y sobre todo Foujita y Juan Gris. La tía Mina misma pintaba *naïf* en sus ratos de ocio, sobre todo futbolistas multicolores en un campo de pasto verde esmeralda, alabados como muy originales por sus amigos. Incluso yo mismo soy rendido admirador de los pocos que conozco. Juan Gris, el cubista español paralelo y amigo de Braque, era íntimo de la casa de la pareja Yáñez, el amigo que siempre estaba presente junto al rescoldo o a la mesa. Allí le dejaban mensajes o lo iban a buscar sus amigos de farándula, que solían quedarse a beber el vino de la casa. Al descubrir un lugar donde se podía comer lubinas frescas y a buen precio de madrugada, en el mercado de Les Halles, no se quedaba tranquilo hasta arrastrar allí a sus amigos. Detestaba el frío y la niebla de París. Se pasaba suspirando por el sol de su Málaga natal, sin resolverse a regresar. Varias veces él y sus amigos Yáñez planearon una excursión al sur, pero Juan Gris tosía y tosía sin poder desplazarse, y escupía sus pulmones podridos sin resolverse a viajar a ninguna parte que quedara más lejos que La Coupole. Esta inactividad le encantaba a Juan Emar, inmovilizado por su sempiterno *cafard*. Prefería hablar de viajes antes que emprenderlos. Era difícil sacarlo de su tumbona de Rhulemans donde se pasaba el día fumando o, cuando era mucha su energía, fabricando pajaritas de papel: parecía aquejado por una entropía a lo Oblomov.

Un día Juan Gris, que entristecía y entristecía, amaneció muerto en su cama. La tía Mina, arrasada en lágrimas, corrió a hacerse cargo de la situación y a atender los despojos del melancólico español. Lo lavó y lo compuso, depositándolo dentro de su ataúd, con esa espeluznante familiaridad que ella y sus hermanas tenían con la vida y con la muerte. La tía Mina, entonces, los ojos quemándole las cuencas moradas de *rimmel,* se envolvió en crespones como en una nube de tormenta, sin disminuir su llanto, como si fuera la viuda del occiso.

Un grupo de pintores y poetas salió de la casa llevando el cajón de Juan Gris sobre sus hombros. La tía Mina iba a la cabeza de la procesión, cruzando Montparnasse y dando alaridos de dolor y lamentos de viuda. Al pasar frente a algunos restaurantes o cafés de amigos, los propietarios salían a la puerta en mangas de camisa y suspensores para tributarle el último adiós al español. Y para saludar a la tía Mina, que les prometía reaparecer esa tarde para darles las gracias por la despedida y tomarse unas copas por la salud del alma del amigo fallecido.

Las cartas escritas en papel-cebolla viajaban con cierta frecuencia para mi familia en los incipientes correos aéreos comerciales de ese tiempo, como el de Saint-Exupéry, que sobrevolaba la Cordillera y la Patagonia antes del accidente en que pereció. En Europa vivían en ese tiempo, en distintas capitales, mi tío Pepe y mi tía Raquel con sus hijas, mi tía Laura Yáñez con mi tío Alberto Wiechman, mi tía Elenita con su marido y sus hijos, y creo que mi tío Enrique Yáñez como secretario de alguna legación que no recuerdo. Y para qué decirlo, la tía Mina. Todos le escribían copiosamente a su madre, mi abuela Herminia, que después del viaje para casar a mi tía Elenita en Alemania encalló a perpetuidad en casa de mi madre, donde era una silenciosa presencia que escudriñaba el mapa de las conquistas de Hitler y se dedicaba a la costura, haciendo cuellos y puños a lo Greta Garbo para mi madre, y deshilando pañuelos bordados con iniciales. Le llegaban con frecuencia cartas de sus hijos de todas partes: a mí nunca dejó de hacerme sentir inferior el hecho de que los sobres dirigidos a Santiago de Chile llevaran, además, la aclaración de que este país quedaba en Amérique du Sud, como si los correos europeos ignoraran el emplazamiento de mi país, por oscuro e insignificante.

Muchos personajes de mi parentela se alojaban en esa especie de dique seco que mi madre ponía a disposición de todos en la casa de la calle Ejército, donde entonces vivíamos. Yo nací en la Avenida Holanda; de allí nos trasladamos por seis años a la calle Ejército; y luego de vuelta a la casa de Holanda, donde pasé mi adolescencia y gran parte de mi juventud. Ésta ha quedado inscrita en mi recuerdo como «mi casa»: pese a todos los lugares y las casas donde la vida me ha llevado, sigue siendo el punto de referencia, mi brújula interior, que ya no existe porque fue demolida hace muchos años.

La parentela permanecía alojada durante un tiempo en Ejército —en el caso de las Yáñez Echaurren, se quedaron hasta que Sergio Matta, su primo, hermano del pintor Matta, terminó de decorar y amoblar con muebles de laca blanca *craquelée* y alfombras y paredes verde-Nilo el departamento nuevo de la tía Raquel en el edificio Bauhaus de Alameda entre Arturo Prat y Serrano—, conviviendo con nosotros. Lográbamos atisbar, por entre los visillos de las mamparas que separaban los dormitorios, a mis primas desvistiéndose para acostarse, lo que fue toda una lección para mi pubertad incipiente. Estas primas eran extraordinariamente cariñosas con mi padre, «el tío piojo», como le decían porque en ese tiempo mi padre, dedicado a la epidemiología, atendía a los enfermos de tifus exantemático en uno de los hospitales para apestados. Las carretelas cargadas de cadáveres daban un rodeo por Ejército para evitar el centro de la ciudad, camino de la fosa común en el cementerio. Ante el misterioso paso de la muerte mi hermano Gonzalo y yo huíamos a escondernos en el fondo del último patio de la casa. Eugenio Cruz Donoso y los Cortés y mi prima Gloria y tantos más pasaron un tiempo en casa de mi madre en Ejército.

Claro que el personaje más curioso, el que más picaba mi imaginación cuando aparecía en la calle Ejército entre viaje y viaje, era la fantástica tía Mina, la más audaz, la que llevó una vida más aventurera. Llegaba de vuelta, muchas veces, después de increíbles tribulaciones. La recuerdo estableciéndose en Ejército a tiempo completo tras un periplo por México, California, Hawai, Japón y Bali con la compañía de los Cosacos del Don. La tía Mina se había ligado con el más apuesto de ellos durante la breve temporada que hicieron en Santiago, pero en la isla de Bali el cosaco murió de fiebre tifoidea mientras el resto de la compañía, indiferente, seguía viaje. Ella sepultó a su amante en un innominado bosque de la isla. No sé cómo ni con qué dinero la tía Mina volvió a casa de uno de mis tíos, que también había acogido a mi abuela en París, Bruselas o Berlín. En todo caso, la vimos un buen día en nuestra casa de Ejército cargada de *sarongs* para sus hermanas y sobrinas, y de ídolos policromados y fosforescentes, y una serie de *kris* para nosotros, contando historias de bailarinas javanesas con uñas doradas de un jeme de largo, y de plantadores ingleses u holandeses que huían, presos del *amok*, a perderse en la selva.

Su segundo matrimonio fue con el notable arquitecto chileno Juan Martínez. Yo, insistentemente, iba a visitarlo de niño en su estudio, cuando estaba dibujando el proyecto de la actual Escuela de Leyes, y era tan fuerte mi fascinación con él y su trabajo que me metía a intrusear en su tablero y le pedí ese año al Viejito Pascuero que para Navidad me dejara en los zapatos una regla T, porque, si bien me identificaba poco con mi padre, me identifiqué inmensamente con el tío Juan Martínez, y lo que más deseaba en el mundo era ser como él. Una buena tarde el tío Juan le dijo a su familia que iba a la esquina a comprar cigarrillos y, clásicamente, no volvió nunca más: una mañana lo encontraron tirado, borracho y sin saber quién era, creo que en una ladera boscosa del cerro San Cristóbal, y el matrimonio se deshizo. Luego, más viajes de la tía Mina hacia y desde Europa. Una vez llegó con un refugiado de la Guerra Civil española, con el que instaló el Café Miraflores. De noche se llenaba con una ruidosa tertulia artístico-literaria chileno-española. Luego, ya separada de su español, Pablo de la Fuente, instaló una casa de huéspedes en la calle Sánchez Fontecilla junto al canal San Carlos, que no tardó en arruinarla porque enseguida se fueron a vivir allí el recién abandonado Pablo de la Fuente, el tío Pilo separado de su segunda mujer, Gabriela Rivadeneira (que después sería conocida como Mme Gaviota), Carmen con un provisional marido brasilero, Napoleão Lopes, de sandalias de apóstol, mirada verde y arrestos de misticismo; el tío Juan Martínez recién casado otra vez, Cuco y su segunda mujer, y sus hijos, y Eduardo Barrios, padre de la primera mujer de Cuco, casado con una hermana de Mme Gaviota... En fin, esa aventura de la pensión también terminó porque la tía Mina era notoriamente mala para cobrar.

Pablo de la Fuente se fue con la FAO a Italia y se volvió a casar. Cada uno siguió el trazado de su destino, y la tía Mina, después de un inexplicable y breve viaje a Europa en la tercera clase de un barco italiano (cuando yo le dije que encontraba indigno que viajara en esas condiciones, me contestó: «No me hace falta otra cosa. Acuérdate que de joven yo viajaba en clase de lujo, y cuando bailaba luciendo mis modelos de Lanvin y Vionnet, las luces de la pista me iluminaban y la gente me aplaudía»). De vuelta en Chile, no entiendo cómo, consiguió un trabajo de económa en el colegio de señoritas Villa María Academy, unas monjas norteamericanas muy de moda en ese tiempo, y junto a Carmen —que se había hecho actriz y actuaba notablemente bien en el montaje de *El teléfono*, de Cocteau— ocupaba una habitación en el convento. Hay quien recuerda a las dos escandalosas figuras femeninas ataviadas con kimono, peinando sus largas cabelleras negras en una ventana. Por ese tiempo pasó por Chile Lanza del Vasto, predicando su doctrina de no violencia y religiosidad. La tía Mina se fascinó con él y lo siguió a Francia, donde se establecieron en un *ashram* y donde ella predicaba, sin maquillaje y vestida con un sayal, las doctrinas del ilustre siciliano en las esquinas del barrio del Montparnasse que ella había conocido en otra encarnación. Carmen, a todo esto, se quedó en Panamá, cantando *La vie en rose* en un cabaret de la Zona Militar, hasta que pasó un discípulo de Lanza del Vasto, que se la llevó también a Francia a reunirse con su madre. Vestidas ambas de sayal, predicaban la no violencia en las esquinas de la *rive gauche*.

Pasaron muchos años sin que yo supiera nada ni de una ni de otra... Un día mi madre me mostró una carta de la tía Mina en que decía: «Estoy en una sala del *ashram* en el sur de Francia. Lanza del Vasto reza. Carmen está sentada junto a una ventana con su rueca, hilando para tejer la tela de nuestros sencillos vestidos...».

Capítulo tres

La primera salida
de Don Quijote

Nací el cinco de octubre de 1924, en Santiago, en un chalecito de la calle Constanza (ahora Avenida Holanda), rural y ajardinada, a cuadra y media de la Avenida Providencia, con su campestre calzada de tierra y acequias, y yuyos y dedales de oro en la temporada, a dos cuadras de la punta de rieles de los tranvías 27 y 35, que llamábamos «los carros». Arrastraban estruendosos acoplados bamboleantes en los que los muchachos preferíamos viajar. Estos carros remontaban el pequeño declive hasta el canal San Carlos, en cuyo caudal las criadas de los alrededores ahogaban las camadas de las gatas demasiado paridoras y donde estaba de moda que los enamorados se suicidaran después de ver a Danielle Darrieux y Charles Boyer en *Mayerling*. En ese tiempo, al otro lado del canal comenzaban el campo abierto, las zarzamoras, los sauces, la fragancia anisada del hinojo, las delicadas constelaciones de las flores de la cicuta y las hileras de álamos de Lombardía, cuyas filas apenas velaban la cordillera nevada, tan cercana que parecía posible meter la mano por el cristal del aire para tocarla.

La manzana que ahora (desde comienzos de la década del treinta) ocupa el Santiago College, a media cuadra de nuestra casa hacia el sur, era en esos años un extenso terreno baldío separado de la calle por alambres de púas, porque el College no existía. En ese potrero pastaban algunas vacas overas cerca de la mediagua donde vivían los lecheros. La Nana Teresa, la misma que nos cuidó, y también a la generación siguiente durante toda la vida, y a mis padres en sus trances de muerte, me llevaba de la mano todas las mañanas a tomar un vaso de leche recién ordeñada. Leche al pie de la vaca la llamábamos, dulce y aromática de menta y peromoto: tenía fama de ser muy alimenticia y yo estaba enflaqueciendo en vez de engordar. Nadie podía diagnosticar mi dolencia. Ni siquiera la sucesión de jóvenes colegas que mi padre llevaba a examinarme. Me golpeaban la espalda, el pecho, me palpaban el vientre y siempre decían lo mismo:

—Pura maña. Este niño no tiene nada.

Hasta que llamaron al doctor Scroggie, ya un pediatra notable aunque no podía tener mucha más edad que mi padre, recién recibido de médico. Scroggie no ocultó que encontraba muy cambiada a mi madre (la había conocido de muchachito en Zapallar, donde era amigo de mis tíos, amatonados como él), más flaca, más pálida... aunque todo esto formaba parte del estilo *flapper* entonces de moda. Como todos los pediatras, Scroggie me auscultó, me palpó el vientre y me hizo mostrarle la lengua. Solicitó ver mis deposiciones —lo que me enrojeció de vergüenza— pero no dijo nada. Escudriñó mis muebles, mis juguetes, mi baño, y cerrando su estetoscopio con un floreo le dijo a mi madre:

—Mire, Tití, este niño se les va a morir de tristeza. Es urgente embellecerle un poco la vida, cambiarle el empapelado por colores más alegres, por ejemplo. Y cuando lo atienda, usted no se presente descuidada, que eso algunos niños lo notan aunque sean chicos. Le aconsejo que se ponga ropa bonita cuando lo vaya a bañar o le cambie su camiseta...

Aunque después mi padre se rió un poco de las recomendaciones de Scroggie, se siguieron sus sugerencias. Durante unos días se produjeron muchos cambios alrededor mío. A las pocas semanas, como por arte de magia, comencé a adquirir mejores colores y a engordar un poco: habían cambiado el empapelado y trajeron muebles nuevos, pintados a la laca color amarillo yema-de-huevo. Era como obra de un shamanismo adivinatorio de Scroggie: yo mismo estaba alegre y corría y bajaba por las escaleras de la casa y echaba carrera con los perros de mi padre por el jardín. Nadie podía creer el cambio que se estaba operando. De esa época, lo que más recuerdo es a mi madre sentada al sol en el jardín, sujetándome en su falda, yo acariciándole las mejillas y el cuello porque la encontraba suave y bonita, así, tan escotada, envuelta en los lindos vestidos aéreos del verano. La veía alegre ahora, cantándome para enseñarme a contar sin tomar en cuenta que yo era demasiado chico. Sin embargo, hasta hoy recuerdo los versos escuchados en su falda:

Soy el Farolero
de la Puerta del Sol
cojo mi escalera
y enciendo el farol.
Ya que está encendido
me pongo a cantar
y siempre me sale
la cuenta cabal.

Dos y dos son cuatro
cuatro y dos son seis
seis y dos son ocho
y ocho, dieciséis.
Y ocho veinticuatro
y ocho, treinta y dos
ánimas benditas
me encomiendo a Dios...

El Farolero de la Puerta del Sol fue el primer personaje imaginario que me salió al encuentro en mi vida. Tal obsesión me causó, que yo no sólo repetía las sumas, que no me interesaban particularmente, sino que quería saber más sobre el Farolero. ¿Qué era un farolero? ¿Dónde estaba la Puerta del Sol, que con ese nombre debía ser preciosa? Yo quería ir a ver al Farolero. Al pasar frente a una vitrina en una tienda del centro, vi que se exhibía un muchachito con un farol en alto, una lámpara de porcelana para el velador. Obligué a mis padres a comprarme la dichosa lamparita, cuyos despojos anduvieron dando vueltas por los desvanes de Avenida Holanda casi hasta la muerte de mi madre. También mi madre me recitaba el verso del Ratón Pérez que se cayó a la olla y de la Hormiguita que lo siente y lo llora... y Rin-Rin Renacuajo con su chupa de bodas... Éstos fueron los personajes de la primera constelación fantástica que conocí, antes que a Pulgarcito y a la Bella Durmiente y a Pinocho. Había algo misterioso en las palabras mismas. ¿Qué era una chupa de bodas... qué un renacuajo...? Eran, en sí, las palabras, objetos maravillosos, independientes de su desconocido significado, un mundo de sugerencias que era menester no estropear preguntando su equivalencia exacta. Mi madre me pedía que le recitara las historias del Farolero y de Rin-Rin Renacuajo al doctor Scroggie para demostrarle lo inteligente que me había puesto a raíz de sus visitas. Él les aconsejó que me regalaran algo vivo, un pájaro, un perro, y pronto me dejaron tener un cachorro negro lanudo, un *quiltro* distinto a los perros «buenos» de mi padre. Lo bauticé «Chico». Fue mi gran compañero y favorito durante un par de años. Hasta que un Ford, de ésos con bigotes, pasó dando barquinazos por la calle y lo atropelló. Lloré mucho con el pobre Chico agonizando en mis brazos. Y seguí sollozando cuando Aliaga, nuestro jardinero, lo enterró bajo el níspero en el gallinero del fondo de la casa, donde la Nana Teresa criaba sus pollos, sus patos y sus gansos bravíos como perros callejeros. La Nana Teresa, tras la muerte del Chico, me ofreció una leve esperanza en la que yo creí sólo a medias. Pero me sirvió de consuelo momentáneo:

—No llores. Dios te va a mandar otro perrito. Hagámosle una manda a la Virgen de Lourdes y apuesto a que te lo da...

En la fecha establecida, la Nana Teresa me llevó en carro al otro extremo de la ciudad, a la Gruta de Lourdes. La manda consistió en que durante ese año yo juntaría los «pesos fuerte» que mi parentela me regalaba cuando venían de visita, y los de mi mesada, que debía guardar en mi alcancía. Y para el ocho de diciembre —Purísima, el día de las primeras comuniones— debía repartir mis ahorros entre los enfermos, menesterosos y lisiados que se aglomeraban en la puerta de la gruta.

Una nube de mendigos, de viejos harapientos y chiquillos patipelados e inmundos, de viejas balbucientes con bocas desdentadas y manos escamosas de sarpullidos y lacras purulentas y el cuello amarillento de mugre, clamaba alrededor mío: «¡Patroncito! ¡A mí, patroncito!» Me tendieron sus palmas ávidas. La Nana Teresa, ensombrerada y con su cuellito estilo *Claudine* de un vestido heredado de mi madre, me indicó que no les diera limosna más que a los pobres que no la asqueaban, a los menos sucios, a las mujeres que llevaban niños que, se veía, no eran «prestados» para mendigar. Don Arturo, decía ella —porque a nadie fuera de mi padre veneraba como al León de Tarapacá, y nunca faltaba a sus desfiles y manifestaciones—, mandaba ayudar más que nada a los pobres capaces de ayudarse, por lo menos hasta cierto punto, a sí mismos.

A mí estas escenas de harapos, fetidez y eczemas no me perturbaban. Al contrario, encontraba algo seductor en esos mendigos plañideros, en sus garras crispadas implorando una misericordia, en la fetidez de sus guiñapos mezclada con el olor a la combustión de las velas de tanta manda de jorobados, cuchepos, cojos, ciegos, enanos, tuertos. Me producía una especie de mareo placentero, arrullado por la voz nasal del curita diciendo su misa eléctrica por el micrófono tonante, el altar decorado por muletas y prótesis como ofrendas al poder de la Virgen, placas de agradecimiento a Bernardita Soubirous ennegrecidas por las caricias de manos implorantes y por el humo del incienso y las velas: *Gracias, Santa Bernardita, por hacer que me enfermara, que si no mi papá me mata a palos. Lorena G., Tercero D.* Y la Virgen aparecida con la Bernardita arrodillada a sus pies se paseaba en andas entre los fieles de la gruta, bamboleándose como una borracha sobre los hombros de las beatas de manda blanca con cinturón celeste. Era mareador el perfume de los nardos y las azucenas de las niñas de blanco que hacían su primera comunión: las flores iban pudriéndose con el calor del verano que comenzaba. Después, a nuestro regreso a la casa, en la noche fresca, nos quedamos hablando la Nana Teresa y yo, con la ventana abierta al cielo nocturno color limón. Antes de quedarme dormido comentamos las experiencias extraordinarias que yo había vivido en la Gruta, pero los grandes no. Cuando al año siguiente se trató de ir de nuevo para celebrar el ocho de diciembre, mi padre no lo permitió:

—No —dijo—. No pueden. Hay una peste de tifus exantemático en Santiago y sería peligroso exponerse con tanta gente pobre que anda por ahí...

En la cuadra siguiente a la nuestra, hacia Providencia, vivía la Lola Senn. Para mí, la Lola encarnaba todo lo femenino, lo misterioso, pero tenía cinco años más que yo. Era la hija menor de don Teófilo Senn, propietario de la *Panadería Suiza, Teófilo Senn e Hijas, Ginebra-Santiago (Constanza 130)*, que surtía de pan —lo recuerdo tibio y crujiente y perfumado— a todo nuestro barrio que comenzaba a poblarse. En mi casa yo hablaba continuamente de la Lola Senn, causando con mi entusiasmo la risa de mis padres y mis tíos; me impulsaban a «declararme»: que la Lola era un buen partido, que le pidiera que se casara conmigo. Dos o tres veces estuve a punto de seguir ese consejo. Luego me resistía, adivinando una broma intencionadamente cruel de mi familia: no dudé que pretendían hacer de mí un fantoche ridículo ante ella, que me usaría como pelele, como un objeto de risa. En una ocasión, la Lola y sus hermanas mayores me sacaron una fotografía ataviado con un poncho chileno y con un incongruente jipijapa para representar al «típico niño chileno»: las Senn mandaron hacer muchas copias de esta fotografía, y la enviaron con felicitaciones de Navidad a su parentela en Ginebra para mostrarles cómo era la infancia en el país donde la familia había venido a avecindarse después del fallecimiento de Mme Senn.

   ¿Cómo voy a olvidar los memorables *soquettes de laine* (es curioso, pero todavía me parece estar escuchando el reverbero erótico de ese indescifrable término extranjero) de la Lola Senn, apretándole las coloradas pantorrillas cuando regresaba del vecino Stade Français recién inaugurado, con su raqueta de tenis y su pollera estilo Suzanne Lenglen, de cuyos triunfos europeos se hablaba tanto a la hora de almuerzo en mi casa?

   La Lola tendría doce años por la fecha de que estoy hablando. A veces giraba y giraba frente a mí, luciendo la elegancia de su pollera de tenis volando (y luciendo también, qué duda cabe, el secreto que el puritanismo ginebrino no le hubiera dejado mostrar a orillas del lago Constanza). Una tarde acepté acompañarla —previo permiso de mis padres— a ver *Trader Horn*, película que ellos comentaban con sus amigos junto a la chimenea de la casa: África, viajes, caníbales, exploradores, diosa blanca... blanca y rubia y regordeta que los caníbales iban a devorar, no muy distinta a la Lola Senn... las danzas de los caníbales alrededor de la cazuela para guisar misioneros: en fin, todo lo que yo tan ansiosamente deseaba ver. La Lola Senn y yo hicimos el trayecto al nuevo teatro Baquedano en un carro 27, de ésos con asientos de mimbre tejido, donde se nos unió un odioso muchacho tenista del Stade Français, amigo de la Lola. Me di cuenta al instante de que la invitación de la Lola a que la acompañara no era más que una estratagema para ir al cine con el tenista. No me cupo duda cuando la Lola me susurró al oído que le jurara que no les iba a comentar este encuentro a su padre ni a sus hermanas mayores, porque le tenían estrictamente prohibido ir al teatro con hombres. ¿Qué era yo, entonces, si no objetaban que la acompañara? Sí, era en efecto un pelele, un ser lamentablemente incompleto. En la lívida oscuridad parpadeante de la película que comenzaba, el cine llenándose con el olor a quemado que acompañaba al lento humito que se desperezaba a partir de la vieja máquina Pathé, el muchacho se sentó al lado de la Lola, acurrucándose junto a ella. Demasiado junto, tal vez, porque a los minutos de comenzada la cinta la Lola dio un respingo, como si le hubieran tocado un secreto botoncito eléctrico, y en voz muy alta —vengativamente alta, me pareció, porque varias personas se dieron vuelta para mirarme— pidió, con tono enfadado, que me sentara entre ellos. No volvió a mirar a su amigo.

Al día siguiente la Lola rechazó mis pegajosas demostraciones de intimidad. No podía perder el tiempo conmigo, declaró: era su día de turno para atender a la clientela. Le rogó, en cambio, al repartidor de pan que me sacara a dar un paseo en su triciclo. Él me instaló sobre el cajón que el triciclo llevaba adelante, desde donde, como un perrito, yo iba mordiendo el aire veloz. El repartidor se acostumbró a sacarme a pasear y pronto nos hicimos amigos. Me montaba en su triciclo cuando me encontraba en la panadería, o me iba a buscar a la casa y salíamos a pasear, él enseñándome cosas que dijo que eran de hombre grande. Me enseñó a leer *Teófilo Senn e Hijas, Panadería Suiza*, en el costado del cajón de su triciclo; fue lo primero en mi vida que aprendí a leer, de modo que el apellido Senn me ha quedado grabado como una marca de fierro al rojo en la memoria. También me enseñó a tirar piedras planas en el cauce del Mapocho, que vadeábamos para llevar pan a las casas nuevísimas, muy pocas, que comenzaban a levantarse en los potreros de espino de la zona. Me enseñó a construir hondas con tiras de neumáticos viejos, de las mismas que usaba para sus ojotas, y a fumar cigarrillo tras cigarrillo, y a cambiar la rueda accidentada del triciclo. Y a decirle cosas dulces a la Lola Senn, que se derretía, o a murmurar palabras indecentes que la hacían llorar cuando las oía referidas a ella.

Poco después el repartidor desapareció de la panadería. Mi madre contó que don Teófilo se vio obligado a despedirlo porque el muchacho, que era bueno y trabajador, se estaba poniendo muy malhablado y las niñitas Senn ya se iban haciendo mujercitas.

A veces, muy de tarde en tarde, el repartidor de pan, mi amigo, reaparecía junto a la reja de palos blancos de mi casa. Me pedía dinero como un mendigo porque, dijo, no encontraba trabajo y en la ciudad comenzaba algo que ni él ni yo entendíamos, pero que se llamaba «la crisis». A veces él no tenía ni con qué comer: «ni con qué hacer cantar a un ciego», decía. Nosotros también padecíamos «la crisis», aunque nunca me di cuenta de que en la casa faltara nada.

A pesar de la escasez de comida, cuando al cabo de unos meses el repartidor volvió a presentarse en la reja, había «echado cuerpo» y crecido. Un bozo azulado dibujaba apenas su labio superior y los costados ya no infantiles de sus mejillas, junto a las orejas. Le costó poco convencerme de que sacara «pesos fuerte» de mi alcancía, de ésos que yo ahorraba para llevar a Lourdes, aunque sabía que no iba a volver a ese santuario porque la peste era contagiosa, sobre todo si uno se acercaba a los pobres... y cuando se terminaran la crisis y la peste, yo ya sería grande y no creería en la efectividad de los milagros de una Virgen que por fin no me devolvió perrito alguno. ¿Podía contagiarme el repartidor, que era el más pobre entre los pobres? Con unos pesos en la mano me acerqué a él en la reja, la luz fluida del atardecer entretejiéndose en las ramas de los acacios. Me arriesgué para comprobar qué pasaba al acercarme a un pobre, más cerca... más cerca... más... ¿El repartidor tenía olor a peste, a Gruta de Lourdes...? No, tenía otro olor que yo desconocía. Con la punta de mis dedos lo acaricié donde su camisa abierta descubría su pecho, con el fin de indagar el secreto de su piel cobriza y untar mis yemas en la miseria, a ver si quedaban impregnadas, abriéndome, con ese contacto, qué sé yo qué caminos, y enseñándome que uno puede añorar la posesión de otra piel. Al olerme la punta de los dedos después de dejarlos un instante en su pecho, me sorprendió la sensación de que mi amigo, el repartidor, después de varios meses de ausencia de la panadería, conservara un olor como a pan, como a la Lola Senn, aunque podía ser otra cosa.

Después de palpar la piel de su miseria no me parecieron suficientes los «pesos fuerte» que le había dado. Corrí a mi habitación en busca de más en mi alcancía. Corrí de regreso a la reja temeroso de no volver a encontrar a mi amigo, pero allí estaba: expectante, nervioso, pensando en cosas desconocidas. Me habló de su urgencia por encontrar trabajo, más ahora que antes: tenía un hijo... Me dijo que era por eso, y por su mujer, que le urgía trabajar. Yo ignoraba dónde vivía, en qué población o barrio. Ni siquiera sabía cómo se llamaba, porque todos en la panadería le decían «el Lacho». Cuando la Lola quería mandarlo a hacer alguna diligencia secreta —había reanudado relaciones con el tenista de *Trader Horn*—, le decía:

—Oye, Lachito lindo, anda a dejarme esta carta, por favor, donde tú sabes. Pero para callado...

Me gustaba oír cómo la Lola pronunciaba los chilenismos, con su dejo de acento ginebrino. Continuaba:

—Toma... para tus vicios...

Los vicios del Lacho se reducían a una cajetilla de cigarrillos diaria. Tenía los dedos amarillentos de tanto fumar.

Y las cartas de la Lola Senn —yo olí alguna— tenían el mismo olor a pan fresco de ella y del pecho del Lacho, ese olor que la punta de mis dedos traducía para mí.

Tras darle dinero dos o tres veces, el Lacho comenzó a espaciar sus visitas a nuestra reja. ¿Era posible que hubiera encontrado un trabajo para mantener a su familia? Sí, eso era lo más probable... ¿O era simplemente que la crisis estaba terminando y había trabajo para todos, en abundancia? Esto era lo que opinaban algunos de los amigos de mi padre que frecuentaban nuestra mesa.

Después de su última visita el Lacho desapareció para siempre de mi horizonte, tragado sin duda por una vida distinta que no me incluía ni a mí ni a la panadería de don Teófilo Senn; o asimilado por otras amistades, o por algún trabajo, o por un barrio que podía ser muy distante, o quizás —no era improbable— había caído víctima de la lanceta de uno de los piojos que estaban matando sin misericordia a tanta gente de la ciudad.

Cuando nos mudamos de la calle Constanza a la calle Ejército (debe haber ocurrido alrededor del año 1932), la persona a la que más eché de menos fue la Lola Senn: al despedirnos de ella y su familia nos prometieron visita —desplazamiento que entonces tenía las dimensiones de un viaje en el transiberiano—, pero jamás la hicieron, y nosotros jamás los visitamos a ellos. Cuando volvimos a vivir en nuestra casa de Avenida Holanda seis años después, las niñas Senn ya estaban casadas y se habían dispersado. Don Teófilo había muerto. Ya no existía la Panadería Senn en la primera cuadra de la calle Constanza, que ahora se llamaba Avenida Holanda. No tengo la menor idea de qué fue de la Lola, ni con quién se casó y qué hijos tuvo, y qué nietos. Ahora, ¡qué horror!, debe andar rondando los ochenta años si aún vive, lo cual, al evocar sus pantorrillas adolescentes y sus *soquettes de laine* que me hicieron revolcarme de noche en mi cama durante tantos años, me parece imposible.

También solía pensar en el Lacho: que me enseñara a leer en el costado del cajón de pan de su triciclo me sirvió de piedra fundacional para posteriores aprendizajes. El cajón pardo de su triciclo no ha desaparecido de mi memoria, aunque el rostro de mi amigo se borró hace mucho tiempo.

Sin embargo, tal vez porque la casa de Ejército era tan vasta, tan húmeda, tan lúgubre y sombría, sofocantemente desprovista de toda vista hacia el exterior, mi corazón se dejaba envolver por la yedra de la nostalgia al evocar nuestra casa de la Avenida Holanda, inundada de luz y del reverbero verde de nuestro jardín y de los jardines vecinos, y de la fragancia del aromo y de la hierba recién cortada. Había jugado durante tantos años en ese jardín, con su par de palmeras simétricas, sus estrellas de echeverris plateados y su breve avenida de acacios rosa a la entrada, que no podía soportar el vértigo de imaginarme que no sobrevivirían, ni siquiera en mi memoria. Pero Aliaga, que dominaba a mi madre, unos meses antes de que abandonáramos nuestro chalecito la convenció de que lo autorizara para arrancar la pareja de palmeras y los acacios y las suculentas, porque esas plantas, le dijo, ya no estaban de moda. He vuelto a divisar parejas de palmeras, que para los árabes significan hospitalidad, cimbreando sus cabezas en el fondo de algunos viejos jardines del barrio de Providencia. Pero jamás he vuelto a ver acacias rosadas, salvo en la imaginación de otros: en la fantasía de Proust eran rosadas las acacias de la Allée aux Acacias, donde Odette citaba a Swann en *À la recherche du temps perdu*. Y rosada la acacia que formaba la pantalla de la lámpara estilo Tiffany que en un tiempo hubo en Ejército.

Nos mudamos a la calle Ejército, ostensiblemente, para evitar la polvareda del verano y los barriales del invierno, como también porque demasiadas «familias desconocidas», «orientales raros», se estaban avecindando cerca de nuestra casa de Avenida Holanda. Pero pronto nos dimos cuenta de que si bien en Ejército vivían casi exclusivamente familias que la mía «ubicaba», como se decía en aquel tiempo, y aunque en la superficie tuviera un empaque más urbano, seguía siendo una calle muy cerca del agro y del siglo diecinueve, con su pachorra siestera y el paso casi cronometrable, todas las mañanas, de una señora Edwards con sus *Boston terriers* negros como murciélagos, para pasearlos en la vecina Plaza Ercilla.

Los burros con su árguenas repletas de duraznos, de apio, de brevas, se detenían en las puertas de sus caseras. Llegaban lavanderas patipeladas equilibrando bolsas de cotí a rayas en la cabeza para entregar el lavado de la semana, y salían con las bolsas llenas con nuestra ropa sucia. Las tortilleras, blancas como ánimas, pregonaban sus panes tiernos y pasaban los dulceros con sus barquitos llenos de alfeñiques, turrones y maní garrapiñado, y los comerciantes de sandías y melones, calándolos con una cuchillada en nuestra puerta, y los niños salíamos a la calle a probar los triángulos sangrientos y dulces del calado.

En cierto sentido, nuestra casa misma, sus habitantes y hábitos, pertenecían a un mundo que percibí como muy distinto al que había conocido. Era un antiguo mundo patriarcal, poblado por caballeros barbudos, con durísimo almidón impoluto en cuellos, camisas y puños, sus anticuadas cadenas de oro festoneándoles el chaleco de fantasía sobre el abultado vientre. Era un mundo viril, de mucho cuero negro crujiente en los sofás de los escritorios sombríos, mucha viudez prematura y plastrones de seda, y una sensación de que esos ancianos manejaban —o habían manejado—, desde las bambalinas de su vejez residual, las palancas que movían nuestro país: don Julio Garrido, por ejemplo, minero victoriano, millonario y barbado, que acudía a visitar con cierta frecuencia a una de mis ancianas tías que ya no se levantaba de la cama. Ese buen señor terminó, como en una novela del siglo pasado, casándose con la dama de compañía de la encamada. Circulaban por la casa médicos de labia seductora y ademanes acariciantes, que acudían a atender las enfermedades, imaginarias o no, de alguna de las tres tías con que vivíamos, que eran las hermanas de mi bisabuela y pertenecían al acervo Donoso. De noche, estas viudas ya olvidadas y solas eran atendidas por monjitas de la Caridad que les administraban sus tomas inclinando sobre sus almohadas las alas almidonadas de sus papalinas medievales: eran enviadas por la madre Margarita Gana, Superiora de la Orden y hermana menor de las tías, cuya conducta de inutilidad y egoísmo ella tanto les reprochaba. Los parientes pobres, después de pasar la tarde jugando al naipe con alguna de las tías —y haciendo la vista gorda en relación a las trampas o errores cometidos por su contrincante—, recibían una discreta propina. Además, les garantizaban que en su testamento recién otorgado ante don Abraham del Río (una de las barbas más magníficas de mi niñez) dejaban muy «mejorada» a su familia. Y el domingo llegaba el cura de la Parroquia de San Lázaro, que quedaba a un par de cuadras, con sus ojos de terciopelo y sus manos blancas, blandas, sudorosas, a confesar a la casa entera, comenzando por las *chinas* del último patio. Después de terminar con nosotros, los niños, jugábamos unas cuantas partidas de ping-pong, hasta que le presentaban su jícara de chocolate acompañado con bizcochos y galletas de *champagne*.

Pero si *pour la galerie* nos habíamos mudado de casa buscando mayor comodidad, en realidad lo habíamos hecho porque mi padre había sido despedido de su trabajo de médico de *La Nación* a raíz de que el periódico le fue confiscado al tío Eliodoro por el Presidente Ibáñez. Se produjo el desbande de los parientes, que tuvieron que abandonar las distintas sinecuras que los albergaban en el diario. Mi padre se quedó sin trabajo, sin un cobre, cruzado de brazos. Fue urgente que buscara protección en otra parte. Tres tías abuelas suyas, en ese momento viejísimas, riquísimas y perpetuamente encamadas con una increíble serie de dolencias, le rogaron que se trasladara a vivir con ellas en calidad de médico-en-residencia; mi madre, que se desempeñaría como una especie de administradora o ama de llaves, llevaría las finanzas de las ancianas y el manejo de la casa. Así, mi padre encontró protección, y la encontró en un sector de la familia que no tenía ningún respeto por la familia de mi madre, porque estas tías pertenecían a un mundo tan antiguo y mohoso que para ellas los Yáñez no existían.

Nos trasladamos a la calle Ejército una noche de llovizna, con nuestra Nana Teresa a cargo. Apilamos todas nuestras pertenencias infantiles dentro del Nash azul marino de mi padre, que fue el auto de mi infancia, dócil como un perro, acariciable como un gato, con una personalidad propia que a veces se alborotaba. En Ejército nuestras habitaciones daban al primer patio, que había sido dotado de un dispositivo semejante a una claraboya, a modo de invernadero, adornado con aspidistras, helechos, quencias y algún tonel de bambú negro, plantas que después, con la arremetida del *art déco,* fueron desbancadas por el persistente Aliaga, y ese espacio de extenso parquet encerado fue alhajado con choapinos traídos de regalo por algún pariente que hizo la Guerra del Chaco, y con la incomprensible colección de cactus de mi madre.

A pesar de que nos pusieron en el colegio más caro de Santiago —todavía no muy exclusivo: la mayoría de los alumnos eran hijos de empleados de Price Waterhouse y Williamson Balfour, o vástagos de primitivos mineros ingleses del norte y de ovejeros del sur— y se mantuvieron el Nash y el séquito de sirvientes en el último patio, éramos, en verdad, bastante pobres. Para gente como nosotros, sin embargo, la vida, de algún modo, era relativamente fácil. Quizás porque el agro, al que en el fondo pertenecíamos, llegaba hasta nuestra puerta y la penetraba. Vivíamos como en un pueblo chico: las calles de los lados seguían pavimentadas con grandes piedras redondas; la carnicería, la verdulería, la farmacia, la mercería, quedaban a una cuadra de distancia, hacia la calle Castro; las nanas salían a cuidar a los niños que jugaban en la vereda al atardecer, los Jaramillo con su espectral nana la Pura, la Minina Planet, los Altamirano, y la Cecilia Hurtado, por cuyas trenzas rubias yo suspiraba. Pasaba el pavero guiando su bandada con una larga varilla de sauce-mimbre, no muy distinto al pavero dibujado por Rugendas un siglo antes. Los paveros invadían las calles sobre todo entre junio y julio, los meses de los santos, tan festivamente celebrados antes del advenimiento de la moda de los cumpleaños, pregonando la calidad de su mercancía. Nosotros no le comprábamos nada al pavero. Mi padre, en cambio, nos subía al Nash y nos llevaba al andén de carga de la

Estación Central, donde llegaban los bultos del sur. Allí los pobres pavos retobados, con nuestro nombre y dirección escritos en el buche del saco que los lisiaba, asomando sus cogotes congestionados, graznaban de ira y de terror, como si adivinaran su próximo, espantoso destino sobre una fuente de plata en el centro de una mesa de festejo. De los fundos de la parentela llegaban productos que nos ayudaban a subsistir: cajones de manzanas amarillas de «Maule», el fundo de otras tías bisabuelas; enormes quesos blancos, o colorados y picantes de ají, de las queserías de «Odessa», el fundo de mi bisabuelo en Molina; cajas de uva de Curtiduría, la de grano diminuto y dulcísimo, del tío Adriano antes de que vendiera su fundo costero; y de vez en cuando un fondo de deliciosas perdices en escabeche enviadas de su fundo de Itahue por las «niñas» Opazo Letelier, en agradecimiento a mi padre por alguna atención médica, seguramente ejecutada con desgano e impulsada por los ruegos de mi madre.

Tardamos un poco en acostumbrarnos a nuestro caserón hondo y sombrío, donde jamás, como en la Avenida Holanda, veíamos juguetear el sol y las hojas en el parquet al atardecer. Estaba construido de adobe tendido y tejas españolas hechas a mano, su fachada amarillenta directamente sobre la vereda, con una puerta al medio y dos balcones de fierro fundido, uno a cada lado, para mirar el despliegue de tropas de la cabalgata presidencial que se dirigía al Parque Cousiño a festejar el Dieciocho de Septiembre. Nuestra casa seguía el clásico modelo mediterráneo, desarrollándose alrededor de tres patios, igual que innumerables casas de cualquier categoría en el barrio poniente de Santiago. Al lado norte del primer patio vivíamos nosotros, mientras que al lado sur se encontraban las habitaciones de las tres tías encamadas y sus sirvientes, de las cuales otra legión vivía encerrada —encendiendo braseros, tomando mate, tostando azúcar, repitiendo las historias y chascarros de siempre, calentando tortillas al rescoldo— en el tercer patio, junto al parrón, cerca del gallinero y el soberado.

Fue dentro de estas vísceras arquitectónicas que mi hermano y yo vivimos nuestras pequeñas vidas de niños cuidados, pero con los oídos atentos a las viejas historias y los ojos abiertos para reunir detalles que poblaran nuestra memoria. Le enseñábamos a la Paulina Lentini, a quien adorábamos y que era nuestra gran amiga, algo mayor que nosotros —acababa de llegar del campo a servir en nuestra casa sin haber hecho su primera comunión y sabiendo apenas las primeras letras—, a jugar al cricket, que durante nuestros estudios iniciales en el Grange School nos encantaba. A veces la hacíamos llorar porque la vencíamos, y decía que, puesto que su padre, ahora perdido, fue de origen italiano, ella tenía derecho a reclamar parte de Abisinia —le mostrábamos ese territorio en el atlas porque ella no lo conocía—, tal como Mussolini acababa de prometérselo a todos los hijos de Italia. Amenazaba irse, y dejarnos solos y aburridos en esa casa llena de vejestorios de la calle Ejército. A mí me daba miedo esta amenaza. Y en el atlas le mostraba una islita insignificante, roja —también eran rojos Canadá, Sudáfrica, Australia, la India—, asegurándole que nosotros pertenecíamos a ese imperio, el más poderoso del mundo, que emanaba, como todo lo que fuera rojo, de esa islita en el Mar del Norte que parecía un perfil de conejo, con sus largas orejas: haríamos que nuestras tropas imperiales destruyeran a Haile Selassie y su Abisinia. Atemorizada, la Paulina por fin accedía a no irse ni dejarnos solos, porque cuando fuéramos grandes partiría con nosotros a reclamar uno de nuestros bellos territorios imperiales o, si lo preferíamos, un gran predio italiano en África.

Ingleses, durante un tiempo de nuestra niñez, es lo que creímos ser. La Paulina, que después ha tenido una buena vida, e hijas educadas, cultas y preparadas en la universidad, todavía, cuando me encuentro con ella, con menos frecuencia de lo que me gustaría, no me dice «Pepe», ni «don José», sino «oye, gringo...»

En Ejército vivimos seis años, hasta que fueron muriendo, una a una, nuestras tres tías bisabuelas. Se hizo un remate —todo termina con remates— y partimos de regreso a la Avenida Holanda, que se había arrendado todo ese tiempo con el fin de tener dinero para el bolsillo. Allí pasé gran parte de mi adolescencia y mi juventud, hasta que salí de viaje. Se hicieron realidad, entonces, los viajes de fantasía a que jugábamos con la

Paulina Lentini en la escalera de tijera tendida bajo el parrón del último patio de la casa de la calle Ejército.

Recuerdo esos primeros años de nuestro regreso a la Avenida Holanda como una época de mucha lectura y poco estudio, por un lado, y muchas fiestas, bailes, salidas, piscina, Country Club, amigas y amigos, por otro.

Al cabo de tres o cuatro años dejé de asistir a reuniones y bailes, a veces vestido con un frac prestado por algún primo mayor, o por algún pariente que había sido diplomático o ministro de Estado, y que generalmente me quedaba grande o apretado. Entretanto, el mundo de más allá de las fronteras de este Chile protegido por su Cordillera y su Mar del Sur se estaba desmoronando, primero con la Guerra Civil de España, luego con la Segunda Guerra Mundial, que cambió todas las perspectivas y estructuras. En Santiago, por mi parte, me sentí sofocado por los mismos rostros y festejos de siempre, prisionero de los ritos de una persistente clase media bien pensante, aunque yo no pasaba de ser un mocoso anteojudo y tímido, carente de gallardía y fortuna, y notoriamente perezoso en sus estudios. En todo caso, no tardé en percibir la estrechez de los límites de mi vida, su falta de perspectiva: el mundo de afuera, comprendí, era mucho más amplio y complejo, y también más peligroso, que todo lo que yo hasta entonces había experimentado: el mayor riesgo era que alguien inadvertidamente me pisara los anteojos estando yo en la piscina después de haberlos dejado sobre mi toalla en el borde, lo que significaría la tragedia de una ceguera eterna. La verdadera fiesta, sangrienta o de agasajo, se desarrollaba en otra parte. Yo no estaba invitado: era demasiado inseguro para ponerme en posición de que quisieran compartirla conmigo. Afuera, las identidades de las parejas eran confusas, mezcladas, la música más atronadoramente invitante, el baile y las batallas más frenéticos que todo cuanto yo conocía. Mi pariente Enrique Ortúzar, de mi misma edad, no sólo leía a Stendhal y a Balzac, sino que había partido a Estados Unidos de Norteamérica para incorporarse a la marina: mi tentación era seguirlo, o por lo menos emularlo en una aventura, si no igual, equiparable. Yo había estado leyendo la correspondencia de Gauguin (tenía diecisiete años) y la vida de Robert L. Stevenson, lecturas que me apasionaron al proponerme un alejamiento romántico de la vida convencional, y me parecía fantástico morir de lepra o tuberculosis en las islas de los Mares del Sur. La vida de estos dos creadores se me antojaba el fruto de ambiciones encomiables, por ser ellos distintos a su mundo de origen y buscar un destino particular, aunque fuera trágico: ver, conocer, sentir cosas que, desde donde yo estaba colocado, eran impensables. Aspiré a huir de mi casa, de mi medio... la isla Juan Fernández, sin saber nada sobre ella, era lo que estaba más a mano para una de mis fantasías recurrentes: ir a encerrarme allí a pintar o a escribir. No sabía muy bien qué quería hacer, porque en ese tiempo sufrí varios terremotos vocacionales. Añoraba, también, tener la experiencia de obras originales después de mi magra dieta de reproducciones de grandes cuadros recortadas de las páginas de las revistas; oír música verdadera, no los rasposos discos de sello rojo en la Telefunken de mi padre; ver ópera y ballet, remontar ríos auténticos en balsa, entre caimanes y mosquitos, chimpancés y caníbales, enfrentándome con los conflictos de Quintín el Aventurero, de los exóticos héroes de Salgari, de Miguel Strogoff, de los espadachines de Dumas, de Sabatini, y sufrir amores tormentosos como en *Cumbres borrascosas*. Oír la enseñanza de las antiguas universidades europeas, y ver Venecia y Florencia y plantaciones de caucho, y asistir a las sofisticadas conversaciones de *Contrapunto* de Huxley... Ser pasajeramente fiel en iglesias ortodoxas, mezquitas o sinagogas, o en las imponentes basílicas de rito cristiano para escuchar coros de *angeli musicanti*. ¿Por qué no iba a hacer todo esto, si otro primo mío, Patrick Wiechman, había partido con el almirante Byrd a explorar los hielos del Polo Sur? En fin, tantas aventuras soñadas con mi hermano Gonzalo, a veces con la Paulina Lentini, al emprender nuestros imaginarios viajes de pichones de aventurero en ese barco que era la escala tendida bajo el parrón. Semana tras semana veía en las páginas del *Life Magazine,* que para mí tuvieron la autoridad de una Biblia —¡increíble, Patrick a página entera, con los perros de Byrd, entre los hielos que mostraba el *Life!*—, esas imágenes que yo esperaba ansioso. Cruz, nuestro cartero-ciclista, traía esta publicación cargada con las facciones de un mundo que era muy otro, distinto al mundo de Ejército, Holanda o el Grange School. Era un mundo contorsionado por la miseria de manos mutiladas por la guerra, de razas, hábitos, enfermedades y hambres distintas a las que yo conocía, ciudades en escombros llagadas por enemigos que no comprendíamos en este remoto país donde me había tocado nacer y donde no ocurría nada, porque desde Santiago se oían apenas los ecos de leyendas brillantes o siniestras: selvas, desiertos, lianas, el colapso de viejas ciudades bajo la polvareda de su propia destrucción, las zanjas y los alambrados de la Línea Maginot, los mares de zafiro infestados de tiburones y submarinos en las noches abiertas en medio de los cocoteros, donde los focos iluminaban el baile que Lana Turner o Ivonne de Carlo ejecutaban para la tropa sedienta. No era precisamente el heroísmo de la acción lo que yo anhelaba, sino más bien tener mayor abundancia de posibilidades que las que tenía, no quedar perpetuamente relegado a la domesticidad que me impedía el acceso a cualquier cosa que fuera *otra,* colocando en un campo vedado para mí toda experiencia distinta.

Algún periodista poco informado suele preguntarse cuál es la causa de mi deslumbramiento con la obra de los grandes fotógrafos de antes y de hoy. La respuesta es espontánea e inmediata: no puedo olvidar los primeros atisbos de *lo otro* que me mostraron —al sobreprotegido muchachito que yo era entonces— las lentes geniales de Cartier-Bresson, de Capa, de Margaret Bourke-White y Leni Riefensthal, de Carl Mydjans, de Weegee y de Eugene Smith, desde las páginas del viejo *Life.* Me sirvieron como primera ampliación de mis minúsculas circunstancias, produciendo un tumulto de inquietudes en mi escuálida experiencia chilena de hijo, estudiante y «muchacho bien». Todo era estereotipo entre nosotros, siempre demasiado semejante a mí mismo, a mi propia vida. Las experiencias se repetían hasta el agotamiento: me parecía que era sólo esta repetición lo que ofrecían mis amigos y amigas. Al enfrentar solitario ciertas dolorosas y a veces sórdidas crisis personales, sentí en primer lugar que mi respuesta tenía que ser distinta y tal vez contraria a la de ellos. Había llegado el momento de apartarme, de buscar escondrijos acogedores para mis relaciones de mayor riesgo, y allí intercambiar sin culpas las distintas máscaras que me vi forzado a seguir asumiendo para sobrevivir como algo más que un facsímil de lo que me rodeaba. Fue a través de las páginas del viejo *Life*, entonces, que comencé a hacer mía la existencia de todo lo diferente a mí, de gente que no era y que no podía ser yo, con necesidades y regocijos y perplejidades distintas a las mías, y espacios de placer tan diferentes que seguramente me rechazarían. Sí. Había llegado el momento de partir: «Asombroso viajero, qué me importa asomarme al fondo del abismo, al cielo o al infierno, en busca de lo nuevo...» Resultaba que, para mí, prácticamente todo era nuevo.

¿Pero cómo partir? No tenía dinero y mi padre se opuso a ayudarme en esta fatua empresa si antes no cumplía el mínimo deber de terminar mi escolaridad. Por otra parte, con los escombros de la Segunda Guerra Mundial aún humeantes, no existían barcos que viajaran a Europa porque el océano continuaba amenazador, sembrado de minas, y por otra parte pocos costeros se dirigían a Estados Unidos. A Buenos Aires volaban, acaso, dos aviones a la semana, pero el viaje era caro y riesgoso y yo carecía de valor y de dinero: todo viaje, todo empeño por salir del encierro era una empresa de fuste en aquella época. La aventura de abandonar la sofocante patria y el hogar hizo que mis amigos apenas egresados del colegio consideraran demasiado audaz mi proyecto, y para algunos fue inaceptable. Me reuní con una pequeña banda de condiscípulos en un restaurante de mala muerte en la calle Bandera. Querían despedirme: era el primer viaje que entre mis amigos se emprendía en forma autónoma, el primer gesto de independencia, de abalanzarse, ciego, hacia lo desconocido. Era sin duda «la primera salida de Don Quijote», como mi padre bautizó este empeño mío un buen tiempo después, cuando fue capaz de asumirlo.

Mis amigos, como casi todos los muchachos de mi categoría en ese tiempo, disponían de poquísimo dinero. Jorge Valdivieso vendió su flamante lapicera Parker Vacumatic para ayudarme a sufragar el costo de mi viaje. Él también quería ser escritor. Pero no lo fue, y ese sacrificio tuvo algo de ritual, de simbólico. Los demás amigos, Gastón Silva, Javier Sierra, Fernando Balmaceda, Armando Parot, Sergio Castro, todos vendieron lo que podían vender para sumarse a una parte del pago de mi pasaje hacia lo desconocido. Después de cenar, cantamos, bebimos vino, hicimos el arqueo del dinero recaudado. Una cifra mínima pero que me ayudó a comprar el ansiado pasaje en tercera clase en el «Puyehue», un barco nacional que me llevó, saltando olas, lo más lejos posible de mis amigos, mi familia y mis circunstancias. Cuando partí, mis padres no estaban presentes para despedirme. Sólo la Nana Teresa me despidió con un abrazo y un beso, precaviéndome: «Te vas, chiquillo tonto, a pasar hambre y frío por ahí. Haz lo que quieras, pero no subas a un avión ni te metas con mujeres cochinas...» Por cierto, hice ambas cosas apenas pude.

Y me fui a Punta Arenas, frente al Estrecho de Magallanes, en el extremo sur del continente, sin saber absolutamente nada sobre lo que iba a encontrar. Debo, eso sí, aclarar una cosa: si este primer viaje mío generó pasajeramente una especie de mística entre mis amigos, unida a algo como desaprobación, no fue simplemente porque se trataba de mi primer viaje, sino, creo, porque tenían una brumosa conciencia de que yo estaba emprendiendo el experimento inigualable, único, lleno de escondida magnificencia, que era mi «primer viaje de escritor». No, yo no era un turista, un viajero cualquiera: salía en busca de un incierto destino —«en busca de mí mismo», como decíamos en aquella época—; y armado con mi convicción y mi propósito, que todos parecieron respetar, de que iba a ser escritor.

¿Cómo olvidar ese primer viaje?

Trabajé melancólicamente solitario en la pampa magallánica durante diez meses, esquilando, encerrando, bañando y marcando ganado lanar, quizás miles de cabezas ovinas, encerrándome yo después en la enervante, larguísima noche blanca para leer y escribir. En la mañana, muy temprano, a veces con nieve o escarcha en el suelo, salía a rodear la tropilla y llevarla a las caballerizas de la estancia «Gringos Duros», donde había encontrado trabajo, y allí ensillaba los caballos de montura para las casas del administrador. Mr Traherne era un inglés trágico, etílico, prisionero voluntario de esa remotísima estancia ovejera con su señora y sus dos hijas ya mujeres, que según parece no tenían otra cosa que hacer que aburrirse activamente. He oído decir que una de ellas —puede ser que las dos— no llegó a buen fin, no sé en qué sentido. Todo esto es fantasmagórico, un poco Sommerset Maugham, con una u otra de las niñas Traherne cabalgando como una princesa perdida en la enloquecedora claridad de la noche preantártica, sobre una yegua gris casi transparente.

No duré ni diez meses en ese trabajo. La monotonía de los días mesmerizaba. Pasé semanas enteras como idiotizado. Mi padre me escribía repetidamente, participándome su orgullo —después de su primera indignación por haber roto el círculo de mis estudios y mi familia— porque un hijo suyo había tenido el coraje de emprender una aventura como la mía. Tal coraje, yo lo sabía, era inexistente. Salir todas las mañanas al campo después de haber rodeado y ensillado los caballos para las casas, caballero en mi yegua alazana, la Número Siete, hermosa, dócil, comprensiva, inolvidable, no era una tarea tan dura ni tan difícil, ni tan arriesgada como él, que era perezoso y comodón, se imaginaba. Después del desayuno de riñoncitos o chuletas y café negro, me echaba un sándwich y un libro al bolsillo de mi campera y partía rumbo al potrero que Mr Traherne me asignaba. Por fortuna era casi siempre el mismo. Lo llegué a conocer como si fuera la palma de mi mano: allí buscaba refugio, protegiéndome en la única roca que se divisaba en todo el contorno de la pampa. Así, perdido en la soledad de la llanura, me quedaba contemplando cómo, en esa navaja de laguna, se reflejaba la notación de los flamencos rosados en la pauta del agua. Abría mi volumen de Proust. Me pasaba gran parte del día, si había luz, leyendo. Ese año en «Gringos Duros» leí todo *À la recherche du temps perdu* refugiado bajo mi roca, protegido por mi amiga la Número Siete, que rasaba con su hocico caliente y peludo como un sexo femenino la escasa yerba que crecía en la vecindad salobre de la laguna.

A veces algún periodista muestra curiosidad por mi experiencia magallánica, tan llamativamente anómala en mi biografía. Me preguntan qué huella dejó en mí esa temporada en la región austral. Yo suelo contestar con una sola palabra:

—Proust.

Mi respuesta, claro, es más espectacular que verdadera. Porque, ¿cómo olvidar tantas cosas que allá me sucedieron —o que no me sucedieron pero tienen el mismo peso—, durante mi temporada en «Gringos Duros»?

Cuando terminaron la esquila, el baño y la marca, quedé con poco trabajo fuera de mis rutinarias salidas en la mañana para recorrer en equis el potrero que Mr Traherne me asignaba. Mi misión era carnear las ovejas volcadas de espalda pero todavía vivas, entorpecidas por el peso de su propia lana. Quedaban imposibilitadas para volver a ponerse en pie, y así, hinchadas por el hambre y la sed, agitaban sus pobres patas indefensas en el aire como una débil protesta contra las gaviotas que las atacaban para devorar en carne viva sus ojos, sus lenguas, sus labios, sus párpados. Las ovejas son animales inermes, irritantes, incapaces de ahuyentar a esos pájaros voraces que en bandadas oscurecían el cielo antes de caer chillando sobre ellas, que sin proferir un balido, sin intentar una patada, se dejaban devorar vivas.

Yo me bajaba de la Número Siete para ultimar a esas pobres criaturas semivivas. Bastaba inmovilizarlas con la fuerza de mis rodillas y, con un solo tajo en la garganta moribunda, hacer manar su sangre. Manteniéndolas inmovilizadas durante los breves estertores de su agonía, mis manos y mi ropa se manchaban con esa sangre. Aprendí a desollar un animal con la carne aún tibia de restos de vida, sin estropear el vellón. Iba atando los vellones sobre las ancas de la Número Siete y volvía cargado a las casas de «Gringos Duros», donde los cueros traídos por los ovejeros eran contados y almacenados por los cadetes.

Nuestro administrador —nuestro patrón, en realidad, pues jamás conocimos a ninguno del Olimpo de propietarios de «Gringos Duros», directores de la Sociedad Explotadora de Tierra del Fuego, a la que pertenecía la estancia— era seco y terco, su mirada celeste un poco extraviada en las nieblas del alcohol de la noche anterior, que persistían hasta entrada la mañana. Tenía una expresión de no haber descansado ni dormido. Mr Traherne me había elegido a mí para rodear y ensillar la tropilla porque yo sabía inglés y así podía entenderme con su señora y sus hijas, que hablaban poco castellano pese a haber vivido treinta años en la pampa. Cuando los peones oían un intercambio entre el patrón y yo en inglés, levantaban la cabeza como víboras, echándome miradas de soslayo, perturbadoras de puro resentimiento. ¿Qué diablos hacía allí —no podía ser más que algo malo— una persona como yo, tan distinta a ellos, tránsfuga en su mundo y sus ritos? Jamás los acompañaba al puesto, a dos horas a caballo, a emborracharme los sábados por la noche... Ya me aquejaba mi dolencia al estómago, y el alcohol me caía mal; no jugaba ni a la brisca ni al póker; hablaba inglés y usaba anteojos y leía en las tardes cosas ajenas a sus usos. Intuían que iba a durar poco entre ellos, de modo que resultaba ocioso atar relaciones de intimidad conmigo.

Mi inglés me resultó provechoso en una ocasión. Todos los años Mr Traherne importaba para la temporada a un grupo de seis expertos, ancianos laneros de Yorkshire. Eran pastores muy sencillos, sin educación alguna, que durante la esquila debían seleccionar, con la entrenada sensibilidad de la yema de sus dedos, las distintas calidades de los vellones recién cortados a las ovejas. Como a nubes que conservan la forma del animal a que pertenecieron, los laneros palpaban la lana de los vellones, envolviéndolos en sí mismos sin desbaratar ni su forma ni su singularidad, y según lo que dictaban sus sabias yemas los iban lanzando a una de la docena de pilas de vellones, de la misma finura; de este modo los clasificaban. El gran galpón de lata, con las máquinas esquiladoras eléctricas ronroneando, era el fondo sobre el que se trazaban los gritos y los llamados de los ovejeros, esquiladores y peones. Una ligera pelusilla lanar saturaba la atmósfera, metiéndose en ojos y narices, causando lágrimas y estornudos. Cientos de vellones, según la calidad de su hebra, eran introducidos en gigantescas máquinas aprensadoras que los reducían a un pequeño volumen de esponjosa materia. Una vez lleno, el poderoso artefacto aprensaba la lana y la enzunchaba, dándole el peso requerido mientras los peones, con un pincel untado en pintura negra, escribían la clase y el destino de cada fardo. Los cargaban en camiones dirigidos a Punta Arenas o Río Gallegos, en la Patagonia argentina, donde los embarcarían en cargueros rumbo a las grandes hilanderías inglesas, que no habían cesado de trabajar durante la guerra. Acabado el trabajo del día, veía a los laneros acercarse a las pilas para lavarse cuidadosamente la cara y las manos antes de ir a comer. Yo temía que la potencia del jabón *Salvavidas* anulara la finura de percepción de esas yemas profesionales, inutilizándolas. Pero al día siguiente, con sus sabios dedos intactos, los laneros comenzaban a trabajar al alba, con tanta capacidad de discriminación como todas las madrugadas.

En la temporada de esquila de ese año llegó a «Gringos Duros» un viejo lanero procedente de la aldea de Haworth, en los páramos de Yorkshire, al norte de Inglaterra. Yo sabía que ése era el nombre del lugar donde las hermanas Brontë nacieron y vivieron casi toda su amarga existencia —ya había leído *Cumbres borrascosas* y también *Jane Eyre*—, y conocía algunos detalles de sus vidas oscuras. Mr Cranston —¿era ése el apellido del lanero que fue mi amigo?— me hablaba con reverencia de las hermanas Brontë, porque si bien no sabía ni entendía nada fuera de la calidad de los vellones, conocía en detalle los pormenores de la vida de los Brontë: la tuberculosis que fue segando a cada una de las hermanas; Branwell, el hermano borrachín; el viaje de Charlotte a Bruselas, y el autoritario párroco que fue su padre. Mr Cranston conocía todos los vericuetos de la parroquia y la región donde la familia vivió, incluida la taberna en que se emborrachaba Branwell, a quien ellas consideraban genial. Las tres escritoras, ya enfermas, acudían a recogerlo de la nieve donde caía dormido en las noches de ventisca, cuando era imposible volver a su casa en el páramo. Conocía también de memoria las rocas y los senderos cubiertos de brezos morados que las hermanas frecuentaban, las cumbres heladas donde Emily desarrolló el mundo fantástico de sus poemas. Pero Mr Cranston no había leído jamás ni una palabra de lo que las tres hermanas escribieron.

La suspicacia de los peones creció hasta hacerse insoportable para mí cuando me oyeron hablar inglés con los laneros, que habían vivido tantas cosas distintas a sus experiencias. Preferían no escucharlas para no sentirse humillados por un tropel de preguntas que delatarían su falta de conocimiento. Me rehuyeron más que antes. Yo era un animal raro, de otro pelo. Pasaba mis horas de descanso leyendo, a veces hasta pintando. Podía ser un espía, un bandido, un personaje peligroso. La mejor política era no tener nada que ver conmigo. Hasta que no pude más. Me aburría. Me acometió mi inquietud endémica y partí en busca de otros ambientes. Me interesaba todo lo nuevo. No me satisfacía el paisaje primigenio, sin huellas humanas: eché de menos la cuadriculación de los potreros de más al norte, el orden de las alamedas, las pircas de piedra y los pies de cabra que dividían el agua... y si no, ansiaba la bulla prometedora de la gran ciudad, que jadeaba de noche y de día. Y conversaciones casuales con gente desconocida. Alguien me dijo que en Buenos Aires existía un museo que albergaba el original de un cuadro de Gauguin, y un *Moulin de la Galette* de Van Gogh, cuyas reproducciones yo había recortado de un *Life* y guardado en un cajón de mi escritorio en la casa de Avenida Holanda. Era la temporada de ópera y ballet en el Teatro Colón... ¿Podía ser verdad que la hermana de Nijinsky dirigía el cuerpo de baile en ese teatro? Era una ciudad extraña pero repleta de literatura, enorme, los pasos desconocidos en las calles oscuras, el tono diferente de las voces, los periódicos, las revistas con otros nombres. Debía cumplir allí un anhelo no muy distinto al que me llevó a Punta Arenas, prolongando esa experiencia destinada a darle a mi vida una dimensión más novedosa que la que me proponía mi círculo de Santiago.

¿Qué hacían mis amigos mientras yo me preparaba para la continuación de mi magno proyecto de viaje de escritor?

Tomé un precario autobús que levantaba mucho polvo y escupía mucha grava, repleto de trabajadores que llevaban sacos y azadas, y de señoras tambaleantes por el peso de canastos de gallinas que cloqueaban y niños gritones y chorreados en la falda, rumbo a Río Gallegos. Allí, desde el techo de mi autobús detenido por un desperfecto, divisé emocionado, por primera vez, el Mar Océano, igual a todos los océanos, sólo que al otro lado estaban Europa... África... Esa noche entré en un café para comer algo porque era tanta mi emoción que sólo muy tarde me di cuenta de que estaba necesitando un tentempié. Devoré mi churrasco. Enhebré una conversación con cuatro camioneros que se divirtieron con mis anteojos: se los probaron riendo, uno después del otro, porque jamás habían conocido a alguien que los usara. Uno de ellos se dirigía al norte. Me invitó a seguir con él, en el asiento vacío de su copiloto, llevándome hasta el sorpresivo pueblito galés de Trelew, enclavado en medio de la pampa patagónica argentina —más tarde leí a Bruce Chatwin, que lo describe inmortalmente—, con sus casas medievales de escenografía, enmaderadas y abuhardilladas, rodeadas de polvorientos malvones. Allí el camionero me dejó en manos de un amigo que iba en su camión hasta Comodoro Rivadavia, donde un tercer camionero me tomó para llevarme a Carmen de Patagones y Viedma. En un bar, un camionero joven me embarcó en su vehículo cargado con una sonajera de tarros, y recorrimos un gran trecho de la noche bajo la bóveda estrellada del cielo pampero, bruñido por el viento. Cuando le dio sueño, nos tendimos uno junto al otro bajo la misma frazada para dormir un rato al resguardo del camión. Al día siguiente nos despedimos en Bahía Blanca, donde tomé el tren a Buenos Aires.

En el terminal de Retiro dejé mi maleta («valija», descubrí que se decía en Buenos Aires) y compré un diario. Caminé por la recova de Leandro Alem mirando a la gente y abrí el diario en la sección *Espectáculos.* En el Teatro Colón, esa tarde, el Cuarteto Lehner ejecutaba el *Cuarteto dórico* de Ravel, uno de mis músicos preferidos. Tomé un taxi que me llevó «a Colón...» —así se expresó el enterado taxista; más tarde descubrí que así decían los porteños de verdad—, compré mi entrada para galería y crucé a la plaza Lavalle a esperar que comenzara el concierto, hojeando el diario y observando a la gente que por allí transitaba.

Muchísimo tiempo después, en una reencarnación muy distinta, yo iba a frecuentar mucho el Colón. No sólo por mis numerosos amigos melómanos, como Eugenio (ahora monseñor) Guasta, sino porque en esa época viví durante un año a media cuadra del teatro, como pensionista de una ex prostituta francesa de muchos años, de quien yo era el único alojado. Una mañana en que Mme Jeanne se retrasó —acostumbraba llevarme el desayuno a la cama todas las mañanas a las ocho—, me pareció que algo extraño sucedía en el departamento. Me levanté, fui a la cocina y encontré a mi dueña de casa semidesnuda y despaturrada, con un gesto obsceno de la mano sobre su sexo, muerta sobre un camastro improvisado en el suelo de la cocina. Debido a las indagaciones de la policía, que selló el departamento, me tuve que mudar a otra parte. Después supe que la investigación policial encontró una buena porción de dinero escondida en los cajones de la avara francesa.

El funeral de Mme Jeanne tuvo lugar en la Chacarita, no lejos de la tumba de Carlos Gardel. Los asistentes al funeral fueron, para no exagerar, variados: una bella mujer madura a quien Mme Jeanne solía presentar como *«Juliette, ma grande amie»*, que la visitaba una vez a la semana para comer juntas; un trío de actrices de carácter encalladas en Buenos Aires después de abandonar la *troupe* de Jouvet, en la que Mme Jeanne, luego de colgar sus arreos prostibularios —*«Moi, j'ai fait le Maroc, moi»*, solía decirme cuando le preguntaba el origen de una de sus hermosas alfombritas—, trabajó como encargada del guardarropa; un hombre canoso, atlético, tostado, luciendo uno de esos guarapones como para el *veldt*, y que parecía un cazador blanco en vacaciones; una mujerona con largas uñas pintadas de un color verde-lechuga; el *maître*, quizás el propietario, de un conocido restaurante francés de la Boca, con su fino bigotito estilo Dalio... En fin, no mucha gente, pero todos parecían disfrazados, falsos, actores de reparto en una película de los años treinta. Me pregunto si María Pilar y yo, bajándonos del Cadillac familiar mientras Juan, su chofer ucraniano, nos mantenía la puerta abierta, también lo parecíamos. ¿O lo éramos?

Más de un mes después, al doblar la esquina de Florida en Viamonte, me encontré a boca de jarro con Juliette, la *grande amie* con la que Mme Jeanne solía darse aires de propietaria. Iba del brazo de una anciana aun más decrépita que Mme Jeanne, y la ayudaba en el dificultoso trance de cruzar una bocacalle. ¿Se trataba de otra *grande amie* de Juliette? ¿Tenía, ella también, una discreta fortuna escondida en sus muebles? Ésta, tal vez, no le jugaría a Juliette la mala pasada de que, al abrirse su testamento —como se abrió el de mi dueña de casa, que se lo dejó todo a unos inciertos sobrinos de Montpellier a los que ni siquiera conocía—, no le dejara ni un centavo de sus caudales a su *grande amie*.

En fin, esta historia ocurrió muchísimos años más tarde. En mi primera llegada a Buenos Aires encontré trabajo como mesero en un restaurante del Bajo —Las Caldas de Malvilla, creo recordar que se llamaba—, con vista a los transatlánticos atracados en los muelles, y escuchando las sirenas de los barcos que de noche se hacían a la mar. Este restaurante estaba situado en la esquina de la calle México, esa calle que años después frecuenté cuando viví en la S.A.D.E., también en la calle México. Me alojaron por un tiempo generoso, y una amiga compartida me llevaba a visitar a Borges en la infinita biblioteca en la cual parecía un duende, una invención más de su inteligencia. Después dormía, en ese primer viaje juvenil cuando uno lo soporta todo, en el camastro de una hospedería en la recova de Leandro Alem, no lejos de mi trabajo. La llegué a querer mucho pese a la falta de vida privada que me imponía, y al ruido de las guitarras y reyertas a medianoche, y a las cartas de dominó revueltas sobre un mármol de velador, y a las broncas respuestas en un laberíntico truco. Frecuentaban mi hospedería los mozos de los cafetuchos del barrio Sur, y marineros en tierra camino del interior a visitar a sus familias en Salta, Tucumán y Entre Ríos, y todo olía a la orina del único baño del piso y a las heces de los ratones apelmazadas debajo de los catres: esto, pensé, era lo que en las novelas llamaban «vivir intensamente»; los viajes de Tom Woolf en un último vagón de carga de los ferrocarriles estadounidenses, las aventuras del buen burgués George Orwell viviendo en la miseria porque así lo eligió en *Down and out in Paris and London*. Pero pronto, por desgracia, me di cuenta de que de nuevo estaba siendo víctima de mi *persona social:* hice todo lo posible por enmascararla, compartiendo paseos y diversiones con mis amigos del albergue, contaminando mi vocabulario con su jerga callejera, lo que me producía un inaudito júbilo. Fracasé, porque pese a mis esfuerzos permanecía igual a mí mismo, consciente de que, debajo de mí, mi educación y mi familia tendían una red protectora y las piruetas que emprendía en la cuerda no resultaban en absoluto mortales: todo en mí era puro teatro. Pese a mis esfuerzos me sonaba a falso mi empeño por acercarme a mis compañeros de trabajo y de albergue, y continuaba esclavo de unas señas de identidad que me identificaban como burgués y como intelectual en ciernes. Esto solía ahuyentar a los que yo llamaba «mis amigos», pero que no lo eran por mi imposibilidad de asimilarme a sus códigos. Igual a mi experiencia en «Gringos Duros», estos meses estuvieron signados por el aislamiento: si no hubiera sido por mis esporádicos encuentros con Enrique Ezcurra para hablar de libros y concurrir a galerías de pintura (fue gran amigo de mis primos Yáñez en Chile), y con su amiga, la bailarina rusa Aline Borska, la soledad me hubiera engullido.

Pero tuve, en cierta medida, suerte: atrapé una *alfombrilla* con fiebre muy alta. Me daba vueltas y vueltas en la cama como pollo en el asador, sudando en sábanas fétidas a otros cuerpos, bebiendo vaso tras vaso del agua amarillenta y algo espesa que, con sabor metálico, salía de las cañerías de Buenos Aires. No tenía amigos, ni médicos que me atendieran. Hasta que mi buen amigo Enrique llamó por teléfono a mis padres en Santiago, que en veinticuatro horas lograron presentarse en Leandro Alem para cuidarme. Mi padre, que tenía relaciones profesionales con algunos médicos porteños, convocó a una junta, manifiestamente innecesaria dado un caso tan simple como el mío, pero reviví porque pese a mis románticas intenciones de vagabundo me sentí seguro, protegido, y accedí a trasladarme a Santiago para que profesionales en quienes mi padre confiaba se hicieran cargo de mí. Pero luego me resistí a partir; no quería terminar atendiendo una oficina de viajes, como hacía el más talentoso de mis amigos, ni ser un burócrata, como otro de ellos, cuyos arrestos de misticismo habían conquistado, en otro tiempo, mi admiración. Mi madre lloraba ante mi negativa a abandonar lo que a ella le parecía el infierno mismo por la miseria, la incultura y la suciedad. Cuando una mañana perdí el conocimiento, me empaquetaron sumariamente y me metieron en un avión de vuelta a Santiago.

—Mal fin para esta primera salida de Don Quijote —comentó mi padre, y prosiguió agorero—: Veremos cómo te va en la segunda...

Pienso que hoy los muchachos no tienen para qué «huir» a los veinte años de la casa de sus padres. Al contrario, éstos esperan que sus hijos se vayan a hacer sus vidas, y si no se van, significa una especie de incapacidad vergonzosa de su parte, y poco menos que los echan de la casa. En mi tiempo era distinto: *irse*, como yo, era tomar una posición heterodoxa, casi una aberración sospechosa, por lo que mis padres —honrados burgueses, él un serio profesional, ella una «señora de su casa»— debían justificarme ante sus amigos. Pienso que mi padre sufría de una entropía... herencia, me imagino, de su sangre talquina, su «sangre gorda», como él mismo decía. Terminó matando sus talentos, que no dejaba de tenerlos. Su personalidad estática difícilmente buscaba soluciones propias, tanto que se ahogaba en una curiosa inmovilidad que destruyó todos sus impulsos aventureros y creativos. Dicen —yo jamás lo vi— que hacia el final de su vida estaba escribiendo un libro sobre la vida de don José Francisco Vergara, el señor y dueño de Viña del Mar. Pero permitió que su colaborador se quedara con los originales —dicen que escribió casi doscientas cincuenta páginas— y se los robara, sin que él moviera un dedo para rescatarlos. Esos originales, que tanto me gustaría tener en mis manos para reivindicar su figura, son algo que psicológicamente necesito, pero se perdieron. Que mi padre era inteligente, simpático, ilustrado y admirador de las cosas y las personas bellas, es verdad. Pero junto con eso su pereza coartó muchos aspectos de su vida que, si no hubiera sido por el impulso de mi madre, habría sido aun más pequeña de lo que fue.

Este Don Quijote que escribe hizo muchas excursiones más después de la malhadada primera salida. Jamás logré ser como mis padres querían que fuera, de modo que las discusiones y las peleas —en cierta medida no sin razón por parte de ellos— menudeaban. Mi padre me echaba en cara falta de voluntad y pereza, que eran fallas que él, no yo, tenía, aunque fallas de otra clase yo tenía muchas. No es que se opusiera activamente a que yo fuera escritor; siendo un hombre pasivo al que no le gustaba enfrentarse con nada, me regaló una máquina de escribir y puso a mi disposición su oficina en la Escuela de Medicina para que de noche yo me encerrara allá a trabajar en mis primeros cuentos. Le gustaba, incluso, que le leyera trozos de lo que iba escribiendo. Pero, siendo un hombre ilustrado, jamás me discutió mis planteamientos estéticos. Pese a su debilidad, sentía admiración por lo turbulento, por lo apasionado. Se enojaba conmigo porque en ese tiempo me gustaba Vermeer, no Delacroix como a él; Debussy y Ravel, no Brahms y Beethoven. Pero este enojo no tenía consecuencias más que en una especie de ironía que se agotaba en sí misma. Sólo mucho después, cuando me hice un nombre como escritor, me miró con respeto. Al comienzo, cuando yo intentaba compartir con él mis primeros pasos de escritor, me decía: «¿Por qué escribes estas acuarelitas, estos apuntes que no significan nada? Voy a creer en tu capacidad cuando hayas escrito una novela con toda la barba.» Al publicarse *Coronación* —tampoco me ayudó a financiar este proyecto—, que en Chile tuvo un éxito instantáneo, una noche llegó a la casa con una sonrisa de oreja a oreja que encontré sospechosa. Después de comida me llevó a un lado y me dijo: «No quiero que tu madre sepa esto. Pero en el Club de la Unión, esta tarde, estaba circulando entre los jugadores de rocambor un cuento muy feo sobre ti.» Quise saber al instante de qué se trataba, y me contestó sin nombrar a la señora con quien en ese momento yo estaba sentimentalmente comprometido: «Le dijeron sus enemigos políticos en una sesión pública a cierto senador que estaba pisándoles los callos: "¿Cómo se atreve a hablar usted, Senador, si todo el mundo sabe que tiene una *Coronación* de cachos?"» Mi padre lanzó una carcajada y me abrazó. Su abrazo no aludía a un aprecio literario, cosa que sólo sentí muchos años más tarde, cuando comentamos *El obsceno pájaro de la noche*, sino a un orgullo de gallo. Justo antes de morir —yo había permanecido en Sitges— mi mujer le dejó entre las manos el primer ejemplar de *Casa de campo*. María Pilar me cuenta que en su cama de hospital le colocó el libro sobre el pecho. Acariciándolo con sus dedos ya muy débiles, mi padre murmuró:

—Pepito... hijo...

Después de su comentario sobre mi primera «salida» a Magallanes y a Buenos Aires en 1944, hice muchas más. Y la verdad es que en mi «segunda salida» me empezó a ir menos mal.

Pero ésa, claro, es otra historia.

Aunque no tan otra.

Después de reponerme y convalecer largamente de mi *alfombrilla,* lo que me sirvió para meditar —«¿qué tontería estás empollando?», me preguntaba la Nana Teresa—, llegué a la conclusión de que era necesario que mi vida cambiara radicalmente de rumbo. Por mucho que leyera, sentí que tenía un terrible desorden mental. No podía seguir empeñado en caóticas aventuras adolescentes, como ese viaje a Punta Arenas y Buenos Aires, del cual, me parecía, nada concreto había resultado, ni asegurar que era escritor sin haber publicado nada. Era necesario preparar mis dos últimos cursos escolares y luego dar mi bachillerato. Estudiando a toda presión, no tardé en hacerlo. Recuerdo que Fernando Balmaceda, mi amigo más fiel, me acompañó a las aulas del Instituto Nacional —¿por qué tengo la sensación de que iba con él su inmenso perro blanco y lanudo, el Igor?—, donde me sometí a una aterradora prueba de matemáticas ante el profesor señor Doñas, a quien yo había sentido como el azote que me impidió pasar los cursos correspondientes durante mis humanidades, y que ahora, en el bachillerato, se portó dulce como un cordero conmigo, y generosamente me hizo lo más fácil posible el triunfo. En cuanto pasé la prueba, me asomé por la ventana y tomándome las dos manos en alto, hice un gesto triunfal de boxeador para que Fernando, que me esperaba abajo, supiera el resultado.

¿Por qué había dado el bachillerato, en realidad? ¿Qué iba a estudiar, a qué facultad en la universidad me proponía entrar? Lo primero que se me ocurrió fue arquitectura, profesión con la que desde los tiempos del tío Juan Martínez me sentía comprometido. Pero hablando hasta tarde esa noche con Fernando, me di cuenta de que lo único que me gustaba, mi único interés real, era la literatura. Estudiarla en la Universidad de Chile era imposible: no existía la Facultad de Letras, ni profesores especializados, y durante unos días todo eso me pareció una quimera. Era como si yo perteneciera a un grupo humano que no tenía ningún lugar dentro de la sociedad, y la literatura misma carecía de un rol de importancia. Pero lo mirara como lo mirara, seguía siendo literatura lo que quería estudiar. En mi familia proponían leyes, entonces la carrera de letras por excelencia, pero me bastaba hablar con los múltiples amigos que seguían esta carrera para juzgarlos tiesos y envarados, de mentalidad rígida, seres para quienes el orden y la precedencia van por delante de la verdad, desterrando el accidente, la casualidad, la imaginación. Además, sentí que ningún estudiante de leyes que yo conociera estaba seguro de qué quería hacer con su carrera una vez terminada, y que sólo la política los esperaba, con sus tamañas fauces abiertas, para devorarlos, digerirlos y eliminarlos mediante pequeñas peleas intestinas sobre precedencias que sólo técnicamente tenían significación.

Me inscribí, en cambio, en la carrera de inglés, en Filosofía y Letras, en el Instituto Pedagógico de la Universidad de Chile, con sede en el viejísimo edificio de Alameda esquina de Cumming. ¿Por qué me inscribí allí? La pedagogía era una carrera socialmente desdeñada, y sigue siéndolo en Chile. Los estudiantes de colegio —sobre todo de los colegios privados que preparan a los que conducirán al país— consideraban que los que se dedican a la enseñanza media son unos pobres diablos sin destino, sin futuro económico ni horizonte cultural ni social, carentes del respeto de las clases cultas, viviendo en escondrijos de pensiones en barrios venidos a menos, en casas de vecindad malolientes o, en el mejor de los casos, en miserables tugurios con olor a pintura y a cemento siempre húmedo, subvencionados a medias por el Ministerio de Educación. Debido a esta vida desesperanzada, los más dotados entre los jóvenes educadores huían a Estados Unidos en busca de posición y dinero, de una vida mejor, de prestigio en las universidades ricas, donde llegaban a figurar como respetados —y a veces admirados— miembros de la comunidad académica, autores de textos y antologías de gran divulgación. Me daba cuenta de que esta fuga de cerebros, de maestros y catedráticos, estaba desangrando al país —hasta hoy sigue haciéndolo—, porque aunque aquí se les suba un poco el sueldo, siguen rodeados de desprestigio y miseria, y nadie parece querer darse cuenta de que el problema es más total y más basico. Pese al generalizado menoscabo de mi profesión elegida —la elegí conscientemente, después de estudiar todas las desventajas—, insistí, en conversaciones con Fernando y con mis padres, en mi propósito: ¿de qué otra manera estudiar literatura en serio, exclusivamente, y alimentar y ordenar lo que en mí estaba pareciendo una pasión? Además, alrededor del Instituto Pedagógico se estaba formando una curiosa fauna humana, suspendida e intermedia entre el trabajo y el aprendizaje, entre el carnaval y la política, entre la poesía y lo que hasta entonces había sido la prosa popular: gente raída, desconocida, a veces hambrienta. Esto me seducía: no era el Grange. No era el Country Club. No era el gusto académico españolizante de la literatura vista por mi padre, o las memorias del siglo XVIII a que era tan aficionado. En las mesas del Ramis Clar, o del Negro Bueno, o en los corrillos nocturnos en la Alameda frente al aviso luminoso del diario *La Opinión,* donde los pensadores se reunían para discutir los acontecimientos del día, el tema apasionante no era el *por qué,* ni el *cuándo,* ni el *dónde;* era el *aquí* y el *ahora* como parte del proyecto inmediato de la juventud.

Seguí viendo de cuando en cuando a mis amigos de antes de partir a Punta Arenas, pero «nosotros, los de entonces, ya no éramos los mismos». Jorge Valdivieso se había casado con una mujer muy bonita pero a quien le interesaba, sobre todo, su familia; Javier Sierra era un abogado profesional y personalmente serio; Fernando Balmaceda volvía de un viaje a la India con *El capital* de Marx bajo un brazo y mi prima Carmen Yáñez bajo el otro, después de haber vivido juntos en París un año; Sergio Castro, heredero reciente, se preparaba para partir a Estados Unidos a hacer su vida; Gastón Silva, impecable, con ropa nueva cada temporada, volvía de elegantísimos veraneos en Viña del Mar y nos relataba envidiables fiestas en la Pérgola del Club de Viña y carreras de caballos, rebosante de historias de faldas, cada año más *glamour,* como se decía entonces. Aportó a su hermana, la Manané, con la que yo aspiré a casarme.

Recuerdo que una noche, después de comida, el padre de Gastón y la Manané, acompañado por su señora, misiá Tere, apareció muy atribulado por la casa de mi padre para pedirle que fuera a examinar a alguien de su familia que se sentía mal. El doctor don Armando Larraguibel se encontraba enfermo y no podía hacerlo. Él mismo les había indicado que consultaran a mi padre, que era su ayudante. Al instante me di cuenta de que no se trataba de una consulta médica: don Julio y misiá Tere, en cuyo fundo de Viluco yo solía pasar largas temporadas, venían, en realidad, a husmear mi casa y mi familia, a conocer a mis padres, a hablar con ellos para que me convencieran de abandonar mis estudios de pedagogía, porque, según decían, no era profesión de caballeros: viviría el resto de mi vida —así como la pareja que yo eligiera— olvidado, en la indigencia y la mediocridad. Declaré que pensaba dedicarme a la investigación literaria y a escribir novelas, contemplando la posibilidad, difícil en esos años, de conseguir una beca para perfeccionar mis estudios literarios e instalarme en otro país donde este quehacer contara con mayor prestigio. La idea de que me trasladaría a otro país, donde me dedicaría a escribir novelas, como marido de la Manané —proyecto del que en esa ocasión no se habló— hizo palidecer a la bien pensante pareja. La conversación, entrampada, no podía seguir por ese camino. Viró hacia los caballos de carrera, pasión compartida por ambos señores, y hacia el rocambor, porque los dos eran fanáticos de la baraja. Los Silva partieron al poco rato. No pudieron disuadirme de mi vocación —eran a todas luces lo que entonces se llamaba «filisteos»— ni desbaratar mi relación con la Manané, que con altos y bajos continuó durante muchos años.

Más allá de las siluetas benéficas que rodeaban mi vida —presididas por doña Momo, madre de Fernando Balmaceda, que ha continuado siendo mi gran amigo durante cincuenta años—, independiente de ellas y con gran sigilo, como si se tratara de una vergüenza, siempre acarreé, como una costra pegada a las costillas, un porfiado impulso por huronear en la memoria de mi tribu. Esta curiosidad tuvo poquísimo éxito entre mi parentela de tan exigua memoria: no les interesaban mis incursiones en el menguado pasado que aún sobrevivía. Yo les causaba hilaridad, incomodidad, como si estuviera empeñado en una atrabiliaria investigación de secretos vergonzosos. Igual que las viejas fotografías decimonónicas color sepia, con canto dorado y la firma del fotógrafo en letras de oro al pie, imágenes que en mi niñez rebasaban los cajones de los escritorios, todo eso había ido perdiéndose con los fallecimientos y los cambios de casa, eliminándose el recuerdo y sus huellas, ingresando al olvido, y así los personajes perdieron identidad. Quedaban sólo el inidentificable sombreado de un colero, o la mancha que fue *boucles à l'anglaise*. Antes de ser puro cartón inanimado y sin nombre, esas fotografías habían contenido bigotes admirados, o un polizón deseable, o finas manos jugueteando con rosas de seda sobre una consola de utilería. Mis parientes ya no recordaban quiénes fueron esos personajes. Nadie sabía si alguna vez hubo cartas, diarios de vida o de viaje, cuentas por caballos para el coche, vestidos, guantes, chalecos, sombrillas, correspondencias sentimentales, o instrumentos de labranza, o constancia de potreros adquiridos o liquidados.

Pensándolo bien, no me extraña haberme encontrado con tal mudez: los chilenos somos expertos en el arte del olvido, duchos en «correr el tupido velo» cuando eso nos acomoda, con el fin de anular la injusticia y el crimen cuyo esclarecimiento puede resultar molesto si incrimina a personas que, se estima, harán menos estropicio dándoseles la espalda. Ni los jaguares latinoamericanos ni los tigres de papel asiáticos tienen memoria; ésta es una facultad que sólo confiere la civilización. Nosotros, que aspiramos a ser facsímiles de las fieras, imitándolas, eliminamos gran parte de los hitos que los pueblos ilustrados llaman cultura: no existen cartas ni fotos en nuestros cajones secretos. Ya no existen cajones secretos. Las cosas, hoy, parecen ser todo lo contrario de como la historia querría que fueran, porque ahora todo en este cursi país es falsamente moderno —*top, peak, super, fast-track*—; desde su economía, que los ingenuos creen que bastará para encumbrarlo a potencia intercontinental, y no conciben que para eso haría falta generar o continuar una cultura, hasta las *discothèques,* los aviones y los atracos de los delincuentes aprendidos al pie de la letra en el cine de mala calidad y en una televisión auspiciada por piadosos plutócratas, quienes por cierto están detrás de la criminalidad, impulsándola pese a utilizar máscaras de benefactores. Más allá del erotismo que los curitas tan ignorantemente condenan en estos medios, de los que son dueños los millonarios más pechoños, son éstos los que ofrecen la más acabada escuela para la violencia, el crimen y el tráfico de estupefacientes, porque los transforman en mito y en prestigiosa leyenda.

Son pocas las familias —de las instituciones mejor ni

hablar— que conservan los talismanes de la memoria tribal, que servirán a los expertos, después, para reconstruir y estudiar la verdad del pasado. ¿Este señor tan gordo fue ministro de Estado o senador? ¿Quién sería este otro viejo con cara de laucha, arrebujado en una profusión de pieles, barbas y melenas? Nadie los recuerda. Mejor tirarlos a la basura... no son más que porquerías que quedan después de abrir un testamento, o de cambiar de residencia. Carecen de valor de mercado, de modo que es preferible deshacerse de todo eso.

Hace algunos años existía una minúscula zapatería en Lieja —sus archivos comenzaban antes del Renacimiento— que conservó una lista secular de sus clientes con sus necesidades, detallando la calidad del calzado requerido en cada caso, la clase y el color del cuero, el valor de las hebillas de plata, de los botones y pompones de pasamanería, de los broches de nácar de adorno, y las deudas con y del propietario: a partir de listas como ésta ha sido posible reconstruir partes importantes de la historia social y política de los pueblos hanseáticos. Nada que parezca capaz de acumular el tiempo y el trabajo de las personas debe tirarse a la basura, como nosotros lo hacemos constantemente con lo que creemos que son nuestros desechos, pero que pueden conservar la memoria. Hacer historia es trabajo de paleontólogo, que infiere al saurio entero a partir de un trozo de mandíbula encontrado en un conchal, si es posible encontrar restos de animales ahora inexistentes en lugares como ésos. Con los escuetos datos proporcionados por ese trozo de hueso el científico es capaz de reconstruir a la bestia entera, con su cresta flamígera, sus escamas aceradas, su cogote de sierpe, sus antiguas patas palmeadas, hasta con el pudor de sus hábitos sexuales. Estas fantasías —lo que a uno le queda del pasado— son objetos de la «memoria trucada», pura conjetura azarosa; puro lenguaje.

Relacionando mi curiosidad literaria con mi nostalgia por los residuos encontrados en los discutibles conchales de la memoria tribal, ordinariamente depositada en los viejos, pienso que debajo de toda pasión literaria transcurre una oscura pasión por rescatar, salvar, conservar, preservar algo que alguien, en un futuro muy lejano, puede recibir y recoger como un mensaje enviado desde este lado del tiempo. Algo que va a serle útil porque tal vez le aclare un poco la noche circundante. De estos mensajes recibidos —y a su vez enviados— nace la continuidad de la cultura, lo específicamente eterno que identifica al ser humano como tal. Porque, ¿qué otra cosa es, al fin y al cabo, *La Iliada*, sino el contenido de un morral repleto con los desechos de la memoria de un bardo itinerante, que al caminar por los cerros y los campamentos de Jonia reunió en fragorosos cantos los fragmentos de la memoria de su tribu, y las astillas de memoria que otros bardos fueron depositando allí?

Capítulo cuatro

«Mariposas»

En la casa de mis padres la Nana Teresa era todo un personaje, la eminencia gris que definía las cosas. En cuanto alguien llegaba a la casa, lo primero que hacía era entrar en la cocina a saludarla y cambiar algunos pareceres con ella. No sólo nos lavaba y peinaba, y nos enseñaba a comer con propiedad, a lavarnos las manos y tener buenas maneras para tratar a las visitas, sino que también tenía el deber de sacarnos de paseo para que «tomáramos aire». Nos vigilaba en la calle y en la plaza, controlando tanto nuestras actitudes como lo que podíamos comer, y eligiendo la ropa que sería propio usar en cada ocasión. No era una mujer dulce, por lo menos en la superficie. Era más bien terca y algo rígida, sin pamplinas ni besuqueos ni excesos de ternura. Sin embargo, percibíamos lo que sentía por nosotros, porque nadie como ella tomaba en cuenta lo remotos que eran nuestros padres, ni comprendía nuestros motivos. Su *bien* y su *mal*, su *debe* y su *no debe,* no eran lejanos, sino que estaban al alcance de nuestro entendimiento y nuestra capacidad para cumplir con ellos. Era ella, sin duda, quien mandaba en la casa en materia de provisiones, elegancia y generosidad en la mesa, cuando llegaban visitas.

Pero yo percibí desde muy niño que algo más unía a la Nana Teresa con mi madre: una especie de complicidad, una intimidad especial que ambas mujeres compartían. Era la sensación de que tenían un enemigo común, mi padre, respetadísimo, es cierto, pero totalmente ajeno a sus intereses y sensibilidades. Lo sabían todo la una de la otra, lo que no impedía que en algunas ocasiones una criticara acerbamente a la otra, mientras ésta contradecía con toda clase de miramientos lo que la primera opinaba. Era esa intimidad que se da sólo entre mujeres.

La Nana Teresa era no sólo «la nana», no sólo la confidente de mi madre y su mano derecha para los trabajos de la casa: era también «la niña de mano» de nuestra familia. Gozábamos también de una cocinera, varias doncellas, y siempre pululaba algún maestro o encerador por los corredores. La Nana había llegado a la casa de mis padres como una criadita morenucha e ignorante de quince años, ingenua y dócil, desde un fundo de la familia donde había nacido, llamado «Mariposas». Su padre se desempeñaba allí como nochero, o simplemente como jornalero o inquilino, y su madre, doña Dora, era ayudante en la cocina. La Nana se había criado en «Mariposas», jugando patipelada con los chiquillos del campo de donde jamás había salido, ni para ir a San Clemente, o Pelarco, o Duao. Su mundo eran las parvas de paja en el verano, las negras barcazas construidas en los astilleros de la boca del Maule, que bajaban por el río hasta el mar, las higueras fragantes cargadas de fruta... y el objeto de sus juegos infantiles eran las lagartijas azules escabulléndose por los troncos de los olmos, la cacería de arañas, de grillos, de verdes sapos en las pozas, donde lo salpicaban todo.

Por algunos meses también vino a constituir parte de ese mundo una muchachita rubia, de su edad, que no hablaba ni una palabra de castellano y vestía extrañas ropas elegantísimas, adornadas con blondas y cintas, y sombreros decorados con moños de terciopelo y frutas artificiales. Pese a esa elegancia, ambas niñas se divertían juntas, persiguiendo a los chillones pavos reales del parque y a las gallinetas indiferentes del jardín. La francesita se llamaba Laure: había llegado con su madre y su padre, un ingeniero francés que debía hacerse cargo del canal de regadío que mis tíos estaban creando en la zona.

La familia del ingeniero francés estaba constituida por el padre, de bigotazos rubios y cadena de oro en el reloj, y cuya voz estentórea impartía órdenes que los peones oían desde todos los rincones del parque; por una madre estética y estática, sentada con su bordado de *petit point* en el lugar más tranquilo de la galería de cristales donde cultivaba descuidadamente algunas plantas que pronto se pudrían o secaban; y por Laure, a quien casi no veían porque la chiquilla se lo llevaba dando tumbos con Teresa en el jardín, jugando al *diavolo,* haciendo rodar un aro forrado en terciopelo carmesí y, de vez en cuando, encumbrando volantines que el padre de la Nana Teresa armaba con papel de China multicolor, agregándole largas colas traídas desde los negocios de Talca.

En la tarde, cuando comenzaba el frío cordillerano y silbaba el viento y caía la ventisca, todo el mundo se arrebozaba en cuanto chal, capa, hopalanda y sombrero hasta la oreja hubiera para echar mano: se apretaban junto al brasero refulgente de carbones encendidos, sin tener nada que hacer. El padre, entonces, al regresar de su trabajo, con la nariz y las orejas coloradas de frío, con olor a pastillas de eucaliptus para la tos, los bigotes húmedos y los labios helados, tomaba a su hijita sobre sus rodillas y le canturreaba sin ninguna gracia *«au clair de la lune, mon ami Pierrot...».* A Laure no le gustaban mucho estos desmanes afectivos de su padre: le repugnaba un poco el olor a maíz de su ropa, la aspereza de su bigote, sus labios húmedos y sus ojos hueros, y cuando él se distraía, ella huía por el jardín con Teresa a esconderse en enmarañados matorrales de chupa-poto y zarza y romero, donde nadie podía descubrirlas.

A los padres de Teresa no les gustaba que su hija alternara con la exótica francesita. Le tenían temor: era demasiado rara. Su ropa era demasiado distinta. Y por último, ¿qué era ser francesa? ¿Qué era ese endiablado idioma que hablaban? Temían, a veces expresándolo activamente con amenazas y prohibiciones, que el día menos pensado los extranjeros pudieran robarse a su hijita morena y de labios colgantes y palmas blanquizcas, tan desmañada de movimientos como dócil de ademanes, para que los sirviera en París como una pieza exótica de su menaje, ataviada quizás con un turbante.

El padre de Teresa, quien no era más que un jornalero, ocasionalmente empleado como peón de camino cuando faltaba personal para cavar el canal acompañando al hatillo de peones sin profesión, no apreciaba a la familia francesa. Los trabajadores se reían un poco de su olor, artificioso comparado con su propio olor natural a trabajo y sudor. Las dos niñas, entretanto, aprovechando que sus madres estaban ocupadas en el lavado o en la plancha o en la delicada labor del *petit point,* saltaban acequias, vadeaban canales jironeando sus vestidos y ensuciándose los pies para recorrer la comarca por su propia cuenta.

Al padre de Teresa, Acario, lo habían traído los dueños de «Mariposas» de orillas del Maule, donde lo encontraron abandonado una tarde, casi muerto de hambre, cuando no era más que un niño de doce años.

—¡Un negro, un negro! —gritaron excitados los peones.

En realidad, el negrito era un objeto extraño para ellos, con sus largos brazos colgantes y su piel de una textura tan firme que parecía la de un lagarto negro, un poco violeta.

—¡Un negro! —volvieron a exclamar, rodeando a esa pequeña bestia mansa y asustadiza.

Estaba lloviznando. La noche helada se iba cerrando más y más sobre ellos y sobre la lenta agua verde del río Maule. Cada uno de los trabajadores se acurrucó donde pudo, bajo los aleros de iglesias derruidas por revoluciones o terremotos, con una mala manta el que la tuviera, y apretados unos contra otros para guarecerse del viento y la llovizna, que cortaba con sus cuchillos de hielo. En los puntos más protegidos, grupos de peones encendían fogatas con trozos de madera que no estuviera húmeda o con palos arrancados de las ruinas de alguna casa o capilla vecina. Pero la verdad es que también se preocuparon de que, pese a la lluvia, el negrito lavara su costra de mugre: en la tierra, alrededor de él, que tiritaba desnudo, se formó una redondela de barrizal. Cuando estuvo limpio, se acercaron de nuevo al fuego que algunos habían estado alimentando y se pusieron a comer las escasas provisiones que traían, compartiéndolas con el negrito. El patrón del fundo, que iba a la cabeza de todos, lo bautizó con el nombre de Acario. A las pocas horas se vio que Acario era rápido de movimientos y avispado, de modo que el dueño de «Mariposas» no tardó en darle su propio apellido, Vergara, y desde entonces el negrito se llamó Acario Vergara, del fundo «Mariposas», adjudicándose el nombre del patrón como tantos otros inquilinos favorecidos.

Mientras comían alrededor del fuego, y porque el negrito era negro y no blanco, siendo que los demás que llevaban su apellido eran blancos, sonrosados, de ojos azules, se pusieron a comentar que hacía un tiempo a la familia Vergara, mientras viajaba en una barcaza hacia la desembocadura del río Maule, le había sucedido, según se decía, un extraño percance del que se hablaba sólo en voz baja y en noches oscuras y lluviosas como ésta. La menor de tantas hijas de la familia habría sido violada durante el viaje por un arriero o un peón, de modo que, inocente, a los nueve meses, después de engordar inexplicable y mágicamente según la familia, esta muchacha dio a luz un niño. El recién nacido, pese a que todos sus primos mayores eran rubios o por lo menos de tez clara, nació muy morenito, de un color que en la familia no se daba. Pero antes de que la gente se percatara del fenómeno del nacimiento de este niño, y para alejar las murmuraciones, el padre casó a su hijita con su propio hermano mayor, tío de la niña. De este modo, el mayor de esta camada de Vergaras, moreno como era, nació bajo el alero de nuestra Santa Madre, la Iglesia Católica, y fue bautizado como se debe, con los santos óleos del caso. Pero con el tiempo fue naciendo una caterva de chiquillos rubios, todos menores que el Vergara moreno. A pesar de tener conciencia del percance sufrido por su madre, fueron siempre muy afectuosos con su hermano mayor.

Buscaron al peón que se estimaba culpable de la paternidad de este niño de tez oscura, hasta que dieron con un arriero que vivía en el fondo de un cañón cordillerano. Lo encontraron una noche lluviosa, en el fondo de una cueva desde donde se veía caer la nieve, todo cubierto por una ventisca canosa, con el viento silbando entre los peñascos y en las esquinas de las rocas. El dueño de «Mariposas» y su bandada de peones le dieron alcance allí mientras calentaba en un tarrito su mísera comida. Lo agarraron y lo apalearon, exigiéndole que confesara todos sus pecados. Como el peón no confesara nada, la gente de «Mariposas» continuó apaleándolo y gritándole hasta matarlo. Lo dejaron tumbado, para que su cadáver se secara, o lo devoraran las alimañas en el fondo de la caverna.

Pero de eso hacía muchos años, y los Vergara, negros y rubios, habían fundado familias paralelas, afectuosas y hermanables, bajo la cariñosa protección de la madre.

Al negrito que encontraron abandonado a orillas del

río Maule, Acario, se lo llevó el patrón al fundo «Mariposas», donde se lo regaló a su señora, a cuyo servicio creció. Lo promovieron a jardinero encargado del parque y se casó como Dios manda con una inquilina de tez mucho más clara que la suya. De este matrimonio nació la mujer que con el tiempo llamaríamos todos «la Nana Teresa». Al casarse, mi padre la llevó a su casa, donde nos crió a mí y a mis hermanos, y más tarde a mis sobrinos nietos, hasta el fin de su vida. Después de la muerte de mis padres, en la casa de mi hermano Pablo, en la Avenida Pedro de Valdivia Norte, la Nana Teresa era el más querido y respetado miembro de toda la familia. Tanto la familia misma como nuestros amigos le hacían regalos, la invitaban a paseos o la sacaban a veranear: esta gran zamba de ojos saltones, dientes prominentes y apretado moño color acero sabía la vida y milagros de todo el mundo: está enterrada con todos sus secretos bajo la misma piedra inscrita con el nombre de mis padres y el suyo en el cementerio de Zapallar.

El primer recuerdo que de ella tengo está en una fotografía tomada en nuestro jardín de la calle Holanda cuando los árboles de esa casa, hoy casi centenarios, eran apenas unos palitos raquíticos y sin hojas. En la foto yo soy apenas un muñeco de ocho meses envuelto en un chal. La Nana Teresa, muy joven, me sostiene en sus brazos como para lucirme. Pero más interesante que mi retrato es el de la Nana: muy morena, muy alta, tiene los brazos largos y huesudos, y su rostro es una máscara entre aindiada y negroide, muy oscura. Evidentemente, era una zamba, de las que había muy escasa población en Chile: esta mezcla de indio araucano o pehuenche con africano tuvo una breve historia en nuestro país y dejó escasas huellas. La Nana Teresa es la única que conocí. Algo en los rasgos de su carácter, su fidelidad, su docilidad, su capacidad de consuelo, me parecen más bien de origen zambo, puesto que tenía algo muy escasamente indígena, y uno no podía dejar de pensar en regiones exóticas cuando estaba con ella.

Gran fabricante de dulce de membrillo y de manjar blanco, era también experta en la memoriosa preservación de recetas de dulces de todo tipo, hoy perdidos, con los que en mi niñez solía deleitarnos. La Nana Teresa era conservadora de todo, tanto de recetas de cocina como de historias familiares, y guardaba dentro de sus cajones atuendos que iban desde un traje de baile de mi madre hasta la ropa que se usó para bautizarme a mí, y cuarenta años más tarde a mi hija Pilar.

Mucho antes de todo esto, antes incluso de entrar a servir en la casa de mis padres (la Nana Teresa nunca supo leer ni escribir, y nosotros, egoístas que fuimos, no nos preocupamos de enseñárselo), vivió una historia ignota en que tuvo ocasión de conocer esos mundos de Dios. Se la llevaron de viaje a Europa unas personas emparentadas con nosotros, en un barco, como se usaba en esos tiempos, cargado de artículos para la comodidad de la familia. Se embarcaron con camas y petacas y, entre todo ello, con la Nana Teresa, la Teresa Vergara, como la llamaban, que debía servir de doncella para la matriarca de la familia. A bordo, lo primero que sucedió fue que la Nana Teresa se mareó definitivamente y a raíz de eso sufrió una depresión y un miedo que obligaron a atenderla en cama en Alemania, donde quedó obsesionada con el *Apotheke,* palabra que la seguiría como una sombra durante toda su vida. En Roma la Nana mejoró casi totalmente, tanto que en Milán pudieron mandarla a La Scala, de la que se hizo *habitué,* donde escuchaba a Beniamino Gigli y otras luminarias líricas. Las primeras historias que oí, cuando ya la Nana había regresado con este bagaje de conocimientos y había entrado a servir a nuestra casa, fueron sus narraciones sobre *Tosca, Madame Butterfly, Rigoletto.* Ella adornaba los textos clásicos con detalles que me imagino serían de su propia cosecha, pero que para mí quedaron inseparablemente integrados a esos textos. Lo curioso es que no cantaba, ni siquiera entonaba las melodías: era sólo la fábula, el acontecer, los personajes, los lugares, lo que la seducía, y sobre lo que volvía una y otra vez para relatarnos distintas versiones.

Recuerdo que cuando había oscurecido en la calle Holanda, con la ventana de mi habitación abierta a la noche platinada, la Nana Teresa se sentaba a los pies de mi cama, colmando mi mundo con otro mundo, ése que ella estaba suministrándome. No siempre contaba el mismo cuento. Me acuerdo, por ejemplo, de las varias versiones del final de *Madame Butterfly:* una en que Cio-Cio San se mataba con un tiro de pistola; otro final que es el que todos conocemos; y un final muy trágico en que la desgraciada japonesita se lanza al mar para seguir el barco de su amado Pinkerton, nadando qué sé yo cuántos kilómetros. Tenía toda una galería de fantásticos horrores que me relataba con deleite, pero como si no fueran horrores. Era el tiempo de la guerra de los Cristeros y la Nana no me dejaba perder detalle de las matanzas sacrílegas, pese a que no sé de dónde los sacaría, puesto que no podía saberlos por el periódico, ya que nadie le había enseñado a leer. Pero lo que más pavor nos causaba, lo que me deleitaba oírle una y otra vez, era su versión del circo romano, donde el perverso Nerón hacía quemar a los cristianos enrollándolos con estopa en lo alto de un palo, rociándolos con parafina y prendiéndoles fuego. Aunque el asunto de las fieras tampoco estaba mal, sobre todo si uno se figuraba al gordo Nerón cantando con su lira ineficaz.

Mi madre nos enviaba en la tarde al Parque Cousiño, a una cuadra de nuestra casa, al cuidado de la Nana, para que tomáramos aire puro, sobre todo después de las incipientes lecciones de boxeo impartidas por un profesor que venía a casa para enseñarnos a defendernos y a correr carreras: era el minúsculo don Florindo Bravo. Pero en vez de las obligatorias carreras por el parque, y cuando lograba quitarnos de encima las diversas esclavitudes a que nos sometían nuestros padres, la Nana nos llevaba al vecino teatro Iris, en la calle Castro, y sin comunicarle una palabra a mi madre ni a nadie, nos encerrábamos con ella en ese teatro con olor a pipí de gato y colmado de novios besuqueándose. Toda una ilustración basada en las películas que me llevaba a ver la Nana quedó adherida como parte esencial de mi cultura, como primer eslabón en mi curiosidad por *lo otro*, lo que estaba fuera de casa, lo que sucedía no en el colegio sino en la imaginación. Recuerdo la brutalidad del Ku Klux Klan, por ejemplo, en una película ya olvidada... pero el horror de ver arder a los inocentes quemados por las teas de esos hombres perversos vestidos con túnicas y puntiagudos bonetes blancos es algo que no he olvidado. Y *El Conde de Montecristo*, y *El Congreso baila*, y sobre todo la *Sinfonía inconclusa*, una película de Martha Egert basada en la vida de Schubert. Nunca he sufrido tal grado de identificación como con aquella escena de esa película en que Schubert, enamoradísimo de la condesita de Eszterházy, ve su inspiración interrumpida por una carcajada de la noble. La madre de la señorita de Eszterházy ofrece un gran baile al que asiste toda la nobleza austríaca, y al que fue invitado Schubert para oírlo tocar el piano. La condesa se sentó en un taburete al pie de una estatua de Venus que tiene una mano y un dedo estirados. Cuando llega Schubert, que ha alquilado un frac para la ocasión, y se inclina para besarle la mano a la condesa madre, enreda la etiqueta de su frac en el dedo de la estatua y con su inclinación la arroja al suelo y la hace mil pedazos. La condesita amada por Schubert lanza entonces una carcajada que contagia a toda la concurrencia, que se ríe de Schubert, y éste sale huyendo, humillado, a la carrera, imposibilitado para continuar su creación; sería ésta la razón para que la sinfonía haya quedado sin terminar. La carcajada de su amada se transformó en mi música predilecta y desde entonces me identifiqué con el desgraciado Schubert. Le preguntaba más sobre él a la Nana Teresa, pero ella no sabía responderme porque su conocimiento no llegaba más allá del contenido de la película, de modo que no tuve otro remedio que buscar en la biblioteca de mi padre biografías del músico para ampliar mi conocimiento.

Es aquí, al parecer, donde comienza mi ambición de ser escritor, o por lo menos se inaugura una de las vertientes que, a partir de la Nana, me conducen a mi literatura. Mi vida ha sido más que nada una vida de hombre de letras: he leído muchísimo y en todas partes y en todos los idiomas, tanto en el colegio (lo detestaba, con excepción de las clases de idiomas y literatura) como en la Biblioteca Nacional, más tarde, y posteriormente en la Universidad de Chile... y especialmente en la de Princeton, donde me atiborré del mundo literario.

Uno de mis placeres preferidos ha sido siempre la relectura obsesiva de *En busca del tiempo perdido* de Marcel Proust. No sólo de la novela misma —la enseñé en un seminario para lectores en inglés, utilizando la traducción genial de Scott Moncrieff—, sino también de diversas biografías, incluyendo la correspondencia del escritor, las cartas a su madre, lo que otros escribieron sobre él y curiosas colecciones de fotografías de la época. Dentro de algunas limitaciones, soy un pasable conocedor de Proust.

Leyendo las biografías de los escritores uno descubre muchas y variadas cosas. Se ha asegurado la inutilidad de este quehacer, pero no comparto esa opinión. Visitar la casa de Rilke en Suiza, donde el poeta pasó sus últimos días, o la casa en que Stendhal se inspiró para escribir *Rojo y negro*, recorrer Illiers o Chambord tras las huellas de Diane de Poitiers, las estepas del norte de Inglaterra buscando el rastro de las hermanas Brontë, o las orillas del lago Como para revivir allí los paseos de Fabrizio del Dongo con la Sanseverina, son experiencias que hacen más pleno mi disfrute de cada uno de esos libros.

Así sucedió con Proust, en forma totalmente fortuita y acaso no totalmente verídica, aunque es hermoso hacer la ligazón. Sucede que hace un tiempo yo estaba leyendo una biografía de las mujeres en la obra proustiana, y me fijé especialmente en una amiga suya llamada Laure Heyman. Su fotografía es espectacular: un rostro dulce pero al mismo tiempo irónico, sombreado por párpados soñadores. El texto aseguraba que esta dama había sido una de las grandes «horizontales» de París en su época, a la que no recuerdo qué zar de Rusia tuvo que pagarle con una *revière* de brillantes por el favor de acompañarlo a una cena privada. No sé qué habrá sucedido en esa cena. Nobles, príncipes, millonarios norteamericanos, pasaron por el lecho de esta espectacular y carísima belleza que fue Laure Heyman.

Laure Heyman, sin embargo, tuvo otro galardón en su vida, un galardón distinto y privado, y más curioso. Marcel Proust, como todo el mundo sabe, era un reconocido homosexual del mundo parisino, un homosexual de los aficionados a las señoras elegantes y que saben los últimos chismes de sociedad, lo que está de moda y lo que no. Proust jamás tuvo un *affaire* con una mujer, sólo con hombres, como el músico Reinaldo Hahn, por ejemplo, y con algunos amigos con que viajó por Europa. Sin embargo, hubo una extraña excepción en su vida. ¿Es posible que la belleza de Laure Heyman lo haya atraído, primero, a salir de paseo juntos en coche, ir luego a cenar al hotel Ritz en la Place Vendôme de París, y por último encerrarse en cenas mucho más íntimas, preparadas para ellos dos solos por la cocinera Celeste Albaret en el departamento de la familia Proust, en el centro de París? Quedan —entre las de muchas otras mujeres— algunas cartas de Laure Heyman dirigidas a Marcel

Proust, y de él a ella; son cartas de un alto contenido erótico que, evidentemente, involucran a Laure. Ella, sin duda, estaba de acuerdo en que las visitas con Proust al departamento de su familia fueran frecuentes, discretas y no platónicas.

Pensando un poquito más atrás, no puedo dejar de recordar que la amiga de infancia de la Nana Teresa en «Mariposas» se llamaba también Laure, y que ambas niñas jugaban juntas en el parque talquino. Me interesó de nuevo la biografía de Marcel Proust: consulté tanto su lugar de nacimiento como la fecha en que todo esto sucedió. Mi sorpresa fue grande, o quizás no tanto, cuando comprobé que los datos coincidían para las dos mujeres.

Es posible conjeturar entonces que la Nana Teresa, gris, humilde y servicial como fue, haya jugado cuando era una niña pequeña con la que fue una de las mujeres más cultas, elegantes y admiradas de la Europa de su tiempo. ¿Era en realidad una mujer que viajó y disfrutó de todos los halagos posibles, y que fue adorada por los amantes más espectaculares? Por su parte, la Nana Teresa no tuvo más que la vida de una criada, en una casa chilena de comienzos de este siglo.

No es imposible, sin embargo, que las biografías de ambas se hayan cruzado en algún punto: los avatares de las vidas son muchos, y así como la hija de un buen ingeniero francés pudo llegar a ser una «horizontal» de nota, no hay razón para que una muchachita zamba, nacida en el fundo «Mariposas», a las puertas de Talca, alrededor de la misma fecha que Laure Heyman, no haya sido su compañera de juegos infantiles, aunque más tarde ambas hayan sido arrastradas por las circunstancias a hacer vidas tan distintas: probablemente la vida de la ficción y la de la realidad tengan la misma raíz y se entremezclen, y tal vez la Nana Teresa y Laure Heyman, de hecho, fueron amigas y jugaron juntas al *diavolo* y al aro cuando niñas, en un olvidado parque en el sur de Chile.

Capítulo cinco

La locomotive... la locomotive!

Los niños palpan en el aire lo que transcurre bajo las palabras y las acciones de los grandes, y aunque yo no percibía el significado exacto de ciertos acontecimientos que venían sucediendo, y mucho menos podía medir sus consecuencias inmediatas, me inquietaba algo que sentía como un indefinible desajuste en mi familia. Los grandes se callaban cuando yo entraba al comedor y la charla viraba hacia temas inofensivos. Vivía en una atmósfera caldeada, áspera, llena de aristas cuyo origen parecía estar en la repentina escasez de peculio en mi casa.

Mi padre se quejaba de esa situación al oído de mi madre, lo que sin embargo no le impedía asistir en las tardes al Club de la Unión y arriesgar en la mesa de rocambor sumas de dinero que habrían tenido mejor destino cubriendo otras necesidades. Los conciliábulos de mi madre con sus primas —antes tan unidas, ahora distanciándose más y más— me revelaban que se estaba descoyuntando el grupo familiar. Más de una vez sorprendí a los grandes discutiendo sobre si era conveniente o no retirarnos del elegante colegio inglés al que asistíamos; o si se debía o no conservar el Nash azul de toda la vida, y mantener el séquito de sirvientes, médicos, monjas y curas que nos asistían; o si sería necesario reducir el número de parientes y amigos que mi madre tan ampliamente acogía en su mesa. Todo me parecía demasiado contradictorio para circunscribirlo a la pobreza de un razonamiento... En fin, esto sucedía en el remoto imperio de la gente grande, al cual yo, como es natural, carecía de acceso.

Se habla mucho del dolor del hambre, del frío, del desamparo de los niños pobres. Yo puedo, sin embargo, dar testimonio de un pequeño sufrimiento infantil, el del niño burgués, que no se calma con una hogaza ni con un chaleco. Sentir los embates de una repentina desestabilización económica sin merecer una explicación; verse repetidamente abandonado en favor de un mazo de cartas o unos palos de golf, o por situaciones más misteriosas, en el momento en que uno necesita a alguien en quien confiar y a quien preguntar. Oír el angustiado secreteo de los mayores, conocer la desgarradora exigencia a la que uno no es capaz de hacer frente con las armas que posee, y no descubrir aún que existen vocabularios distintos a los que los mayores proponen como salvación, es otra forma de sufrimiento. Menor, por cierto, aunque también válida.

¿Cómo no darme cuenta de que mi padre tenía el desenfado de postularse como una ilustrada víctima de su adicción a la lectura? «Cuidado con la lectura», me precavió en alguna ocasión. «Si la literatura te pesca, no te soltará nunca más y doblegará tu voluntad. Mírame a mí.»

Evidentemente, no era lo único que lo había doblegado. Llegaba tarde a comer y, mientras terminaban de preparar la comida, se echaba sobre la colcha de terciopelo púrpura de su cama. Acariciaba a Sepúlveda, su gato, y abría *Cinq-Mars* o las memorias de Mme D'Abrantes, mientras mi madre traficaba por el fondo de la casa ocupándose de que todo estuviera dispuesto.

A veces hablábamos en la mesa de las lavanderas patipeladas, de los que traían las árguenas y los caballos enjaezados de los carros funerarios de los ricos cuando éstos morían. Pero sobre todo hablábamos de la vecina de enfrente, una niña que se llamaba Cecilia Hurtado. Ella, un poco mayor que yo, desdeñaba unirse a los juegos de sus compañeras en la vereda y se instalaba lánguidamente en los peldaños de la otra casa a mirar y comentar. A veces yo hablaba con tanto entusiasmo de ella que en la casa se reían de mí, alegándome que sería un buen partido, aunque no se podía negar que tuviera las piernas flacas... si bien el color de su pelo, cayéndole por la espalda, interesaba mucho: eran dos chapes gruesos, amplios, despeinados, y yo los veía bambolear ante mí. Ella apenas se daba cuenta de mi existencia. Decían que para obtener una chiquilla así era menester pedir su mano, lo que me cohibía totalmente.

Transcurrían las procesiones del Carmen, la celebración de las Fiestas Patrias y un sinnúmero de procesiones para santos desconocidos. En las torres de San Lázaro tocaban a rebato. Así pasaron los años. Entretanto la familia Hurtado partió de su casa y Cecilia se perdió en el anonimato de la ciudad. Una o dos veces pregunté por ella, después ya nada.

Pero en mi adolescencia, con la cara llena de espinillas, anteojos y un forzoso tren de entusiasmos nunca cumplidos, me iba a instalar a la hora de la salida de la piscina en el Country Club para hojear el *Illustrated London News*. Allí me sorprendió un día verla otra vez más, con sus trenzas recogidas en un moño, tratando de parecerse a Ann Harding y a una serie de artistas de cine: su rostro se había fundido con los de ellas y su peinado era igual. Una vez que pasó junto a mí, después de bailar un furibundo barrilito de cerveza o un *lambeth walk*, casi, casi se encontró con mi mirada, pero pasó sin verme. «*Tu qui passes sans me voir, sans me dire bonsoir...*» Pasaron muchos años, muchísimos años. Yo me casé, tuve una hija y nietas. En una función del Municipal la vi en una esquina, fumando un cigarrillo con otra amiga igualmente elegante. No me miró, pero al ir a instalarse en sus butacas para oír la ópera, esta mujer tan amada por mí de niño botó su cigarrillo en un cenicero y acercándose me dijo: «¿No me conoces?» «No», repliqué yo con toda mi inocencia. Entonces ella, que se estaba poniendo un lujoso abrigo de visón, dijo:

—Soy la Cecilia Hurtado. Fui tu primer amor. Adiós.

Y se la tragaron las fauces del Municipal.

Las tres tías de apellido Gana con que ahora nos habíamos ido a vivir en el caserón de la calle Ejército pertenecían al acervo Donoso, puesto que eran hermanas de mi bisabuela Julia Gana de Donoso. Ancianas, riquísimas, bien emparentadas, hacía muchos años que guardaban cama. Eran como el *debris* femenino —tenían un aire de limones estrujados, viejos por la actividad masculina— de ese universo viril, victoriano, de caballeros que las visitaban de vez en cuando para husmear si les quedaba —y a ellos mismos— mucho tiempo antes de morir.

La gente entraba y salía de sus dormitorios con las manos llenas de papeles para firmar, con frascos de agua bendita, de colonia, filtros para lavativas o para friegas. Los imponentes visitantes eran casi facsímiles de los señores que desfallecían en mis viejas fotografías, lo único que durante un tiempo —nunca estampillas, ni recortes, ni calcomanías, los mil objetos que juntan los muchachos— me interesó acumular: desde temprano yo había relacionado mi curiosidad literaria con mi interés por la imaginación tribal. La memoria, con sus trucos, me hacía posible ligar lo que estimaba un mediocre pasado familiar —y a cierto nivel comprenderlo y proyectarlo— con esas fotografías, casi todas sin identidad: el resultado era una necesidad por la literatura, de la cual la tan alabada racionalidad, lo comprendí muy pronto, no era más que un curioso dialecto menor.

A menudo, al contemplar esas fotos, me acometía una gran pesadumbre porque parte de esas personas había desaparecido sin dejar ni un nombre ni una fecha en la crónica familiar, y trasuntaban un angustioso aire de eterno silencio. ¿Quiénes fueron? ¿Por qué no dejaron huella de amor ni de anécdota en nuestros anales? ¿Quiénes habían sido —insistía yo, como exigiéndoles una respuesta—, además de esos mudos cartones de canto dorado, y al pie de la figura evanescente la firma de los fotógrafos —Díaz y Spencer, Heffer, Gareaud—, es decir el nombre de los artistas-fotógrafos como lo único resistente al tiempo? ¿Alguien, en todo el mundo, recordaba quién fue este caballero de *pince-nez* dorados y barba blanca? ¿Y este otro señor tan flaco, ahogado en los pelos de sus favoritas a la Offenbach confundidos con los del zorro del cuello de su abrigo, fue o no el médico de la familia? ¿De qué familia? ¿A qué familia pertenecía esa imagen? ¡Tanto medio-luto decimonónico, tanto alfiler de corbata, anillo, leontina! ¿Y esta linda mujer de ojos claros, evasivos, seguramente perversos, con el copete de su moño parado sobre la nuca, podía ser aquella que cuando se pronunció su nombre en la mesa, mi abuelo se paró de la silla y volcándola salió del comedor dando un portazo que nos dejó estupefactos, porque fue una orden para que la familia corriera el tupido velo que la mantenía unida?

Mi propia fotografía, también, andando el tiempo, iba a terminar en el cajón de un niño desconocido. Sin embargo, dentro de la revoltura de esas fotografías, había una serie de más o menos veinticinco *cartes de visite* del estudio de Nadar *(fils)* de París, tomadas a fines del siglo pasado, que mostraban cierta coherencia.

Eran señores fantásticos, pertenecientes a una realidad que ya no lo era porque su indumentaria se había transformado en disfraz, y los caballeros se habían convertido en tenores de *La traviata:* viejos señores de gafas diminutas, de engomados bigotes estilo Segundo Imperio, luciendo *lavallières* atadas con rutilantes nudos de seda.

Un atardecer de tormenta, negro por la lluvia que amenazaba destruir los cristales de la galería con su tableteo, entretuve mi ocio mirando estos viejos cartones. Me sentí acogotado no sólo por la angustia de esos seres que habían desaparecido sin el rastro de un nombre, ni de una fecha, ni de una anécdota, sino también por el terror de que la tormenta que afuera estaba demoliendo el mundo me exterminara también a mí. Me dirigí al cuarto de mi padre con la serie de fotos de Nadar en la mano, para que él me diera confianza, o por lo menos una explicación —él, que a mí me parecía que pese a su pereza lo sabía todo— de quiénes eran estos señores que, sin duda, sabían la solución de todos los enigmas. Me senté a su lado en el borde de la cama y se las entregué. Dejó su Mme D'Abrantes de tapas coloradas abierto boca abajo sobre su pecho, y fue levantando una foto tras otra. Después de examinarla, la dejaba y tomaba la siguiente, escudriñándola con atención. Yo guardaba silencio, escuchando tembloroso la lluvia en los cristales de la galería y, a lo lejos, la voz de mi madre que daba órdenes. Le pregunté a mi padre quiénes eran esos señores.

—Es un verdadero *Who's who* del París del Segundo

Imperio. Mira, éste es Sardou, y éste, Carolus Durand, y éste Littré... ¿tú usas el *Petit Robert?* Mejor, más contemporáneo que el *Littré.* Y éste, tan noble, es Brahms, y su amigo el anato-mopatólogo Virchow, con el que viajó por Italia cuando eran jóvenes... Zola... y Delacroix, qué elegante Delacroix. Algunos dicen que era hijo del Emperador. ¡Y mira, tu amigo Julio Ver-ne...! Bah, se me olvidaba que no eres adicto suyo como yo a tu edad, y prefieres esos mamarrachos de Salgari y Dumas... Estas fotos seguramente las compró mi tío Agustín Concha, el segundo marido de tu pobre tía Clara. Era inteligente el tío Cucho. ¡Mira que haberle salido el hijo que le salió...!

—¿Estos señores fueron amigos suyos?

—¿Amigos? No creo... —murmuró mi padre dando vuelta una foto para leer el reverso—. En ese tiempo vendían rostros famosos o mujeres lindas en estas *cartes de visite,* en el estudio del fotógrafo.

—¿Y éste quién es, papá? ¿Por qué está firmada y dedi-cada la foto que usted tiene en la mano? Tiene que haber sido amigo del tío Cucho.

—Conocido, sí. Amigo, jamás. En París era, y todavía es, casi imposible la amistad como la entendemos aquí. Sobre todo con un *grand patron.* Éste que estamos mirando es Charcot...

—¿Por qué se acuerda de todos esos nombres y no de los nombres de las otras fotos?

—Éstos fueron los escritores y científicos de su tiem-po... Son nombres que siguen vivos, no como el nuestro, que se desvanecerá. Éste por el que preguntas, por lo pronto, es nada menos que Charcot... Hasta los niños saben quién fue, en Francia...

—Yo no.

—Charcot fue el alienista más importante de su época. Conoció al tío Cucho, que era un urólogo bastante prestigioso en París, en la Salpêtrière, una mezcla de cárcel con casa de lo-cos que dirigía Charcot. El tío Cucho le debe haber hablado a Charcot de su pobre hijo, que desde chico fue loco, y según lo que se dijo en su tiempo, Charcot lo examinó, ofreciéndole a su colega chileno un tratamiento para su hijo a cargo de sus alum-nos y bajo su vigilancia y dirección. En su momento se tuvo grandes esperanzas de que el tratamiento de Charcot le recuperara por lo menos una normalidad relativa al pobre Cucho, pero tú ves, los resultados fueron más bien pobres. Cucho sigue igual que entonces... con una edad psicológica de diez años pese a tener cincuenta.

Mi madre llamó a la comida. Mi padre se levantó y salió por la galería, hacia el comedor. Yo reuní mis fotografías. Y mientras las llevaba a mi habitación pensaba si sería cuestión o no de seguir conservándolas, o si sería mejor tirarlas a la basura, ahora que les había puesto nombre a esos portentos que sobrevivían: no necesitaban que alguien como yo los ayudara en esa tarea...

Cuando nos fuimos a vivir en la casa de la calle Ejército, ahora «nuestra casa», gran parte de la familia ya había abandonado, por inútiles y aburridas, a las tres tías encamadas que vivían allí, en silencio, el remanente de sus vidas. Ni la tía Rosita ni la tía Clarisa —la belleza, la estrella, la millonaria— abandonaban jamás la cama. La tía Tránsito lo hacía una vez al año, cuando partía a Francia. Embarcándose, se metía en la cama de su cabina, viajando bajo la estricta vigilancia del médico de a bordo. Desembarcaba en La Palisse y con su sirviente Luisa Santander tomaba el tren a las termas de Vichy, donde permanecía cuatro meses guardando cama y llamando en consulta a toda clase de celebridades médicas. Al cabo de unos meses repetía el viaje, exactamente y en las mismas condiciones, pero en dirección inversa, desembarcando en Valparaíso. En Santiago, el día mismo de su llegada, se metía en su cama, desde donde enloquecía a los médicos, especialmente al doctor Cruz-Coke, que era su pasión (era la pasión de todas las viejas de la casa, sirvientes inclusive, a quienes nada agitaba tanto como que las auscultara): lo telefoneaba hasta cuando tenía un padastro.

La tía Rosita era tan vieja, tan vieja, que hacía muchos decenios que estaba completamente muda y guardaba cama.

Tenía la mirada celeste, inocente, perdida, el pelo blanco estirado muy brillante, y en su rostro redondo y arrugado relucía una formidable plancha de dientes como para una diva. Un silencio de templo devolvía los ecos de su dormitorio casi vacío, con una puerta-ventana con visillos abierta al segundo patio. Respirando apenas, parecía esperar la muerte sin prisa para ir a reunirse con su marido, don José Walton. No le quedaba parentela del lado de don José, muerto hacía casi medio siglo, pero en las paredes de su habitación oscura y un poco húmeda colgaban un retrato y varias fotografías iluminadas de un señor con pelo y barba color zanahoria, pestañas casi albinas y piel pecosa... claramente un inglés. A nuestro gato favorito, también colorín, lo bautizamos «don José Walton». Debe haber sido curioso vernos correteando como torbellino por los pasillos, gritando «don José Walton, don José Walton... ¿dónde te escondiste?».

El único lazo que le quedaba a la tía Rosita con los seres vivos era la Felicinda Bravo, su sirviente de toda la vida, casi tan anciana como ella: era una gorda bigotuda, de trasero inmenso y amplios pechos pendulares, que emitía unos suspiros tan estruendosos que hacían trepidar los cristales de la mampara. Rompían el corazón estos suspiros de la Fely. Eran el rumor de una nostalgia que evocaba una vida escondida tras el horizonte de un pasado ya demasiado lejano para que quedara otra cosa que suspiros. Fiel, piadosa, sedentaria, no tenía otra ambición que asistir a alguno de los oficios religiosos celebrados en la vecina parroquia de San Lázaro. Pero no se resolvía a dejar sola a su patrona, porque ésta emitía desgarradores gemidos de animal herido en cuanto la Fely desaparecía. La visita del señor cura, con sus monaguillos portando faroles, con sus paramentos, sus latines y sus campanillas, era la fiesta de una vez al año: Cuasimodo, cuando en su calesa dorada les llevaba el sacramento a los enfermos de la Parroquia. La Fely debía conformarse con esto; la verdad es que la alborozaba comulgar junto a su patrona en tan magnífica ocasión.

Todas las mañanas, antes de salir a su trabajo en el hospital de los apestados de tifus, mi padre hacía su ronda médica por la casa. ¿Alguno de los niños con romadizo? ¿Alguna de las mujeres con dolor al vientre? ¿La Hilda de mi tía Clarisa, una alemancita joven, amanecía «nerviosita», como ella misma decía? ¿La tía Tránsito, ese mamarracho prepotente, gritón y maquillado con colorete fucsia, fingía estar ahogándose con asma para que mi padre no fuera al hospital y se quedara cuidándola? Sólo la tía Rosita no se quejaba de dolencia alguna, pero era como si estuviera hecha de una materia transparente para los ojos de la Fely. Por ella se sabía cualquier desarreglo de su cuerpo. Al parecer, a la tía Rosita la tranquilizaban las salidas y entradas de don José Walton, que acudía a acurrucarse sobre su cubrecama como si comprendiera su papel conyugal. Abandonaba su lugar sólo para ir a hacer sus necesidades en la tierrita bajo las hortensias del segundo patio, cosa que mantenía a esas flores de un lindo color azul que todas las visitas envidiaban, porque era muy poco común que se diera en Santiago.

Recién nos habíamos mudado a Ejército, cuando mi padre entró sorpresivamente una mañana a saludar a la más vieja de sus tías. Encontró a la Fely, con toda su circunferencia y su peso, saliendo de una puerta que él, hasta entonces, había creído la de un closet o un armario gigantesco. Le preguntó a la Fely qué guardaba en ese mueble tan grande. Sin responder, ella se paró defensiva ante la puerta del ropero: no iba a dejar que mi padre examinara lo que contenía. ¿Qué podía ser? ¿Adivinaba que aquello que contenía era transgresivo? Firme aunque dulce, mi padre quitó de en medio el cuerpo de la dócil gorda y abrió.

En el interior, que era como una pequeña capilla, ardían cuatro velones de cera. Lo primero que mi padre temió fue que todo ardiera. Al cabo de un instante, eso sí, sus ojos rescataron de la luz lo que le pareció un blanco santo de bulto. Después se dio cuenta de que se trataba de un hombre semidesnudo, muy flaco, reclinado entre los pliegues de una clámide en una elegante *recamier*. Mi padre, comprendiendo el desacato de lo que veía, se ajustó las gafas sobre la nariz para reconocer con mayor certeza al personaje de yeso, y ruborizándose de agobio e incomodidad, miró el rostro perfectamente inocente de la Felicinda Bravo. Un gránulo de arena, entre el papel y el adobe de la pared, se escurrió como un escalofrío del muro. Urgido, pero con un susurro autoritario, preguntó:

—Pero mujer, ¿qué diablos han estado haciendo con este...?

—¿Con este santo? Rezándole, qué vamos a hacer...

—¿Estás loca?

—Una no puede hacer nada sin que la reten —lloriqueó la Fely.

—¿No sabes quién es éste al que le has estado rezando...?

—¡Pero don José! ¿Cómo no? Es parte de un descendimiento de la cruz. ¿No le ve su carita de sufrimiento al Cristo tan lindo, por todos nuestros pecados?

Mi padre, que a la segunda mirada había reconocido el *Voltaire* de Houdon, tuvo el impulso de gritarle furioso a la Fely que había estado rezándole al mayor hereje de la historia. Pero su indignación amainó al instante, al recordarse agnóstico y comecuras. Tuvo que hacer esfuerzos para reprimir una carcajada.

—No es Cristo —dijo.

—¿Quién va a ser, entonces, este caballero medio pilucho?

¿Para qué explicar nada? ¿Cómo explicarle a la Felicinda Bravo quién fue Voltaire? En fin, la Fely era de las personas que no esperan explicaciones por los abusos y las órdenes. La mandó a que retirara inmediatamente las flores y apagara las velas. Cuando regresara esa tarde, él mismo haría sacar ese... esa escultura. La Fely lloró, lamentándose de que mi padre la privara de lo que más amaba, su descendimiento de la cruz, objeto de toda su piedad. Le explicó que había encontrado ese santo en el soberado al llegar a la casa hacía muchos años, y como no le pertenecía a nadie lo hizo trasladar al closet de la pieza de misiá Rosita, para que tuviera su oratorio chiquitito, particular, y un Cristo bueno al que rezarle todos los días para que perdonara el alma de don José Walton, que había sido colorín y que, como todos los colorines que hacen sufrir a las mujeres, hizo sufrir tanto a la pobre misiá Rosita. Mi padre, conmovido por la ingenuidad de la sirvienta, se disponía a explicarle las teorías de librepensador de Voltaire, y cómo éstas precipitaron la caída del Antiguo Régimen. Pero se calló, comprendiendo que una confrontación con la verdad, además de ser compleja, podía hundir a la pobre Fely en un caos de culpa. Optó por prometerle que mañana él mismo iría a una santería para comprarle otro descendimiento, más bonito porque sería de colores.

—¿Colores? ¡Qué lindo!

—Vi uno precioso, mujer...

—Pero que sea grandecito, como éste...

El Voltaire era pesado, de forma apaisada, difícil de transportar, de modo que fue necesaria la ayuda de tres empleadas jóvenes para acarrearlo al escritorio de mi padre, donde quedó instalado como objeto decorativo sobre una columna en una esquina. Mi padre era admirador de este «santo laico», de modo que le complacía mirarlo de vez en cuando, desde un sillón de cuero negro donde se arrellanaba para leer *La montaña mágica*, el libro de moda en esos años, escuchando *Les nuits d'été* de Berlioz, un músico que tan particularmente le gustaba.

La tía Clarisa era la estrella de las tres hermanas. Había viajado mucho y con gran estilo después de la muerte de su primer marido, José Ramón Ossa, uno de los Ossa mineros del salitre y millonarios, del que tuvo un solo hijo, muerto a los tres años; y luego viajó con su segundo marido, el médico urólogo doctor Agustín Concha Vergara, del que tuvo también un solo hijo, Cucho, que se reveló a muy temprana edad como enfermo mental incurable.

Desde que comenzó a sentir los dolores en las piernas que la inmovilizaron, la tía Clarisa viajó por todos los santuarios de Europa y el Medio Oriente para que Cristo, la Virgen y los Santos la sanaran a ella y a su pobre hijo Cuchito, que a los nueve años, baboso y balbuciente, todavía no aprendía a hablar. Aquejado de repentinos ataques de violencia, debía ir siempre acompañado por un enfermero-guardaespaldas. La comitiva viajó a Roma, a Lisieux, a los Santos Lugares en Tierra Santa, a Lourdes, y después, a su regreso, ella se internó en una clínica, poniéndose en manos de los más eminentes especialistas de Europa. Lo mismo para Cucho: pero en ambos casos la intervención, tanto de los santos como de los médicos, fue infructuosa. De regreso en Santiago quedó relegada a su lecho de sábanas de hilo y blondas con pasacintas celestes, del color de sus ojos todavía hermosos; a sus monjitas de aladas cofias medievales que la atendían de noche; a sus inmensos, perezosos gatos capados, blancos, con collares de raso celeste, arrellanados sobre sus sábanas. El entorno frívolo que rodeaba su belleza chocaba, en la pared del fondo, con una especie de santuario dedicado a la Virgen de Lourdes —una inmensa imagen de yeso—, y a la Bernardita, arrodillada a sus pies, rodeadas de las macabras muletas y prótesis que resultaron inútiles, colgadas en el muro tapizado con escenas pastoriles de *toile de Jouy* celeste. La tía Clarisa, habitualmente emperifollada y mundanamente sonriente, se desesperaba con las carcajadas de su hijo loco que ya iba acercándose a los cincuenta años, y cuyos males no cedieron ni con los tratamientos de Charcot y su grupo de especialistas: en su medio siglo de vida seguía siendo un terrible niño irreductible por lo idiota. Los miércoles, la tía Clarisa se pasaba la mañana emperifollándose como si esperara la visita de un novio, llena de esperanza y alegría. No bien aparecía el loco por la tarde a tomar el té, su presencia desbarataba la quimera de su madre. Con su vozarrón estúpido, sus carcajadas irracionales, su torpeza, nublaba el orden dieciochesco y la belleza del mundo de la tía Clarisa, dejando torcida la peluca blanca que le envolvía la cabeza, tembloroso el modito tan suyo de articular las palabras, agitada la finura de su nariz y de sus manos con los dedos siempre atareados con el *polissoir*, todo alterado por la presencia de Cucho carcajeándose groseramente. Volcaba el platillo de sandwichitos para el té, rociaba la alfombra con azúcar molido, y lo peor de todo era que intentaba besar y abrazar a su madre, que, repugnada, lo rechazaba. Que se lo quitaran de encima, no podía tolerar que le despeinara la peluca con sus caricias torpes, ni que le embadurnara con sus besos el rostro recién y tan finamente maquillado. Gritaba para que vinieran a llevárselo:

—¡Contreras! ¡Contreras! Ven y llévatelo a jugar con los niños, que yo ya no puedo más...

«Los niños» éramos mi hermano Gonzalo y yo, de siete y nueve años. Cuando a los diez minutos de gritos las criadas y el celador creían haber reducido al loco, lo dejaban en nuestras manos. Contreras desaparecía entre los cachivaches del tercer patio, ocupando su tiempo en escarceos amorosos con una *china* joven (la Nana Teresa insistía inútilmente en que, después de los discursos de don Arturo Alessandri, ya nadie tenía derecho a referirse a ellas con un calificativo tan ofensivo como *china*), recién llegada del campo para servir. Cucho, con sus risotadas, nos perseguía por el laberinto de los pasillos de la casa, hasta lograr arrinconar a uno de los dos para torturarlo torciéndole el brazo a la espalda, o aplicándole una llave Nelson, que probablemente usaban los celadores en la Casa de Orates, en la calle de los Olivos, para reducirlo en sus momentos de mayor insurrección. Llamábamos a Contreras a gritos. Llegaba a toda carrera rodeado de un revuelo de mujeres de servicio corriendo junto a él y llamando a Cucho con gritos furiosos. Contreras lo desprendía a la fuerza —que era descomunal, mayor incluso que la fuerza y el porte bruto de Cucho; por eso fue contratado como celador— de su presa, remeciéndolo por los hombros para que reaccionara y gritándole «¡Contreras, Contreras, Contreras!», con voz amenazante. Si no lograba una reacción inmediata, le cruzaba la cara con un bofetón salvaje que se la dejaba amoratada. El loco, volcado en un extremo del sofá Chesterfield y transformado en un montón de musculatura pasiva, en escombros, respiraba apenas, como si acabaran de someterlo a un electroshock artesanal. Cuando partía Contreras con su séquito femenino al tercer patio, nos quedábamos burlándonos de Cucho, haciéndole morisquetas, gritándole «tonto, loco, imbécil, eres una vergüenza para la familia, no sabes ni leer, ni hablar siquiera...», hasta que Cucho Concha, como si despertara de un coma, gradualmente comenzaba a sonreírnos bobaliconamente de nuevo, alcanzando apenas a reconocernos a través de la bruma que poco a poco comenzaba a despejarse. Lo llevábamos, entonces, al gran salón delantero de la casa, con sus dos aparatosos balcones de fierro fundido sobre la calle, para mirar desde allí la cabalgata presidencial del Dieciocho de Septiembre.

Le abríamos uno de los balcones para que respirara un poco. En cuanto veía un auto comenzaba a gritar, desaforado:

—*La locomotive... la locomotive... la locomotive!*

Parecía haber enloquecido de nuevo con la presencia del vehículo, al que señalaba con uno de sus dedos, grueso y musculoso como un pene. Poco a poco, mientras el auto se alejaba hacia el otro extremo de la calle, Cucho Concha se iba silenciando otra vez.

Una cosa temíamos más que nada: que durante nuestra ausencia en el colegio, los miércoles, Cucho Concha lograra colarse a nuestro dormitorio y allí, incautándose de nuestras amadas colecciones empastadas de *Pinocho* y de *El Peneca,* se entretuviera arrancándoles las hojas, enajenado en la maniática entretención de doblar esas páginas una y otra vez sobre sí mismas, un pliegue sobre el otro, hasta dejar las hojas convertidas en libritos minúsculos, en monstruosas miniaturas sin significado que, si lográbamos rescatarlas de esos dedos idiotas, de apariencia inhábil, con uñas roídas hasta sangrar, provocarían nuestras protestas y lágrimas. Cucho Concha lanzaba risotadas al vernos lloriquear ante el desastre que había causado, y emprendía la persecución de don José Walton, al que lograba arrinconar, haciéndolo maullar de terror. Lo extraía de debajo de un sofá tirándolo de la cola y procedía a rellenar con él uno de los cajones más pequeños del *secretaire,* donde apenas cabía, manteniendo el cajón apretado con su gigantesca mano abierta mientras don José Walton aullaba, agitando desesperadamente la cola que sobresalía. Cuando Contreras por fin llegaba corriendo a liberar al gato, mi hermano y yo quedábamos desilusionados al no verlo reaparecer cuadrado como un molde de dulce de membrillo. Pero nos desgañitábamos de la risa cuando Contreras castigaba a Cucho, que huía a la ventana de la calle, desde donde se ponía a sonreír con su sonrisa babosa e insinuante a todas las mujeres que iban pasando, llamándolas con un soez «psssttt... psssttt...». Las mujeres se daban vuelta para ver quién las interpelaba así, eróticamente. Entonces Cucho Concha lanzaba una prolongada carcajada, o un procaz silbido, provocando la huida de las damas al ver la risa imbécil y amenazante de quien las llamaba como quien llama a una perra.

La tía Clarisa había paseado por todos los santuarios y sanatorios de Europa con su hijo a la rastra, implorándoles con igual fe a los santos y a los médicos por la sanación tanto suya como de Cucho. Al ver que nada surtía efecto, que ella seguía coja y Cucho descerebrado, resolvió al cabo de un tiempo volver a Chile. ¿Pero con quién vivir? Parentela ya no le iba quedando fuera de sus dos hermanas, Rosita y Tránsito, y claro, su tercera hermana, Julia, que hacía una vida bucólica en su fundo y su casa en Talca, comprometida con su vasta familia en expansión.

Convenció por fin a Rosita y Tránsito de que abandonaran su casa en la bulliciosa calle Bandera, a media cuadra del Congreso, y se fueran a vivir con ella en la casa de su propiedad en la calle Ejército, cerca del Parque Cousiño, que era como un pulmón verde que purificaba el aire de la urbe que crecía. A Cucho Concha, con quien los médicos —por fortuna para ella— le prohibieron vivir, lo encerró en el pensionado de la Casa de Orates de la calle de los Olivos, en la Chimba, un establecimiento semiderruido, inmundo, polvoriento, donde los locos deambulaban perdidos por los patios, desgreñados, sin afeitarse, algunos arrastrando grillos, improvisando parejas sadomasoquistas, arañándose, besándose, destruyéndose mutuamente. Muchos estaban abandonados, solitarios, sin nadie en el exterior que se ocupara de ellos. Pasaban el día ociosos, tendidos bajo las palmeras o los nísperos del centro de los patios, parlamentando consigo mismos o juntando ramitas quién sabe para qué, muchos hundidos en la dulzura de la imbecilidad, o llorando a gritos cuando los separaban al llegar la noche para llevarlos a dormir cada uno en su sección.

Contrataron para Cucho un celador especial, guardaespaldas, enfermero, *valet*, que se cuidaba de su aseo y su alimentación, y de mantener ocupado o entretenido a mi pariente: el feroz Contreras, enorme, moreno, con el pelo retinto calzado sobre la frente y un par de dulces ojos negros de hurí, pero con más fuerza que Cucho Concha. Boxeador, luchador capaz de dominarlo en momentos de violencia, Contreras había estado en la cárcel. Todos los miércoles a las tres de la tarde, en un taxi especialmente contratado, llevaba a Cucho a visitar a su pobre madre postrada en cama, para que se quedara con ella hasta las cinco y cuarto y tomaran una taza de té juntos, alegrando un poco la árida vida de la pobre inválida. A las cinco y cuarto se encaramaban a otro taxi, de vuelta a la calle de los Olivos, porque era reglamentario recogerse a las cinco y media en punto.

A mí me angustiaba la presencia de Cucho, su fuerza animal, su crueldad, su incoherencia más allá del hecho de que rompiera mis libros más queridos. Con frecuencia soñaba con él, que gritaba y les torcía el brazo a todos, incluso a mí y a mi hermano, y a mi desgraciada tía Clarisa, su madre, gritando por los túneles del sueño *«la locomotive... la locomotive...»*, donde esa palabra producía un eco francés que nadie oía más que yo, porque sólo yo deambulaba perdido en los corredores de la pesadilla. Muchísimos años después, ya olvidado Cucho Concha, cuando yo ya era un hombre, leí en un *Paris-Match* un artículo muy hermoso, ilustrado con geniales fotografías decimonónicas, sobre médicos, salas de clase y laboratorios franceses en el siglo XIX. Una de esas fotos, la fotografía protagónica del artículo, era del Profesor Charcot en su aula de la Salpêtrière, examinando a un pobre loco encorvado a sus pies, oscuro, humillado, un pobre animal dolorido, un montón incoherente de miembros, pelo, facciones, ropa, que anudado en su dolor parecía implorar la clemencia del maestro, o quizás de todo el mundo. También la clemencia de los estudiantes, que rodeando al profesor lo escuchaban en el hemiciclo. Charcot, con su cabeza orgullosa y su mirada deslumbrante, se inclinaba sobre el despojo humano desmoronado a sus pies. La lectura de la foto describía la Salpêtrière de entonces, a Charcot, y se refería, muy en especial, a cierto muchacho pálido que desde la última fila del anfiteatro parecía atento a lo que sucedía abajo: la revista había rodeado precisamente la cabeza de este estudiante con un círculo rojo. El texto lo identificaba como un judío vienés, estudiante del Profesor Charcot, Sigmund Freud. Decía el texto que tal vez en una clase como ésta brotaron las primeras ideas del psicoanálisis, que han cambiado nuestra visión de la gente, de las relaciones y del mundo, ampliando inmensamente los territorios de nuestra inteligencia.

Al ver esta imagen pensé inmediatamente en Cucho Concha. Hacía muchos años que había muerto. ¿Lo examinaría alguna vez Sigmund Freud en la Salpêtrière, lo interrogaría, haciendo un esfuerzo por romper la costra de su alienación, para llegar a entenderlo? No lo sé. En ninguna parte está escrito. Mi padre no guardaba este dato —de saberse algo en este sentido, seguramente no lo hubiera ocultado— y jamás habló de ello. Las fechas, aunque no justas —nadie queda en la familia que dé fe de cuándo, exactamente, la tía Clarisa y el tío Cucho vivieron en París—, podían ser coincidentes. En todo caso, que Freud, de pasada y entre una serie de «casos» exhibidos por Charcot en clase, hubiera por lo menos visto, tocado, tomado conciencia de mi pariente, se me presenta como una conjetura seductora, aunque sin posibilidad de que se confirme positiva o negativamente. El tío Cucho era un urólogo conocido, con una respetable clientela en París: pasaban muchos chilenos ricos por la Ciudad Luz, y no en vano la tía Clarisa estaba emparentada con el ex ministro y escritor don Alberto Blest Gana, y asimismo con el elegante don Manuel Blanco Encalada, el tío «Blanco», como le decía la tía Clarisa salpicando con sus nombres, sus anécdotas y sus recuerdos franceses. No sería raro que ambos facultativos disfrutaran de una relación formal: así lo atestiguaba la dedicatoria del propio doctor Charcot para el doctor Concha en el revés de la *carte de visite* de Nadar. ¿No llamaría alguna vez Charcot al doctor Concha para que en su curso diera una conferencia relacionando la urología con ciertos desórdenes psiquiátricos? El tío Cucho, ¿no le hablaría a Charcot, de pasada, de su hijo loco? ¿Charcot examinaría al hijo de su colega, lo trataría, lo exhibiría ante sus alumnos —¿por qué no?— como enfermo típico de cierta clase de desarreglo mental, ofreciendo este interesante «caso» a los estudiantes de su curso, entre ellos al joven Sigmund Freud? ¿Y éste, en alguna ocasión, no examinaría a mi pariente, haciendo un esfuerzo por llegar al fondo de Cucho

Concha y por lo menos palpar aquella dureza que obliteraba su inteligencia? Avanzando un paso más en esta audaz conjetura, ¿no era posible que ese bulto semihumano, desdichado y humillado de la fotografía, que no merecía más respeto que un desecho en un basural, fuera Cucho Concha mismo, casualmente captado con el mágico propósito de que yo, un siglo más tarde y a miles de kilómetros de distancia, me horrorizara con el espectáculo de su vejación y envilecimiento, que no consideré muy distinto a lo que yo, a veces, sentía frente a mi psicoanalista? No. Ésa era una fantasía morbosa y autorreferente debido a que por esos años yo estaba sometiéndome —con gran dolor y sensación de injuria en algunas de las sesiones— a un psicoanálisis de técnica seguramente nacida en sesiones similares a la que se publicaba en esa fotografía. ¿Cómo aceptar la altivez de unos científicos frente a un ser sufriente que se me antojaba Cucho Concha, con el que yo, de niño, había jugado? Debajo de todas mis fantasías sentí la seguridad de que era yo mismo a quien ese científico y sus discípulos vejaban.

A Cucho lo traían a Ejército todos los miércoles a las tres. La tía Clarisa se pasaba la primera parte del día con una peinadora que la preparaba como a una novia. La tía Sara Aldunate, a la que en otro tiempo empleaba como dama de compañía para que viajara con ella, le daba friegas perfumadas. Entre frivolidad y frivolidad, escuchando *La Nonette de Portici* o *Chiribiribín*, la tía Clara se quejaba del desastre que había sido su vida: todos sus amigos y su familia, muertos; ella, enferma en cama, aburriéndose; un hijo, Pedrito Ossa, de su primer marido, víctima a los tres años de una malformación congénita, muerto; como también el tío Ramón Luis; su otro hijo, hijo de un hombre intelectualmente brillante como Agustín Concha, que tuvo gran posición en París y fundó la urología en Chile, bueno, ya veían: desde su nacimiento, loco irremediable. Era inútil tratar de relacionarse con él; daba asco, daba miedo, no quería verlo... no quería verlo: pero tenía que verlo. ¡Qué trágico es tener un hijo al que no se puede querer! Si al menos pudiera ir a misa para rogar por la salud de Cucho y por la propia... pero sepultada en este mausoleo de casa junto a sus hermanas odiosas...

Detestaba a sus hermanas a pesar de que vivían juntas. Se peleaba con ellas al cruzar la menor palabra, sobre todo con la Tránsito, que era gritona y mandona. Con la Rosita, muda en su cama desde hacía una generación, resultaba más difícil pelearse, aunque siempre era posible hacerlo por medio de los oficios de la Fely, que era una intrigante y se aprovechaba de la Rosita... debía tener amasada una fortuna en prebendas de la muda. Fue por intrigas de la Fely que la Rosita había separado su dormitorio del de José Walton, que al fin y al cabo no era más que un gringo de Valparaíso que trapeaba el suelo con la tonta de la Rosita, y ella dejaba que la humillara porque jamás pudo darle un hijo...

Para calmar las angustias místicas de las viejas y su afán milagrero, mi madre tuvo la bendita idea de transformar en oratorio uno de los dormitorios desocupados que daban a la galería de cristales del primer patio. Allí podían dedicarse a sus piedades las tías y las criadas, y rezar el rosario vespertino bajo su propia conducción, aunque ella no era de las más adictas a lo religioso. El cura de San Lázaro podía decir misa allí los domingos.

En un remate compró un baúl repleto de paramentos que fueron el deleite de las *chinas:* se pasaban el día remendando el encaje de las albas y de los paños de altar, y sacándoles lustre a los copones, patenas y custodias. El domingo, para la misa, traían a las tres tías rodando en sus camas, la tía Rosita inerte entre sus sábanas, parpadeando de vez en cuando como para dar una señal de que seguía viva, la tía Clarisa muy endomingada, y la tía Tránsito, todo un espectáculo de lujo francés, enhiesta entre sus almohadones, con guantes negros y un sombrero como una boñiga adornado con tres abejarrucos embalsamados: en París, explicaba, las señoras realmente elegantes ya no iban a misa de manto como aquí, sino con sombrero. Hacía muchos años que las tres hermanas no se dirigían la palabra, y al salir rodando en sus camas del oratorio evitaban cruzar sus miradas.

Era una hostilidad fraguada hacía muchísimos años, debido a un malentendido que ocurrió entre Clarisa y Tránsito Gana en Roma. El Ministro Plenipotenciario de Chile tenía derecho a invitar a una dama a las solemnes ceremonias oficiadas por el Santo Padre en la Basílica de San Pedro para la canonización de una santa francesa, tal vez Santa Catalina Labouré. Eligió a la peregrina chilena más hermosa y elegante entre las muchas que se congregaron en la Ciudad Eterna para esas festividades: la tía Clarisa. En la nave se reservó para el Ministro un sillón y otro para su cónyuge ausente. Dada esta circunstancia, las autoridades estimaron que la tía Clarisa era más que adecuada como pareja para ocupar el sillón conyugal. Se le ofreció ese lugar de privilegio entre lo más granado de la diplomacia, un sitio de gran lucimiento y piedad al pie de los escalones que conducen al altar mayor y al *baldacchino* de Borromini. Arriba de los escalones, hacia la derecha y perpendiculares al altar mayor y a los tramos, acomodaron tres filas de sitiales dorados, con asiento y respaldo de terciopelo granate, para los miembros de la familia de la santa. Se trataba de gente sencilla, pero el espíritu de la santa los elevaba a otro plano, y por su recogimiento era como si un rayo celestial los iluminara.

Se hizo silencio en la nave. Comenzó una música de coros de ángeles. De las voces transparentes de las monjitas surgía de pronto la flecha del solo de un aria de César Franck o de Saint-Saëns, recibida en el Empíreo por manos celestiales. Los miembros del Cuerpo Diplomático, con sus fracs recamados, rezaban junto a sus esposas arrodilladas en los reclinatorios, el rayo del misticismo dibujándoles las facciones al escuchar los antiquísimos versículos recitados por los miembros de alguna congregación favorecida por el Vaticano. La tía Clarisa, muy ufana con la invitación, desgranaba en sus dedos enguantados las cuentas de oro de un rico rosario especialmente adquirido para la ocasión, la única joya que lucía en tan piadosa ceremonia.

La tarde anterior, su hermana Tránsito, de paso por Roma camino de las termas de Montecatini, acudió al departamento de su hermana en el Grand Hotel a presenciar las últimas pruebas del vestido de Doucet que la tía Clarisa luciría al día siguiente. Era inagotable el reconcomio de la Chacho porque el Ministro no la había invitado a ella en lugar de su hermana. Ella era soltera. Alegó que por eso, protocolarmente, le correspondía ese honor. La tía Clarisa, absorta con la probadora enviada por Doucet, que daba los últimos toques a su corpiño, no le hacía caso. Hasta que la Chacho emplazó a su hermana:

—¿Nada de lo que te estoy diciendo te importa?

—Lo siento. Estaba preocupada de estas alforzas de la gasa.

—Eres la mujer más frívola que conozco.

—El Ministro podía elegir, ¿no? Y me tocó a mí...

—Sin que le importara ofenderme.

—No hubo ofensa.

—Eres una egoísta: claro, no te ofendió a ti. ¡Has hecho desgraciados a dos hombres magníficos con tu vientre maldito, incapaz de engendrar más que hijos monstruosos!

Y salió de la habitación dando un portazo.

A la mañana siguiente la tía Clarisa hizo su entrada a la Basílica del brazo del Ministro, y tomó lugar con él en la primera fila, reservada para los miembros más antiguos del Cuerpo Diplomático. La música celestial, le pareció, hacía navegar sus penas en la enorme nave repleta de fieles, sobre sus cabezas. Levantó la vista para mirar al colegio de cardenales que entraban a ocupar sus lugares en el coro, y a los monaguillos que acomodaban sobre la mesa del altar el soberbio facistol. Pero la mirada de la tía Clarisa tropezó con algo que sucedía a la derecha, en las filas de sitiales granates reservados para la familia de la santa: la Chacho, ensombrerada, con los tres abejarrucos acurrucados en la boñiga de su sombrero, comentaba y reía en voz baja, y les cedía el paso o conducía hasta sus lugares a miembros rezagados de la tribu de la santa, como si ella misma fuera de la familia y conociera la precedencia de todos sus miembros.

La tía Clarisa sufrió un sofoco al verla. Se puso roja de vergüenza con el papelón que hacía su hermana. Ni ella ni el Ministro podían creer lo que sus ojos estaban presenciando. Él incomodísimo, ella sacando de su cartera su frasquito de sales aromáticas y llevándoselo a la nariz para resistir la vergüenza. Inquietos, esperaron el fin de la ceremonia. Al ver que la Chacho, animada y voluble, se iba envuelta en la familia de la santa, la tía Clarisa y el Ministro emprendieron la fuga, temerosos de que la Tránsito se lanzara sobre ellos con una alegre andanada de anécdotas mundanas.

Al ver que la Clarisa le daba la espalda, la Tránsito

abandonó inmediatamente Roma y partió a embarcarse de vuelta a Chile. Allí, en la calle Ejército, vivieron varios decenios juntas sin dirigirse la palabra, entre viaje y viaje de la tía Tránsito a tomar las aguas de Vichy, pese a que con los años se hacía evidente que era un tratamiento que no curaba nada. El doctor Cruz-Coke, que según ella era el único médico en Chile en que se podía confiar, la dejó, para uno de sus viajes —ya durante nuestro tiempo en Ejército—, en su camarote del barco, tomándole la temperatura y el pulso y auscultándola hasta el momento en que el barco zarpó. Frente a la costa de Ecuador la tía Tránsito se sofocó definitivamente con el asma y le gritó al capitán que devolviera el barco a Chile, donde estaba Cruz-Coke. Al cruzar el trópico se vio que ya no se podía hacer nada, y Tránsito Gana expiró gritando y exigiendo que la llevaran de vuelta a Valparaíso. A bordo se organizó un responso para todos los pasajeros de primera clase. Tiraron el cajón de Tránsito Gana al mar, donde dieron cuenta de su cuerpo fibroso los tiburones que infestaban esas aguas.

Al saber de la enfermedad de su hermana, y de su muerte en alta mar, empeoró la salud de la tía Clarisa, ya bastante estropeada por la sigilosa muerte, hacía seis meses, de la Rosita, que abandonó esta vida casi sin que nadie la registrara, salvo la pobre Fely. El corazón siempre incandescente de la bella Clarisa clamaba por el constante cuidado del seductor Cruz-Coke. Pero lenta y dolorosamente la anciana fue perdiendo la memoria y el control. Cruz-Coke, examinándola, movía en silencio la cabeza de lado a lado: no, afirmaba, esta vez la pobre Clarisa no se salvaba. La tía Clarisa hizo llamar a mi madre junto a su cama. Le rogó llorando que si moría —lo que ahora parecía seguro—, cuidara a su pobre hijo idiota, Cucho, que ya iba para los sesenta años pero siempre sería como un niño. La única persona a la que identificaba y quería era ella, mi madre. Por eso se lo encargaba. «¡Pobre Cucho!», exclamó la anciana en la última desolación de su lecho de muerte, «¡le tocó una madre como yo, incapaz de sentir por él otra cosa que repulsión!» ¡Pero la Tití, mi madre, pródiga en cariño, podía cuidarlo! Le dejaba toda su no despreciable fortuna en usufructo a ella mientras Cucho viviera, para que lo proveyera de todo lo que necesitaba. Después de los días de Cucho, su fortuna entera pasaría a ser propiedad de mi madre y sus herederos: casas, fundos, minas, acciones, bonos... En fin, el sábado vendría don Abraham del Río con esas disposiciones redactadas para que firmara los papeles correspondientes. ¿Qué importaba ahora la mala suerte que traía hacer un testamento? Pero resultó que también traía mala suerte no hacerlo: en la mañana murió la tía Clarisa sin haber firmado. Pese a que, al enterarse de la gravedad de misiá Clarisa, don Abraham del Río corrió, sudoroso y acezando, a su lado, la enferma no fue capaz de firmar porque se encontraba demasiado absorta en otros pensamientos, todos angustiosos. Enloquecida de terror por la vida que se le iba, gritaba:

—¡No me quiero morir... no me quiero morir! ¡Qué cosa más fea es la muerte!

Hasta que con sus dedos crispados y su rostro deforme y la cabeza pelada, apretó su prótesis y casi la quebró con la fuerza de sus mandíbulas agónicas. Dio su último suspiro como un rugido, intentando pegarse de alguna manera a la vida, y tuvieron que sujetarla para que no se cayera de la cama en su malhadado pataleo por aferrarse al harapo de vida que le quedaba. Desde mi dormitorio vi cuando trajeron la urna de caoba rubia con elegantes herrajes de bronce: yo atisbaba entre los visillos de la ventana de mi dormitorio. La Felicinda Bravo, dulce como era —nadie en la casa sabía tanto como ella sobre los muertos—, se acercó al cadáver, lo midió y midió la urna, y dijo que la tía Clarisa era demasiado alta, no iba a caber en el cajón. Telefonearon a la funeraria, donde dijeron que no tenían cajones de esa medida. La Fely, sin embargo, hizo que algunas de las mujeres más forzudas levantaran el cadáver y lo depositaran en los cojines de raso blanco del cajón, las canillas sobresaliendo del ataúd. Entonces la Fely, con la ayuda de unas viejas, le quebró las rodillas al cadáver, doblándole brutalmente las canillas para que entraran bajo el cuerpo y éste cupiera dentro del ataúd, obligando así a la tía Clarisa a pasar contorsionada e incómoda el resto de la eternidad.

La tarde después del entierro de la tía Clarisa —asistió un puñado de caballeros espectrales que tras la inhumación se dispersaron entre los cipreses y las lápidas como si se apresuraran a volver a sus tumbas—, mi madre se dirigió a la Casa de Orates de la calle de los Olivos a visitar a Cucho Concha, y a ver si era capaz de hacerlo comprender lo sucedido. Nadie había preguntado por Cucho. Quedaba completamente olvidado en el mundo. A mi madre le tocaba la tarea de no olvidarlo, de ocuparse de él. Lo encontró en uno de los patios de la Casa, doblando los diarios de la semana pasada para transformarlos en libritos. No le hizo caso a mi madre y salió corriendo en pos de un gato, sucedáneo de don José Walton en el pensionado. Contreras no aparecía ni por cielo ni por tierra. Se habían llegado a saber, con el tiempo, algunas cosas desagradables sobre él. Mientras Cucho persistía en quedarse echado sobre el suelo húmedo del prado —el suelo de la Chimba es siempre húmedo, como si la hubieran construido sobre un hontanar—, mi madre se dio cuenta de que Contreras se ocupaba poco del aseo de Cucho y menos del propio. Al entrar en la habitación de Cucho la golpeó el tufo de sábanas añejas, de orina de macho ya seca, de restos de comida pudriéndose. Avisó en la portería que se llevaba a Cucho a su casa y que por favor le avisaran a Contreras, si llegaba a aparecer. En Ejército tuvo que desnudar a Cucho y meterlo bajo la ducha, enseñándole a enjabonarse. Le cortó las uñas de las manos y las garras de los pies. Él murmuraba muy tranquilo de vez en cuando: «Maman... maman...» Llamaron a un peluquero para que lo afeitara, le cortara las greñas y se las lavara con un champú nuevo, desinfectante, bueno para erradicar bichos y caspa.

Lo dejó durmiendo a cargo de la Nana Teresa. Ella volvió a la Casa de Orates para enfrentar a Contreras, que le puso mala cara, como si la muerte de la tía Clarisa fuera culpa suya. Ella le respondió que quedaba a cargo de Cucho. Contreras, que había bebido, se rió en su cara, diciéndole que nadie en su casa tenía fuerza para dominar a Cucho cuando le daba uno de sus arrechuchos. Él lo conocía. Sabía dominarlo. Con razón Cucho se había puesto tan raro esa mañana... era idiota, pero a veces se daba cuenta de cosas que quién sabe cómo adivinaba... esto de su madre, por ejemplo. A él, Contreras, no a mi madre, debían haberlo dejado para que cuidara a Cucho. Ella no era más que una intrusa ineficaz que había manipulado a la vieja para quedarse con todo. ¿Quién iba a tener el carácter y la fuerza física para dominar al loco, sino él? ¡Que lo mirara, que lo mirara bien, exclamó, dando vuelta la lámpara para que mi madre le viera la cara! Tenía un cardenal gigantesco en el ojo izquierdo y en todo ese lado de la cara.

—Me pegó a la misma hora que usted dice que murió la vieja. De repente... porque sí. A veces le bajan los monos sin ninguna razón y se pone violento, insoportable. Casi me mató y mire la fuerza que tengo. ¿Cree que usted y sus viejecitas materas van a ser capaces de dominarlo? ¡Permítame reírme...!

Fuera como fuera, determinó mi madre allí mismo, no podía dejarlo en manos de Contreras ni una hora más. ¿Cuántas veces había visto llegar a Cucho a Ejército cubierto de moretones que Contreras explicaba diciendo que se había caído, que se había metido en una pelea con un grupo de locos, que había atacado a unos celadores, que se había golpeado contra algo? Mi madre fue inmediatamente a la oficina para informar que desde ese instante Agustín Concha Gana no seguiría en la Casa de Orates. Le respondieron que no les extrañaba que lo retiraran: éste no era un sitio adecuado para que viviera un caballero como él, que hablaba francés y todo. Mi madre estuvo tentada de preguntar irónicamente sobre qué temas versaba su conversación. ¿Sobre la *locomotive*, quizás? Le advirtieron que el tal Contreras —se había quedado en el dormitorio que compartía con Cucho, recogiendo, apartando, haciendo maletas y baúles— no era una persona de fiar. Habían oído el cuento de que a veces le daba dos o tres pastillas para dormir a Cucho, en vez de la media prescrita por los médicos, para que de esta manera el loco se durmiera bien, y Contreras huía al cuarto de una loca joven para retozar con ella toda la noche. Otras veces redoblaba los remedios diurnos, aletargándolo para que no lo molestara cuando se enfrascaba en algún juego de azar con sus compinches o salía subrepticiamente de la Casa, escalando muros. Ella misma —dijo la encargada en la oficina— podía certificar que Contreras se quedaba con la plata que le daban para los «extras» del señor Concha. Con eso le pagaba a alguna loca joven para que pasara la noche con él, o cuando se le acumulaban algunos pesos, especialmente en vísperas de Año Nuevo, Contreras compraba empanadas y vino, y de noche, adormeciendo a Cucho con una buena dosis de medicinas, invitaba a sus amigos celadores que traían locas jóvenes, y bebían y bailaban —y qué se yo qué más— hasta la madrugada. Eran salvajes, unos hombres brutales esos celadores. Pero eran escasos: difícil, casi imposible conseguirlos. De vez en cuando mandaban a alguno de la cárcel. No eran los peores. A veces resultaba necesario gritonear a Contreras, o amenazarlo con devolverlo a la cárcel para que aseara el dormitorio de Cucho, que tenía convertido en una covacha inmunda, el suelo sin barrer durante semanas, las sábanas verdosas de percán, las dos camas con la ropa revuelta —«como nido de yegua», dijo la encargada de la oficina, que evidentemente era del campo—, la cama de Contreras y la del señor fétidas a cuerpos sucios, avejentados.

Mi madre, aterrorizada en este infierno donde ya había avanzado el atardecer y oscurecía por minutos, corrió por los pasillos casi sin ver los ojos alucinados que se asomaban a las puertas para mirarla. Al llegar a la habitación de Cucho, bajo la ampolleta de escaso voltaje que de un hilo colgaba sobre la mesa, vio a cuatro hombres corpulentos y sudados, las mangas subidas, los antebrazos peludos, los suspensores marcándoles los hombros, sentados alrededor de una mesa. El que le daba la espalda a la puerta era Contreras —¿cómo no reconocer su cuello de toro hundido entre sus morrillos gibados?— con un abanico de cartas en su mano, una botella de vino tinto a medio tomar en el centro de la mesa, y el brillo de una navaja junto a un montón de monedas y de billetes: iba ganando. Al oír que mi madre abría la puerta, Contreras giró la cabeza. A ella le bastó cruzar su mirada un segundo con la suya para ver su odio y su resentimiento porque ella le habría quitado la herencia de la tía Clara: el celador había fantaseado quién sabe por cuánto tiempo que le correspondería sólo a él, y mi madre no era más que una ladrona. Había intención de muerte en esos ojos negros.

Cerró la puerta. Adentro siguieron el juego, las palabras inconexas, el rumor de las monedas, las groserías, los fragmentos de injuria. Huyó hacia la oficina a la salida del establecimiento, pero oscurecía y no quedaban más que unas monjitas bigotudas, de musculatura y porte aun más aguerridos que los celadores, semimujeres aterrantes que por convicción no sabían nada de nada. Al día siguiente mi madre fue donde el abogado para averiguar qué tenía que hacer para despedir legalmente a Contreras. Él le dijo que no era posible hacerlo así no más, de sopetón: era necesaria la intervención de otro abogado y testigos, y los trámites podían prolongarse. Por el momento, dijo, Cucho Concha debía volver a la Casa de Orates y quedar bajo el cuidado de Contreras y de los médicos en el lugar donde dispuso su madre, de quien era heredero universal. Iba a ser necesario un largo juicio para buscar y nombrar tutores, entre los cuales, podía estar segura, no se encontraría Contreras.

Una mañana, a la semana siguiente, Cucho Concha, que siempre fue fuerte como un roble, amaneció muerto en su cama de la Casa de Orates, víctima de algo que en ese tiempo se llamaba una «torsión intestinal». Contreras fue enviado de nuevo a la cárcel con cargos no especificados. Mi madre nunca olvidó la última mirada de odio del presidiario, su codicia, su desprecio por ella, ni pudo olvidar tampoco la cuenca del ojo color vino de Contreras. Y nadie, jamás, logró convencerla de que Cucho Concha no murió envenenado por su celador, que por odio y despecho, y porque no podía esperar nada de la vida al ver que el pájaro de su fortuna, a la que tan borrosamente se creía con derecho, se le volaba de las manos, destruyó lo que le quedaba más al alcance.

La fortuna minera del desconocido tío bisabuelo —muerto durante la penúltima década del siglo pasado, cincuenta años antes de los acontecimientos que estoy narrando— y de mi bella tía bisabuela, que de joven acaparaba, junto con su cuñada, todas las miradas cuando entraban cubiertas de joyas a su palco —las llamaban «las nortinas»—, cayó entonces legalmente en poder de Cucho Concha. Fue suya durante las escasas semanas en que mi madre lo administró todo. A la muerte de Cucho, intestado y sin herederos, pasó todo el dinero, y los fundos y las propiedades y las acciones, al fisco.

Finalmente, a mi madre le quedó en herencia sólo una estrella de brillantes, una del juego de tres que la tía Clarisa, en los buenos tiempos del minero, lucía en el peinado o en el corpiño de su traje de fiesta o de teatro: conservo una admirable foto suya, del año 1871, fechada en su fundo de Ovalle, llamado «Limarí», profusamente enjoyada. Pero en la época de la herencia estábamos muy pobres y mi madre, sin perder tiempo, le vendió la estrella a Weil. El dinero sirvió para pagar varios meses atrasados de nuestra cuenta en el Grange School, comprarnos uniformes más decentitos, liquidar la cuenta de la carnicería y comprar una carretada de carbón de espino al por mayor —salía más barato— para calentar la casa durante el invierno que se nos venía encima.

Pero no hubo otro invierno en nuestra casa de la calle Ejército. Al cabo de un par de meses luego de la muerte de Cucho Concha, desapareció toda la parentela Gana, tan definitivamente que dejamos de considerarlos parientes. No quedó nada del acervo familiar, salvo un cajón de fotografías, en su mayoría inidentificables.

Aunque no. Algo más quedó, porque siempre queda algo. Después del remate, que dio poco dinero —las «niñas Gana» no habían sido quiénes para comprar obras de arte—, los compradores se llevaron todo, incluso los muebles entre los que yo estaba creciendo y cuyas historias conocía, como el *Voltaire* de yeso, por ejemplo. Pero quedaron en los rincones del soberado y de los guardaderos, en los cajones de la despensa y en los roperos de las empleadas, cajas que en su mayoría no contenían más que viruta de embalar y mucho papel de seda blanco envejecido. El día de nuestra partida mi madre estuvo registrándolo todo por última vez. Encontró una caja de rollos para un autopiano que no existía, porque ya no se usaban los autopianos desde que se popularizaron las radios. Una caja de sombreros con tres abejarrucos azules embalsamados (a uno le faltaba un ojo de azabache). Una pequeña caja de fotografías inidentificables que yo hice mías. Un aparato telefónico de hacía treinta años. Un bastón sin contera... en fin, porquerías.

Sin embargo, en el fondo de una vieja caja de lata de bombones Cadbury, con un nido de gatitos en la tapa —una de esas cajas que terminan en la pieza de planchar o de costura de las señoras, llenas de botones que se piensa usar algún día—, mi madre sintió algo un poco pesado. Abrió la caja. Había mucho papel de seda amarillento. Metió la mano y sacó un pequeño estuche de raso azul. Lo abrió: adentro encontró un diminuto relojito dentro de un huevo de esmalte, rodeado de una delicada diadema de lindas piedras —¿por qué no iban a ser brillantes finos, si el tío Ramón Luis y la tía Clarisa habían sido tan ricos?— que reflejaban un arco iris. Instintivamente mi madre descubrió un botoncito escondido y lo pulsó. El huevo abrió una tapa disimulada por el círculo de brillantes, y ante el asombro de mi madre apareció un ruiseñor de esmalte multicolor, lo más minúsculo que es posible imaginar, que enseguida abrió el pico, que se movía, y se puso a trinar *La última rosa del verano*. Mi madre lo escuchó embelesada, examinando el primoroso juguete: un regalo, concluyó, tal vez del tío Ramón Luis Ossa por el nacimiento de su hijo Pedrito, que duró vivo sólo un par de años; o tal vez del tío Cucho Concha, por el nacimiento del pobre Cucho que tan triste destino tuvo. ¿A quién pertenecía esa lujosa chuchería? De la familia, para arriba o para abajo o para los lados, ya no quedaba nadie. Mi madre partió a la mañana siguiente donde el abogado llevando en su cartera el embeleco. Su intención era reintegrarlo, porque sin duda era antiguo y valioso, al tesoro familiar. El abogado, después de mucho argumentar, logró convencerla de que no lo hiciera. Era una cosa de nada. Ella se había sacrificado tantos años por atender a la tía Clarisa, que merecía por lo menos este regalo como agradecimiento no oficial; un chiche nada más, un recuerdo. Que se quedara con él. El abogado estaba al tanto de la mala situación de las finanzas de mi padre. Sí, que se quedara con el chiche, que lo guardara, que no fuera tonta: bajo su responsabilidad de abogado partidor.

Y si tenía alguna dificultad económica, que lo vendiera:

—Con suerte es de Fabergé. Entonces, significaría una fortuna.

—¿De quién...?

—Lléveselo a Weil.

Pero Weil dijo que no era de Fabergé. Se trataba de una cajita de música de oro y brillantes y esmalte del siglo pasado. Las fabricaron durante unos años en el mismo pueblito donde se hacían los mejores relojes cucú del mundo. Su precio, aunque no bajo, no era el de una obra de Fabergé. Mi madre lo vendió al instante. Con el valor del juguete de la tía Clarisa hizo cambiar todos los artefactos sanitarios de la casa de Avenida Holanda, a la que nosotros tan jubilosamente volvíamos después de seis años de exilio: unos sanitarios estupendos, modernísimos, que durarían para siempre.

Capítulo seis

Una docena de mulas mansas

El año 1988 estuve firmando ejemplares de mi novela *La deses-peranza,* recién publicada, en la Feria Internacional del Libro de Buenos Aires. Un buen grupo de mis lectores se arremolinó alrededor del quiosco de mi editorial de entonces, Planeta Seix-Barral, cuyo libro-estrella de ese año había sido mi novela.

Firmé ejemplares —es un trabajo que al nivel más simple nutre mi ego— toda la mañana, prodigando autógrafos, contestando preguntas a veces obvias o absurdas, preguntando si la solicitante escribía su nombre, Mirta, Miriam, con *i* latina o *y* griega, y Marta con o sin hache; era importante para la interesada que yo hiciera esto como ella prefería. Me entretiene ver rostros distintos, pertenecientes a variadas etnias, los acentos y raíces porteñas con esa diversidad cultural tan distinta a nuestra homogeneidad, y la belleza de la juventud excitada por la prosa de un hombre de muchos años, como yo. Durante mi placentero trabajo, más allá de las cabezas de mi grupo, vi a un barbudo y melenudo con anteojos de marco oscuro como los que usan los estudiantes españoles involucrados en crímenes de Estado. Se paseaba a poca distancia de mis lectores. Al principio creí que esperaba a que se despejara la nube de partidarios que revoloteaban en torno a Menem, en esa época muy hirsuto y de aspecto enfáticamente no presidenciable, que firmaba ejemplares de qué sé yo qué obra suya al otro lado del pasillo principal. Más tarde, Menem se puso de pie. Guardó meticulosamente su pluma de oro en el bolsillo interior de su chaqueta. Despidiéndose de su público agitó su mano en alto como si ya fuera Presidente de la República, y se dispuso a retirarse con sus esbirros a comer y descansar antes de la siguiente jornada. Al ir saliendo se percató de mi presencia y exclamó con un tono que tenía algo de íntimo pero más de oficial:

—¡Adiós, chilenito, mañana nos tomamos un café juntos...! —reunión de la que jamás se había tratado y que jamás sucedió después de que Menem, rodeado de sus presuntos constituyentes, se retiró del recinto de la Feria y no volvió más.

Creí que el hombre de la melena y la barba negra —¿uno de sus secuaces o matones, como los que protegen a las estrellas de fútbol, de rock o de televisión?— partiría detrás de él. Pero no. Era demasiado flaco, demasiado intenso para matón, aunque lucía bastante oro en los dedos y en la muñeca. No correspondía. Intelectual sí que podía ser: ¿era él quien escribía los discursos incendiarios de Menem? ¿O estaba encargado de organizar posibles —¿probables?— vandalismos? No. Aunque sentí en él un curioso filo de violencia, ésta era defensiva. Tenía escaso aire de traficante de sensacionalismos. Pensé que más bien tenía cierto aspecto sacerdotal... un instructor de piedades...

Se quedó merodeando el quiosco de Planeta-Seix Barral, escudriñándome ahora más de cerca porque habían partido todos mis admiradores, salvo uno que me hacía confidencias editoriales no solicitadas. Cuando el barbado se me acercó un poco más, lo observé con atención: tenía el pelo abundante y negro y bien cuidado, y la barba renegrida muy cerrada. No tuve que observarlo mucho para darme cuenta de que era «distinto», de otra parte, de una raza que no tenía mucho que ver con nuestra raza latinoamericana, principalmente porque su barba y melena no eran del negro fangoso, producto de generaciones de lavado con nuestra agua ciudadana de pureza discutible, sino que era de un negro azulado, mineral, como el de las rocas de carbón recién excavadas, con una luminosidad muy distinta a lo que se ha llegado a llamar «pelo negro» en nuestro continente. Cuando la partida de mi último admirador dejó el campo libre, el muchacho de la barba negra se me acercó y después de saludarme con gentileza me preguntó algo que ya había adivinado:

—¿Usted es José Donoso?

—Sí. ¿Con quién tengo el gusto...?

—Me llamo José Donoso Ergas.

No me alteré ni mucho ni poco al oír su identificación. Donoso, al fin y al cabo, es un apellido muy común —el tratadista Lasso asegura que es uno de los cuatrocientos más frecuentes en Chile—, pero yo desconocía esa combinación Donoso Ergas. Donoso es, en efecto, un apellido muy extendido social y geográficamente en mi país, un nombre tan viejo que ha tenido tiempo suficiente para echar ramas y raíces por todos los rincones de la geografía, y en todas las clases sociales. Cuando llegó a Chile Douan Rechouan, la traductora de mis novelas al chino, mi mujer le comentó que en la última película china que había visto, *Esposas y concubinas,* la protagonista se llamaba Douan, igual que ella. Mi traductora le contestó:

—Douan es mi apellido. En China es tan común como Donoso en Chile.

Nos reímos con la respuesta de Douan. Pero no supe qué responderle a mi tocayo de barba renegrida. En esa extraña ocasión porteña, sin embargo, al ver que yo no reaccionaba, el otro José Donoso continuó:

—Mis mayores quisieran conocerlo.

Me extrañó mucho oír a un Donoso, que es una familia que sistemáticamente rehuye toda pedantería o afectación, usar la locución «mis mayores», tribal, antiquísima, tal vez contemporánea de la Biblia misma. Era una palabra que yo sólo recordaba en algún texto de Borges, escrita, me pareció, con una reverencia cercana a lo religioso para referirse a sus abuelos, reverencia que no es frecuente entre los Donoso que yo conozco. Sentí un escalofrío al oír a este desconocido, que no podía tener más edad que un estudiante universitario de último año, utilizando una locución tan solemne. Era desasosegante sentirme incapaz de resistir mi impulso de examinar sin pudor a mi misterioso interlocutor, que cargaba con el mismo nombre que yo. Fijé sus ojos negros como olivas con los míos que son transparentes, preguntándole tácitamente algo que él al instante comprendió, y con discreto aplomo contestó la pregunta que yo no le había hecho:

—Soy judío sefardita de Esmirna —me dijo—, y mi padre es rabino. Mis tíos y nosotros tenemos aquí en Buenos Aires una fábrica de ropa de algodón de punto, y una tienda que vende al menudeo en el Once. Mi abuelo, también rabino, emigró a Buenos Aires desde Asia Menor, desde la antigua Jonia, cuando el asunto de los pogroms. La familia de mi madre también es sefardita, pero los Ergas son comerciantes no más. Claro que no sé qué hubiéramos hecho sin ellos, porque financiaron el viaje de toda la familia desde Esmirna y durante años mis padres trabajaron con ellos para pagarles la deuda del traslado. Pero los Ergas no son una familia culta como los Donoso.

Tuve la fantasía de un gran transatlántico lleno de hombres barbados vestidos de negro y mujeres ritualmente cubiertas con mantos oscuros, cruzando el océano para huir de las matanzas que los amenazaban: las bodegas repletas de Donosos, Pérez, Santa Marías. El olor a su comida distinta, a sus pomadas para el pelo, a sus jabones, a su ropa tejida a mano y tal vez heredada de algún abuelo, a sus yerbas e infusiones tan diferentes, mientras oía el plañir de sus cánticos, se hizo casi real para mí en ese momento. Yo he escuchado y observado a ancianos sefarditas sentados en sus escaños en las veredas de ciertas calles del Brooklyn, en Nueva York, inclinados los unos hacia los otros, repitiendo los datos y narraciones de la memoria ancestral para no dejarla agotarse. Era un idioma parecido al mío y sin embargo no era el mío... deforme, anticuado para mis oídos: decían «servo preto» para referirse al muchacho africano que les trajo las tazas de té humeante, y «pedazo persano» para referirse al tapiz persa sobre el que descansaban sus pies agotados de movilizarse de país en país. Sentí al verlos y oírlos un desgarro de melancolía, de añoranza secular. ¿Alguno de esos ancianos tan aristocráticos, vistiendo largos sobretodos negros como hábitos sacerdotales, llevaba aún colgando sobre el pecho, bajo la camisa, después de tantas generaciones y tantas lágrimas, la llave de la casa de sus mayores —y de un rosedal que rodea la noria del *hortus conclusus* de los sueños—, traída desde Toledo después de cerrar para siempre un portón en una calleja de la judería, cuando la expulsión de los judíos ordenada por los Reyes Católicos en 1492?

—¿De Esmirna? —pregunté retóricamente.

—De Esmirna —repuso—. Donoso es un apellido bastante

corriente entre los sefarditas de Esmirna. Basta mirar la guía telefónica: hay casi tantos Donoso como en Santiago. Parece que una rama de los Donoso (seguramente los Donoso de América) se convirtió al cristianismo. O lo que es más probable: juraron ante el Santo Oficio haberlo hecho, continuando sus ritos judíos en secreto. Es decir, fueron lo que se llama «marranos». Así, fingiendo una fe que no era la suya, pudieron pasar a América cuando la expulsión, con certificado de «limpieza de sangre» y todo. Dicen que de esa época datan unas pinturas de gran tamaño, pero no de gran calidad plástica, que hay en una sacristía de la Catedral de Toledo, firmadas por un Donoso: muestran mucho fuego, muchos impíos hirviendo en calderas sobre llamas atizadas por seres con cuernos, de identidad fácil de discernir. ¡Claro, pintados por un marrano incapaz de creer que un certificado tuviera el poder para limpiarle la sangre que llevaba en sí tantas generaciones de culpa! Otra rama de la familia Donoso no se habría convertido al cristianismo. Huyendo, quién sabe cómo, del territorio español, emprendieron una larguísima peregrinación, que puede haber durado varias generaciones, por las arenas del desierto del norte de África hasta llegar a establecerse —cuando se encontraron con otra caravana que había huido por la ribera norte del Mediterráneo— en la costa de Jonia, en Esmirna, donde en un abrir y cerrar de ojos organizaron otra judería. Sea como sea, yo soy porteño. Esmirna es mi remoto sitio de origen, con el que yo ya nada tengo que ver. Sin embargo, la sangre a veces canta y me dice que no soy de aquí: tengo aficiones, vocabulario, un amor a nuestra historia y a las palabras de los viejos, que me dicen que soy de otra parte. Muchos amigos míos rechazan todo contacto con nuestra cultura. Somos hombres nuevos, les responden a nuestros mayores cuando los interpelan, hombres sin historia, sin pasado. ¿Puede ser, algo tan horrendo?

¿Donoso de Esmirna? ¿De Asia Menor? ¿De la patria de Homero, donde nacieron, o por lo menos se fraguaron, *La Ilíada* y *La Odisea*? ¡Qué idea más descabellada! Aquélla era una tierra sacralizada por los pies del bardo, vagabundo y con su lira a cuestas, que cantaba sus gestas en campamentos y palacios donde extendiendo la palma recogía su emolumento... o bien la hospitalidad bastaba, por lo menos mientras duraran el vino y la carne, y el bardo lograra mantener encendida la atención del público. De ahí, varias jornadas a pie hasta otro campamento sobre el que habría tenido buen cuidado de noticiarse antes de abandonar el anterior. Vagar de un sitio a otro sin mucha dirección, en busca del parvo sustento de los poetas, enfrentándose con el riesgo de las encrucijadas, con el hambre y la sed y el peligro y la soledad en que Homero iba recolectando las migajas de la memoria extraña, tanto individual como cultural... y el sol que todo lo madura, lo envejece, y a veces, al final, el abrazo del amor o la camaradería que extingue la sed como si fuera una jarra de vino fresco.

¿Donoso de Asia Menor? ¡Qué cosa más improbable! Los Donoso, desde la Conquista, fuimos campechanos terratenientes centrados en Talca, un pueblito agrícola situado hacia el centro-sur de Chile: éramos gente de Talca de toda la vida, nuestro nombre identificado con esa tierra y esos pueblos desde siempre, pese a las peregrinaciones de algunas ramas a ciudades de mayor importancia. ¿Qué podía tener que ver el mundo de mis abuelos con el de Homero? La memoria familiar conservaba poca cosa, aunque aparecían, en retazos, recuerdos de bandoleros, indios, revoluciones y barriales, de carretas cargadas de choclos y abuelos de sombrero alón y espuelas sentados en la tranquera frente a su negocio mientras un chancho embarrado se rascaba el lomo en una estaca, y desde sus monturas los señores saludaban a los peatones con una venia más o menos profunda según su condición, o se abanicaban con sus sombreros para espantar los tábanos de los barriales de ese Far West católico y latinoamericano. Era un mundo de hombres: las mujeres, con la vista gacha bajo sus estrictos mantos negros, saltaban las pozas para no ensuciar la orla de sus crinolinas o polizones en el barro. Iban camino de la novena, de la consagración vespertina, a oír la prédica del curita recién llegado. Eran cosa corriente las incursiones de los indios pehuenches para robarse a las *chiñuras* que los hacían felices. «Cuando los indios se robaron a mis primas las Barrera...», dice Carmen Arriagada en una carta al pintor Rugendas en 1840, aludiendo a las incursiones al fundo «El Astillero» en la boca del Maule, que eran frecuentes. Ella se quedaba en su hamaca en Talca, en su patio aromado de jazmines, las gallinas picoteando el pasto entre las piedras de huevillo y un poco más allá una gata negra amamantando a sus crías al sol. Carmen soñaba con su pintor alemán y leía a Musset y Alfred de Vigny bajo el emparrado del patio. La Independencia y la Revolución Francesa eran todavía acontecimientos vivos.

No, mi raíz decididamente no es homérica. Pertenezco a otro ciclo de gestas, distintas a las de Troya. Soy del ciclo americano, de *La Araucana*, de *El cautiverio feliz*, de mil historias nuestras. Somos una familia vieja en Chile, lo que no significa aristocrática, porque en nuestro país todos, oligarcas, clase media, pueblo, estamos más o menos emparentados y procedemos de los mismos troncos de conquistadores y primeros pobladores (es sorprendente comprobar hasta qué punto: basta hojear las últimas páginas de *Las familias fundadoras* de Julio Retamal, y examinar la descendencia del tronco Gaete, donde aparecen desde Cecilia Bolocco hasta Monseñor Fresno y Fra-Fra Errázuriz). Los apellidos a repartir eran escasos, pero los vástagos se multiplicaron, casándose entre sí, formando una red de «familias principales» de viejísimo origen hispánico, dueñas de la tierra y del poder. En Chile lo que hoy (o hasta ayer, porque esta diferencia se ha borrado en la conciencia de la juventud) se considera un «oligarca puro» tiene orígenes muy distintos: la mayoría desciende de los comerciantes vascos de modesto origen que tuvieron buen ojo para casarse con las hijas de los encomenderos y los grandes terratenientes: los Bravo de Naveda, los De los Ríos, los Cortés Monroy, los Toro

Mazote, los Jofré de Loayza. Fueron los nietos de estos entronques los que jugaron ese gran juego de señoritos —que eso fue, en muchos sentidos, el juego de la Independencia— mediante el cual se adueñaron firmemente del país. Medio siglo más tarde surgieron las familias mineras y banqueras, de origen inglés, francés, alemán, español reciente: los Edwards, los Ross, los Subercaseaux, en Valparaíso; los Matta, los Gallo, los Ossa, en el norte. Pero todas estas familias están entroncadas —casi siempre por la «sábana de abajo», como dice don Pancho Encina, vale decir por línea femenina— con descendientes de las antiguas familias fundadoras, a los cuales, en esencia, perteneció el origen de una casta que sin esa línea, ahora oscura, no hubiera tenido fundamento: ni siquiera hubiera podido presumir de ser chilena, o criolla.

Quiero dejar registrados aquí algunos datos sobre lo poco que sé de los orígenes de mi apellido —no pasan de ser conjeturas pintorescas, aunque también emocionantes—, para información de mis descendientes y de los poquísimos que se interesen por este tema.

Es divertido considerar que, tratándose de una tribu tan tradicionalmente católica como los Donoso, no es improbable que el primero que llegó a Chile fuera el cura Juan Donoso, nacido en la Villa de la Haba, hoy apenas algo más que un pobre suburbio de Villanueva de la Serena, en la provincia de Badajoz. Llegó a Chile alrededor de 1560 y se estableció en la región de Osorno. Tuvo casa —me imagino que un rancho de adobe con techo de paja— junto al fuerte. Se dice que poseía una «biblioteca», que se perdió cuando los indios incendiaron Osorno y las casas hacinadas en torno a él. Esta «biblioteca» que menciona la crónica, la primera instancia en que se habla de libros en relación con mi familia, no pasaría de media docena de volúmenes con vidas de santos o comentarios de las *Escrituras*, empastados en pergamino más bien ordinario.

En la zona de Villanueva de la Serena, que tuve

oportunidad de recorrer cuando fui jurado de novela en el Concurso Extremadura en 1992, el apellido Donoso es relativamente frecuente, no como en el resto de España, donde es casi desconocido. Es verdad que el Marqués de Valdegamas, ministro y canciller de la Reina doña Isabel II durante su destierro en París a comienzos del siglo pasado, fue Juan Donoso Cortés, que aunque de cuna más bien modesta fue premiado, por sus servicios a la Señora, con el título de Marqués de Valdegamas. Originario de Villanueva de la Serena, en Extremadura, el improvisado marqués llegó a ser un escritor de nota, católico, monárquico, reaccionario furibundo, cuyas obras se traducen y reeditan hasta hoy, y cuyo nombre luce una importante calle de Madrid. Los taxistas la conocen. Pero el apellido Donoso es tan oscuro que los choferes se refieren a ella como «la calle Cortés...». Los Donoso de Chile no tienen ninguna relación de familia con este político.

En Extremadura confirmé mi sospecha de que allí el apellido es muy frecuente, muy de labradores en muchos lugares. Pero también es de grandes señores en Don Benito y en El Campanario, hermoso pueblo cercano a Villanueva, casi completamente destruido durante la Guerra Civil. Cuando tomamos el auto puesto a nuestra disposición para ir a visitar a los Donoso de El Campanario, que dijeron que nos recibirían con mucho agrado, en el camino mi mujer se iba riendo de mí y me decía:

—No esperes encontrarte con marqueses de Valdegamas. Figúrate cómo estarían de muertos de hambre tus antepasados si tuvieron que irse a Chile en el siglo dieciséis. A lo más serían peones... o porquerizos...

En El Campanario los descendientes directos del porquerizo Pizarro habían ennoblecido y eran grandes señores y terratenientes. Los Donoso también lo eran. Vivían en varias casas de sillería con escudo sobre la puerta y capilla propia en la calle principal, donde tenían casas parecidas los Pizarro y los Valmaseda, tres familias en tantos sentidos tan chilenas, casadas entre sí durante siglos, como sucede en Chile en tantos pueblos como el mismo Talca, donde están ligadas desde siempre familias como los Donoso, los Letelier, los Vergara.

Los Donoso de El Campanario nos recibieron en el salón de su casa: señorones pueblerinos y reaccionarios, propietarios de grandes extensiones de tierra, con un retrato de don Juan de Borbón dedicado a ellos sobre una consola dorada tan mediocre como las consolas que he visto en muchos salones de Talca. Estos Donoso de ojos celestes un poco saltones, como son muchos de los ojos de mis parientes de Chile, tienen la tez blanquísima y sonrosada, muy española. Las ancianas solteras de la familia usan el pelo canoso amarrado en un moño-cuete en la nuca, y trafican por la casa ocupadas con los quehaceres domésticos, protegidas por delantales de medio luto. ¿Eran parientes mías? ¿Cómo no, con esos ojos saltones y esos delantales de percala de medio-luto? Quise confirmarlo preguntándoselo y dijeron que sí, eran de la misma rama que marchó a América, pero muy franquistas, con un odio inagotable por los republicanos. ¿Cómo no, alegaron, si en la Guerra Civil asesinaron a cuarenta hombres del apellido en el pueblo, y bombardearon las casas y las iglesias, y destruyeron las calles y asolaron los campos? Bandoleros, eso es lo que fueron los republicanos.

Del cura Donoso que vino a Chile durante la Conquista no se sabe más. Pero me complace conjeturar que todos los Donoso de Chile somos de la semilla de este hombre. No es improbable que haya sucedido lo siguiente: después de Curalaba el cura Donoso adivinó que se acercaba su fin y mandó a buscar a España a su sobrino (¿sobrino?; ¿no es más probable que haya sido un hijo bastardo?), hijo de Juan Muñoz Cerrudo casado con María Alonso, que al llegar a Chile a adueñarse de los bienes legados por su tío cura, que bien poca cosa serían, con la expedición que llegó por tierra desde el Río de la Plata al mando de don Alonso de Sotomayor en 1581, cambió su apellido por el de su tío (¿su padre?) el cura y desde entonces figuró como Francisco Donoso Pajuelo Cerrudo (Pajuelo, más que a apellido, me suena a uno de esos motes que en los pueblos de España se adhieren a las familias durante generaciones y a veces se transforman en apellidos; en este caso podría indicar un oficio de joven sacristán, que despabila, enciende y apaga las velas, trabajo ejercido por Francisco antes en Francisco Donoso Pajuelo, que alguna lección debe haber recibido de su tío cura, puesto que sabía firmar).

Es probable que el cura Donoso, antes de embarcarse a América para hacer fortuna, haya ejercido su ministerio en los secarrales de la estepa extremeña, tierra parca y dura y áspera, de desolaciones y soledades, poblada por unas cuantas familias de labriegos y pastores de cabras y ovejas aislados por enormes extensiones de desierto y miseria. Es probable que, en esas circunstancias, el cura Donoso haya ejercido también de médico, de farmacéutico, de partero, de dentista. No es difícil imaginar que el cura haya servido de paño de lágrimas para alguna viuda reciente, y que más de una madre, en el desconsuelo de su abandono porque el cónyuge partió a las Indias a hacer fortuna, haya permitido en la helada noche del secarral que el cura calentara su cuerpo solitario bajo los pellones y las mantas invernales con su propio cuerpo embarnecido. No me cuesta nada imaginarme que mi primer antepasado en esta tierra que llamo «mía» haya sido fruto de estos consuelos. Tal vez enterado por confesión de su madre al morir, que le puede haber confiado el secreto de su procedencia, el muchacho, apenas pudo, partió a América a hacerse cargo de la herencia a la que tenía derecho. Oficialmente, llegó como Capitán de Caballos y en 1583 partió a la guerra de Arauco con la tropa de ciento ochenta hombres de Sotomayor. Se casó con la criolla María Ortiz Maldonado y murió en sus tierras de Quillota en 1616 (el mismo año de la muerte de Shakespeare y de Cervantes, lo que me proporciona una especie de abolengo), otorgando testamento ante su hijo el escribano real Juan Donoso Pajuelo y Ortiz Maldonado (de nuevo aparece la letra escrita en la familia), que en ese tiempo era uno de los escasos escribanos del país. Juan Donoso Pajuelo redactó un testamento igual a todos los de su época: dinero para misas en San Francisco, tierras repartidas entre sus descendientes, casados con los hijos e hijas de los españoles que formaron el primer tronco de nuestra nación, y que se reprodujeron inmensamente.

El testamento de María Ortiz Maldonado —también sabía firmar— es más personal, más interesante: deja su basquiña de terciopelo granate a una hija; sus cojines de seda a una

nuera; sus candelabros de bronce a un hijo; y reparte equitati-
vamente los bienes que en su viudez le quedaron. Termina su
testamento con estas enigmáticas palabras: «Otorgo el presente testamento ante mi hijo Juan Donoso Pajuelo, que lo ve todo a la claridad...», lo que indicaría que el hijo mayor, letrado
y soltero, era el preferido de la madre y sin duda el más inteligente. Pero el escribano no dejó descendencia. Los Donoso
de Chile descendemos del matrimonio de otro hijo del primer llegado, Francisco: los cientos y cientos de Donoso que
hay y hubo, encomenderos, feudatarios, terratenientes, ocho
ministros de Estado, cerca de veinte parlamentarios, prelados,
médicos, escritores, abogados, ingenieros; también los cientos
y cientos de carpinteros, obreros de construcción y de campo,
artesanos, técnicos, empleados de mayor o menor cuantía, comerciantes, dependientes de tienda, costureras y criadas...
Quien lo busque, estoy seguro, encontrará gente de apellido
Donoso en todos los trabajos que se hacen en Chile.

La mayor parte de los parientes enterados de estos
asuntos, así como los tratadistas que han estudiado a la familia, no aceptan esta filiación eclesiástica, presentada aquí sólo
como una conjetura. Sostienen su ascendencia a partir del Capitán de Caballos con asentamiento en Mallarauco y Quillota
llegado en 1581, y conquistador en las guerras de Arauco en
1583. Yo estoy convencido, principalmente porque la conjetura me gusta y las cosas eran tan indeterminadas en ese tiempo,
de que nuestra semilla había llegado veinticinco años antes,
en medio de la sangre, el fragor y los padrenuestros de los primeros momentos de la Conquista.

—Mis mayores insisten en conocerlo —volvió al ataque mi pariente de Esmirna en el local de la Feria Internacional del Libro
de Buenos Aires, en 1988—. Han oído hablar de usted y han visto su fotografía en las revistas: dicen que se parece mucho a algunos miembros de la familia. En todo caso les interesa toda
persona educada que lleve el apellido Donoso. Usted sabe, por

lo de la diáspora... son muy apegados a conservar las líneas genealógicas y a recordar los honores que nos ha proporcionado la cultura. No existiríamos como pueblo, como unidad racial, si nuestros mayores no hubieran cuidado con tanto esmero nuestra genealogía...

De nuevo la enigmática locución «nuestros mayores», que significaba, al parecer, tanto más que su contenido ostensible. El José Donoso que era mi imagen especular y yo hicimos una cita con el propósito de visitar juntos a «nuestros mayores». Quedamos en que pasaría a recogerme en el departamento donde me hospedaba a las cuatro y media de esa tarde. Se despidió y se fue. Sufrí una angustiosa sensación de anhelo al verlo alejarse, un reconocimiento ancestral basado sólo en la repetición de mi nombre. Mi fantasía fue que lo veía alejarse con algo esencialmente mío en una larga y peligrosa peregrinación por el desierto norteafricano, donde se lo iban a tragar, con todo lo mío que llevaba, las mismas arenas que engulleron a Leptis Magna, sepultando para siempre nuestras historias personales junto a las de los peregrinos judíos de apellido Donoso que huían de las hogueras encendidas por los encapuchados del Santo Oficio.

¿Marrano...? ¡Jamás! El José Donoso de Esmirna se había fugado con algo mío por las calles figuradas de Buenos Aires hacia una patria ensangrentada por los pogroms... pero donde también se habían inmolado Héctor y Aquiles y había enloquecido Áyax: una polvorienta patria de higos y dátiles y pasas y olivas negras y húmedas como los ojos de las doncellas, metáfora milenaria inventada por los ancestros de ese hombre llamado como yo y que era como una reencarnación de los antiquísimos guerreros barbados de las ánforas rojas del Mediterráneo. José Donoso había partido a reintegrarse a su historia, que no era la mía.

Mi memoria pertenecía a un ciclo distinto: uno en que se comían papas y plátanos, se fumaba tabaco y se molía maíz para las tortillas, se esquilaban llamas para los tejidos, y donde los hombres se embriagaban con chicha de maíz, no con los alcoholes púrpuras del «vinoso ponto» de Homero. Pertenecemos a una raza revuelta, matizada, cobriza, a veces gris o verdosa.

¡Aquí caímos, mano, qué le vamos a hacer! Así dijo Carlos Fuentes y no hay forma de echar pie atrás, pese a que tantas veces lo querríamos. ¿Por qué no vendemos esto, decía una amiga mía, y nos compramos algo más chico pero más cerca de París? No se puede: la patria es nuestro sucio río Mapocho, nuestra tierra de Talca desprovista de metáforas. Tan carente de mitos es esta tierra confinada al extremo austral de los continentes, que Richard Burton, el explorador y lingüista inglés del siglo pasado, al llegar curioseando a Chile exclamó:

—*What a black hole!*

Y dio media vuelta y se fue. Y yo, que estaba escribiendo una biografía novelada sobre él, también le di la espalda, indignado, y no retomé mi trabajo. ¡Aquí caímos, mano, qué le vamos a hacer! En relación a esta tierra tengo que entenderme y construir la historia: desde aquí miro y éste será siempre, en última instancia, mi punto de vista. Conozco a demasiados chilenos víctimas confusas de la diáspora de tiempos de Pinochet: no puedo pasar por alto el trauma que eso significa, ni las conflictivas relaciones familiares y de identidad y de justicia que ese exilio plantea, y he vivido en Mallorca y visitado Antigua, lugares habitados por personas sin duda cosmopolitas, pero a las que les duele no pertenecer a ninguna parte. No es algo que deseo para mí y los míos, ni para los miles que han perdido la noción de quiénes y qué son. No es que yo lo sepa sobre mí mismo con toda certeza. Pero tengo por lo menos un atisbo: las dos hebras que, trenzadas, forman lo que soy: por un lado, el cosmopolitismo imaginativo heredado de los Yáñez; por otro, los Donoso, mi adhesión a esta tierra primitiva, equivocada, engañada, estuprada por los financistas que juegan su alma y la de los otros en la carrera de la competencia, donde los únicos que sacarán provecho son ellos.

Los Donoso también me vinculan al mundo decimonónico, aterrorizante, encantador y entrópico. Esto me dio una especie de afinidad autobiográfica con la novela de ese período, que en el fondo es la que más me interesa: Dickens, Thackeray, Trollope, las Brontë, George Eliot, Tolstói, Balzac, Stendhal, Fontane, Pérez Galdós, Eça de Queiroz, pintaron un mundo que en cierta medida yo he vivido. Mis abuelos fueron hombres duchos en la construcción de canales de regadío, de pies de cabra, de puentes, eterno tema para los señores de la familia alrededor de una botella de vino. También sabían armar lanchones en los astilleros de Constitución, en la boca del Maule, donde embarcaban trigo, maíz y harina para los puertos de Perú, y algunos dicen que hasta Acapulco y California cuando la fiebre del oro. Procrearon una tropa de curas, monjas y predicadores casi santos —¡qué diría mi supuesto pariente Donoso Ergas, que suponía que éramos judíos!—, pero también engendraron una cuadrilla de *guachos:* mi bisabuela María Henríquez Cienfuegos los recogía, les daba un oficio artesanal y el apellido, albergándolos en el último patio de su caserón en la esquina surponiente de la Plaza de Armas de Talca, solar que era y sigue siendo de los Donoso desde 1725. El primer patio era el de las visitas, el segundo el de las niñas, el tercero el de los niños, y el cuarto era el terrible «patio de los guachos». Este edificio también servía de galpón, de establo, de lagar, de tienda para vender los productos de los fundos, de bodega que olía a paja para el forraje, y a caballos y bueyes sudados, a chicha y bostas secas, pulverizadas en el suelo de los establos. Mi bisabuelo Manuel Antonio Donoso Cienfuegos, un vejete diablo con pocos dientes, se casó con su sobrina María Henríquez Cienfuegos, la Mamita, heredera de una parte importante de los bienes del Obispo Cienfuegos, su tío y firmante del Acta de la Independencia en 1810, a quien cuidó hasta su muerte. Don Manuel Antonio, en cambio, no tenía otro mérito que ser caballero y pariente, y no aportó nada a su matrimonio con esta niña ricachona no muy agraciada, salvo, como dice un documento de la época, «dos guachos bien creciditos que vivían con él y una docena de mulas mansas para exportarlas a Perú». A medida que los muchachos de la casa se fueron haciendo hombres —y sus *ñaños* les enseñaban ajedrez y a montar a la chilena en el cuarto patio, que también servía de picadero, y sus profesores a tocar la flauta y el violín e idiomas, «porque no quiero que mis hijos se críen como brutos», decía la bisabuela—, fue creciendo el número de guachos recogidos por doña María en el patio correspondiente. En todo caso, era difícil mantener una vigilancia en el patio de los guachos, con tanta lavandera y cocinera y dulcera y costurera que pululaba por allí, y había que tener cuidado hasta con la pobre Mariconilla —nombre inexplicable hoy—, entenada, y algunos decían que hija de Sandalio, el cochero de toda la vida de la Mamita María... Esmirriada y beata como era, empleaba a la Mariconilla en la factoría que era esa casa para hacer y repasar los miles de ojales de los vestidos y los trajes de la familia.

Yo no conocí esa casa de la Plaza de Armas de Talca habitada y funcionando. La he visitado como un extraño, subdividida, alquilada por secciones, la fachada remozada con pretensión y escaso gusto, algunos patios clausurados, ni parecida a lo que debió ser en su tiempo. Quedan, eso sí, dos solitarias columnas jónicas de madera acanalada en el primer patio, que entre las volutas del capitel ostentan una *D* de Donoso, como las demás columnas iguales que antes rodeaban el patio de las visitas. Me imagino que esas columnas durarán poco tiempo más, si no han desaparecido ya.

La casa que mejor recuerdo de mi niñez en Talca es la de mi otro bisabuelo (ésta, claramente, la casa de mi bisabuelo; no de mi bisabuela, como la otra), también Donoso por varios costados (no deja de ser curioso que mi hija Pilarcita, después de tanto viaje, se haya casado con su primo hermano Cristóbal Donoso, y que sus hijas Natalia y Clara repitan el apellido doble de mi padre, Donoso Donoso, siguiendo un extraño atavismo endogámico de la familia), cuyo nombre de pila, José Manuel, yo llevo por ser el bisnieto mayor de mi bisabuelo José Manuel Donoso Fantóbal y de mi bisabuela Julia Gana Cruz. Este bisabuelo era —por lo menos así lo rescata mi «memoria trucada»— un enjuto y enérgico señorón campesino, dueño de muchas y muy buenas tierras en su tiempo, de sombrero alón, espuelas y manta multicolor, muy de a caballo y de muy buen humor para apacentar a sus diez hijos y múltiples nietos, así como a su rebaño de sirvientes en el pueblo y en las casas de sus fundos, de los que recuerdo «Odessa», «Palmira» y

«Maule». Murió a los noventa y seis años en 1934, lo que significa que nació en 1838. Es decir en tiempos de Baudelaire y Courbet, de Dickens y Balzac, de Tolstói y Blake: el hecho de haber estado en las rodillas de un contemporáneo de los que para mi entendimiento fueron los grandes del siglo diecinueve, me vincula en forma íntima —lo siento absurdamente— con ellos y su literatura. La familia recuerda a mi bisabuelo de noventa años, en el terremoto de fines de la década de los años veinte, de poncho y sombrero, oteando desde el tejado de su casa los estragos sufridos por el pueblo.

La bisabuela Julia Gana, de una familia vasca enriquecida en el norte gracias a su pariente el minero Díaz Gana —constructor del palacio morisco posteriormente conocido como el «Palacio Concha-Cazotte», por el baile de disfraces que dio allí esa familia a principios de este siglo—, era muy alta, como su hermana Clarisa, espigada y señorial, con su sedoso pelo blanco, su paso largo de amazona y sus botines de cabritilla negra abotonados hasta el tobillo. Esta mujer, tan alta y tan fina, junto a su marido enjuto y más bien bajo, ambos canosos, formaban una pareja espectacular, de aire y proporciones no muy distintas a las del rey Víctor Manuel de Saboya y su cónyuge, doña Elena de Montenegro, sólo que mis antepasados chilenos eran más bellos y muchísimo más distinguidos. Conservo una fotografía de 1924 en la que aparezco envuelto en las blondas de mi bautizo, como se usaba entonces. En esta fotografía ambos ancianos, conmigo en las rodillas, están elegantemente ataviados de negro, ella con una gargantilla de tul blanco donde ostenta un discreto broche de brillantes apto para la solemnidad de la ocasión.

Lo que más placer me da de estos recuerdos es evocar la figura de mi bisabuela cosechando limones del gigantesco limonero cuyas ramas cubrían casi entero, como un gran toldo verde, el tercer patio de su casa en Talca. Este citrus cargaba de manera extraordinariamente generosa todos los años. Pero esta imagen se me está borrando: tan antigua es, que los ojos de la fantasía la distinguen apenas y la confunden con otros recuerdos. Conservo, eso sí, el reflejo amarillo verdoso de la luz en los tobillos turgentes de las dos *chinas* trepadas entre las hojas, mientras desde el corredor mi bisabuela Julia dirige la maniobra.

Las mujeres llenaban un canastito con las mejores piezas de oro, cubriéndolas luego con una servilleta en la que había bordada una inicial. Las *chinas* bajaban del árbol para ayudar a «misiá Julia» a ponerse el manto negro, ciñéndoselo al busto y enmarcándole el rostro como a una oriental. Mi bisabuela salía a la calle con su canastito al brazo, escoltada por una de sus *chinas*, a visitar a su hija en la cuadra siguiente, o a rezar la novena de la tarde con unas primas de José Manuel, a las que dejaba de regalo el canasto de limones.

Mi curiosidad pudo más, sin embargo, respecto a los mayores sefarditas que esperaban mi visita. No pude ocultar mi asombro al pensar que esos santos varones intentaban incluir mi nombre en los libros sagrados de su estirpe. Comí, dormí una sobresaltada siesta y me vestí lo mejor que pude con mi ropa arrugada por el viaje. Esperé. Pero no llegó a buscarme mi amigo a la hora prevista. Más tarde bajé a hablar con el portero. Era nuevo y no me conocía como amigo de la dueña de casa. Dijo que a las cuatro y media en punto un señor de barba negra estuvo tocando mi timbre, que estaba descompuesto. Y él, como no sabía mi nombre y nadie le había advertido que un alojado dormiría en esa casa, no supo aclararle las cosas. José Donoso Ergas tuvo que retirarse sin cumplir el encargo de sus mayores.

Una tarde, cerca de seis meses después de mi encuentro/desencuentro con mi «pariente» de Asia Menor, no pude dejar de pensar en los Donoso que cruzaron el océano en un transatlántico que los depositó en Buenos Aires, donde fueron acogidos por sus parientes, que les dieron trabajo como obreros en su importante fábrica. ¡En esos días, con una especie de desacostumbrada morriña, estuve pensando que daría cualquier cosa por reencontrar a mi pariente con el fin de saciar qué sé yo qué apetencia que por esos días me tuvo desolado! Opté por remediar mi intranquilidad, por lo menos en parte, con el subterfugio de escribir para la Agencia EFE un artículo sobre los Donoso de Esmirna y de Buenos Aires, que se publicó en docenas de diarios de España y Latinoamérica. Hablé del *ghetto* que organizaron en Asia Menor junto a una serie de familias de la misma religión, para vivir dentro de la seguridad defensiva de una judería.

Tal como sospeché que iba a pasar —ya era demasiado tarde, porque el artículo se difundió más de lo que pensé—, hubo parientes que se enfurecieron con la publicación. Incluso, algunos que viven en Suiza y tienen absurdos arrestos aristocráticos se rebelaron, protestando contra el autor de tamaño desacato. ¡Ellos, los Donoso de toda la vida, emparentados con lo mejor de Chile, «acusados» de ser judíos! ¿No tenían, acaso, cientos de curas y monjas que engalanaban su árbol genealógico y probaban exactamente lo contrario? Me cuentan que el comentario era:

—¡Pepe cree que porque es escritor tiene derecho a decir cualquier mentira sobre nosotros, incluso acusarnos de ser judíos!

—Sí, Pepe se cree... así son los intelectuales. ¡Sería tanto mejor terminar con ellos!

Me imaginé un pogrom chileno en que cientos de novelistas y poetas de este país arderían en una pira magnífica que, dada la actual temperatura anticultural del país, no sería difícil que los economistas organizaran. Pero la furia amainó después de las primeras semanas, estableciéndose, como siempre, el olvido, que no es entendimiento ni perdón y no borra nada, pero que es el «tupido velo» que todo el mundo corre en Chile para ocultar lo molesto, lo vergonzoso, lo peligroso, y en último término la verdad. Este «tupido velo» es aceptado como un remedio casero, siempre a la mano, como las aspirinas o el mentholatum para las friegas, sin los cuales sería imposible vivir.

Perdí el rastro de mi «pariente» sefardita, hijo de rabinos versados en la Torá, en las calles de Buenos Aires: habían liquidado su negocio en el Once y nadie sabía dónde quedaba la fábrica que, dijeron, había crecido enormemente en los últimos años: estaban, en realidad, muy prósperos, por lo que me alegré. Pero al perder su rastro me quedó una hebra menos con que trenzar mi identidad. A veces se me ocurre que no sería difícil encontrarlos, retomar la pista que me conduzca a unos inciertos, exóticos «mayores», hasta llegar, en fin, al afectuoso muchacho de barba azulada. Cuando pusieron la bomba maldita en la embajada de Israel en Buenos Aires, yo me agité en Chile buscando apoyo, tal vez una carta de los intelectuales como repudio a los fundamentalistas que habrían cometido tal crimen, y de alguna manera recaudar ayuda económica para las familias damnificadas por medio de conversaciones con los nuevos millonarios chilenos, algunos de origen judío. Pero eran de difícil acceso, en sus clubes con piscina, canchas de tenis y de golf, y muchos cuerpos jóvenes aletargados tostándose al sol. A la semana ya nadie recordaba la tragedia de Buenos Aires. Pero yo también soy egoísta y olvido: se me presentaban tantas cosas urgentes que atender, que al mes ya no quedó ni rastro de mi buena intención inicial.

A veces, cuando paso por el aeropuerto de Buenos Aires rumbo a Europa, me tienta la cabina telefónica para ubicar al sefardita con ayuda de la guía. Seguramente figura como industrial, que eso es. Pero como siempre hay poco tiempo entre avión y avión, suelo tener prisa por hacer otras cosas, como comprar un frasquito de *Shocking* de Schiaparelli para una amiga que me lo pidió y que me había hecho no recuerdo qué pequeño favor. ¡Es tan divertido ese frasquito con la huincha de medir caída alrededor del cuello, que es un verdadero placer comprarlo! Además, ¿qué buscaban en mí estos señores sefarditas? ¿Por qué reclamaban un inexistente parentesco conmigo? No, no tenía sentido. Yo había visto sefarditas plañideros en los muelles del East Side en Nueva York, junto a sus sacos boquiabiertos llenos de pasas, de olivas de todos los colores y clases, de dátiles, con el precio en un cartoncito ensartado en los frutos. No me gustó su insistencia y no les compré nada. Pero esa noche, cuando me dirigí a cenar a casa de unos amigos, pasé a Zabar's y entré a comprar una generosa porción de las mismas olivas que había visto esa mañana en el East Side («oliva», pensé, palabra latina, clásica; aceituna, *zeitún,* palabra árabe, enemiga de los vocablos clásicos), pagando por lo menos diez veces el precio que me habían pedido los mayoristas en el muelle. En fin, compré un buen paquete para llevárselo a mis amigos, él askenazy, ella sefardita, ambos estudiosos de la cultura clásica (él acababa de publicar un tratado llamado *La vegetación en el Mediterráneo en tiempos de las guerras gálicas)*, de modo que era seguro que disfrutarían con mi pequeña contribución a la cena.

Luego de comprar el frasquito de perfume en el aeropuerto de Buenos Aires, corrí tan definitivamente el tupido velo sobre mi putativa parentela porteña que en mi siguiente viaje, al recalar en Ezeiza, ni se me ocurrió acercarme al teléfono. En cambio, entré directamente al Duty Free Shop. Cuando la encargada se me acercó sonriéndome envasadamente y me preguntó qué quería, le contesté sin titubear, pese a que no lo necesitaba:

—*Shocking.*

Con el frasquito en el bolsillo, leí el *Time Magazine* de esa semana. Completo, porque el avión se atrasó. Pero para mí era un rito de aeropuerto leer el *Time.* Era cuestión de perder una hora leyéndolo entre dos aviones y enterarse de una serie de cosas que a uno no le interesan nada... pero es algo que permite olvidar la gota de temor a volar que a todos nos queda, y una serie de problemas personales menores. Tuvieron que pasar varios meses antes de que me diera cuenta de lo que había comprado en el aeropuerto, cuando me fui a poner una chaqueta de la misma estación pero del año anterior y, envuelto en un plástico del Duty Free Shop, encontré el inexplicable frasquito de *Shocking.*

Capítulo siete

Los cueros negros

Muchas historias familiares se ahogan en el pozo de la desmemoria tribal, reducidas a vestigios que carecen de vocación para más. Resta de ellas apenas una chispita, un destello mínimo que puede o no sugerir misterio, o complejidad, o ánimo de trascendencia, o una tajada de verdad histórica, pero al hacer su tránsito al relato puro se apagan. Es que las narraciones, para sobrevivir, deben ser más que un acopio de datos entrelazados en la cadena del tiempo: es necesario cierto soplo para animar el cristal de la imaginación de modo que, no transparentes sino traslúcidas, retengan una parte de la mirada, rechazando su función de transparencia total para que así la imagen retenida dé paso a otra imagen tan completa que se desintegre al tocar el desorden lineal de la realidad.

Lo que me propongo escribir es eco de rumores escuchados junto a los braseros de mi niñez, en desmanteladas habitaciones donde los espectros de gatos de otrora persiguen a los guarenes en el entretecho, descascarando el yeso de las molduras y haciendo trepidar los cristales de los feos retratos, todo perteneciente al remoto ámbito del siglo pasado.

Un domingo en la mañana mi padre decidió, contrario a su costumbre, no ir a jugar golf porque lloviznaba, y me subió al Nash para que lo acompañara a visitar a la hermana mayor de mi abuelo, monja de clausura en las Capuchinas de la calle Lira. Ya muy vieja, no se había estado sintiendo bien. El locutorio era tenebroso, el techo negro perdido en la oscuridad, todo parduzco, las escamas de vieja mugre descascarándose capa tras capa. Las sombras de los cuadros de grandes temas terroríficos insinuaban cuerpos contorsionados por el martirio y facciones contrahechas por la violencia, la sangre y el sufrimiento.

Mi padre le pidió a la tornera que le hiciera el favor de llamar a Marta Donoso Henríquez en el siglo, Sor Bernarda en el claustro, siempre que se sintiera con fuerzas para acudir a saludar a su sobrino y médico de cabecera. Cuando se anunció la presencia de la monja al otro lado del torno, mi padre se aproximó al artefacto y a través de él habló con su tía unos minutos interesándose por las molestias normales en la salud de una mujer de edad avanzada. Ella respondía con una vocecita atenuada por los festones de arpillera y las telarañas que ahogaban la boca del cilindro de caoba. Mi padre me hizo trepar, remolón, a la caverna del torno, donde rompí a llorar. Grité y pedí socorro en cuanto el torno, con una secuencia de chirridos, giró conmigo berreando adentro.

En el mundo desmaterializado del otro lado del torno se concretó una espantosa figura femenina con la cara cubierta por un velo negro. Dos escuchas simétricas, sentadas una a cada lado y un poco atrás de Sor Bernarda, recitaban los eslabones de sus rosarios. Me estremeció un sacudón de terror. ¿De qué horrenda fechoría era culpable esa monja, para que estimaran necesario vigilarla como a una loca o a una delincuente? ¿Se cubría el rostro con el velo por temor a ser identificada, o porque alguien, una autoridad bárbara y desalmada, bajo pena de castigo, la mandó a permanecer con el velo negro cubriéndola a modo de penitencia?

Ajena a mi terror, Sor Bernarda me acarició el pelo y las mejillas acaloradas, dirigiéndome las cariñosas preguntas de fórmula que los grandes les hacen a los niños. ¿Era un niño bueno? ¿Decía mis oraciones en la noche, antes de dormirme, para que mi ángel de la guarda velara por mí durante el sueño? ¿Pensaba ser médico, como mi papá, cuando fuera grande? No contesté, tan preocupado estaba de desprenderme de su abrazo. Hasta que el torno volvió a chirriar, girando muy lento, y se detuvo conmigo adentro al otro lado. Allí, de un salto, corrí a refugiarme en el cuerpo de mi padre, que reía diciendo que las cosas no eran para tanto, que el infierno, el purgatorio, no existían, eran cosas de viejas, y yo necesitaba aprender a no tener miedo y a no llorar por tonterías. Subiéndonos al auto, después, me preguntó:

—¿Te besó?

—No.

—¿Se levantó el velo?

—No.

—¿Le viste la cara?

—No.

En el Nash, de vuelta a casa, penetrando el diluvio en que se había resuelto la llovizna, me confió que nadie, después de que la tía entró al convento en la penúltima década del siglo anterior —esta escena del torno es de 1934—, le había vuelto a ver la cara. Ni siquiera él, cuando la visitaba como médico si sus achaques se ponían alarmantes, lograba tocarla más que por encima de la ropa, su cuerpo doliente extendido sobre la esterilla impuesta por la regla. No lograba que se levantara el velo que le cubría la cara, ni siquiera bajo la vigilancia de las dos escuchas.

La negativa de Sor Bernarda a mostrar sus facciones en cualquier circunstancia, y ese empecinado velo que la cubría, reaparecen como elemento protagónico en la memoria de los parientes que se han legado este misterio de una generación a otra. Yo mismo, muchos años después de la muerte de Sor Bernarda, sentí una creciente obsesión por la capuchina velada, por escribir una historia que *podría* ser la suya, combinando lo que me dictaba la fantasía con los escasos elementos de realidad que sobre ella se conservaban.

Para llevar a cabo este proyecto, comencé por visitar a los pocos ancianos de la familia que iban quedando, y hablé con sus hijos, que parecían inevitablemente más viejos que sus padres. Nadie se acordaba de nada: éstos eran tiempos difíciles, ponderaban, sin tranquilidad para atender a los discutibles vientos de santidad que en otras épocas, se decía, soplaron en la familia. Además, habían muerto o eran inidentificables todos los comensales que figuraban en esa especie de catastro de la familia y la parentela que era la fotografía color sepia del almuerzo que le ofreció mi bisabuela María Henríquez, en su casa de la Plaza de Armas de Talca, a don Federico Errázuriz

Echaurren, para lanzar su campaña en la región del Maule en las elecciones presidenciales de 1888. La única persona que hasta hace poco quedaba viva era una niñita de cinco años —murió de más de cien— que en la foto se reclina indolente en la rodilla de una de las señoras de la casa, sentada en una silla de la primera fila.

Esa niña-anciana ya no abandonaba su lecho cuando la visité. Su memoria era un marasmo, un revoltijo de fechas, lugares, personas, entre las que resultaba imposible orientarse. De tarde en tarde, eso sí, cierta picardía chisporroteaba en sus palabras ásperas por el tabaquismo, y su mirada, que apenas le servía para identificar los objetos, vagaba buscando, sobreexcitada, la silueta de la muerte que podía desprenderse de cualquier pared.

Arrugada, oscura, reducida, simiesca, arruinada aunque aún mundana, seguía apasionada por el bridge que su memoria lastimada ya no le permitía jugar. Entre las sábanas de su lecho de enferma vi asomarse su cabecita de macaco, el escaso pelo que le iba quedando peinado en un remedo de la moda de la temporada, teñido de negro donde el tinte mordía, y revelando su casco blanquecino. Encima de su colcha yacía un número de la revista *Vogue,* atrasado en cinco años. En el suelo, al alcance de su mano manchada de café, con las uñas esmaltadas de escarlata, montaba guardia su cartera de charol con cadena dorada, que en otro tiempo debió ser frívola y elegante. Cuando le relaté mi aventura infantil en el locutorio de las Capuchinas, me preguntó:

—¿Te besó?

—No.

—¿Se levantó el velo?

—No.

—¿Le viste la cara?

—No.

Mi pariente sufrió la breve alucinación de que su madre, que la había llevado a hacer la misma excursión casi medio siglo antes, se enfadaba con ella por desilusionarla al no aportar información fresca de allende el torno. Luego, reaccionando, afirmó:

—Lo que entonces me hizo llorar no fue el miedo al torno, no creas. Nunca le he tenido miedo a la oscuridad, ni siquiera a la que viene avanzando desde los pies de mi cama. Tuve miedo, eso sí, de que mi mamá me castigara por no cumplir mi misión de emisario: traerle la solución de un secreto cuya respuesta nadie sabe.

Después de la muerte de mi padre, cuando me tocó tomar el relevo de tantos asuntos suyos, uno de los cuales era la pertinaz continuidad del secreto de la capuchina muerta hacía ya tanto tiempo, a veces se me ocurría ir a visitar a las monjas de la calle Lira. La desaparición de Sor Bernarda me había dejado desguarnecido de espectros: se me había volado con sus ángeles sombríos a otra parte y ya no era cuestión de preguntar, buscar, indagar, porque ya nada, nunca, iba a tener respuesta. Jamás se sabría qué culpas fue capaz de suministrarle su eficaz ángel privado, ni qué escrúpulos la aherrojaban dentro de la clausura. Una prima mía, dos días antes de casarse, llevó a su novio para «presentárselo» a través del torno. Sor Bernarda, alegremente, le aconsejó que no fuera tonta, que no se casara: que se metiera a monja, que eso era mucho mejor. Mi prima deshizo su matrimonio, no se casó, pero tampoco se animó a hacerse monja. Quedó vagando por la faz de la tierra sin saber qué hacer.

Una oleada de pavor irresuelto me heló al percibir que esa pequeña mujer encorvada por la edad seguía incursionando en mis emociones. Pensé en su historia de tantos años áridos, sin otro alivio que sus letanías. No logré entender cuáles fueron las andanzas de su corazón y su inteligencia dentro del apretado puño del convento. ¿Qué la equilibraba al borde de tantas torturas, inconmensurables para los que circulábamos fuera del ruedo de sus abstracciones?

Le pregunté a la tornera —joven, hermosa, gárrula, como deben ser las torneras, pero sobre todo orgullosa de la «modernidad» de su regla ahora que Juan XXIII había eliminado los tornos de hacía unos años— si Su Eminencia había suprimido también el silencio en las congregaciones de clausura, y el velo tradicional. ¡Me anunció, satisfecha, que hacia eso iban! Era la posición del nuevo Vaticano, agregó con soltura. Estaba informada de todo, desde los resultados de los Juegos Olímpicos de Seúl hasta la matanza de Tlatelolco, porque leía *L'Osservatore Romano*, previamente censurado por la Superiora del momento... y de colegiala fue campeona escolar de los cien metros planos. Como parecía que el pasado tampoco tenía secretos para la tornera, le pregunté cómo había sido este patio en otro tiempo. En vez de describírmelo, desapareció cinco minutos y regresó con la eficaz respuesta de un cuadro de buenas dimensiones, pero en el que no reconocí el edificio donde me encontraba.

Leal a su regla aunque crítica, la tornera opinó que éste en que estábamos, el «convento nuevo», era pretencioso, feo, imitativo: se había construido con el dinero legado por una dama piadosa pero de cuestionables aunque firmes exigencias estéticas, allá por 1912. A la niña rubia de la fotografía del banquete, su madre seguramente la llevaba al «convento viejo», en la calle Rosas abajo, que era el que el cuadro ilustraba: una construcción laberíntica y cancerosa, de corredores de adobe y cuartos con poca luz, perteneciente a un Santiago muy primitivo, preminero, preindustrial, modesta capital criolla aún no extranjerizante, todavía con el olor a la pólvora de los Talaveras y los Húsares de la Muerte rondando las esquinas: una comunidad que dependía de la tierra y vivía de ella y para ella. Me imaginé a mi pariente niña de la foto, que conocí casi centenaria, jugando en ese jardín de nísperos, zamboas y alicantos, aromado de cedrón, malva y manzanilla en la polvareda de un remoto verano. El adobe reseco de las paredes era guarida de una diminuta vida entomológica, protegida por la ardiente dulzura de la higuera, con su tronco blanco garabateado por el relámpago esmeralda de una lagartija que huía, y suavizada por los arrumacos de las palomas.

Una vez al año las religiosas recibían en el patio del cuadro a su parentela y a las autoridades. Los Presidentes de Chile heredaron de la monarquía de los Borbones del siglo XVIII un Real Patronato que facultaba a los antiguos Gobernadores del Reyno para romper la clausura en que vivían las monjitas. Ellas, para esas ocasiones, debían abrirle sus puertas a la mayor autoridad civil. Ignoro si en el momento en que escribo sigue vigente este Real Patronato, ni si hacen uso de él los Presidentes actuales. He asistido a cenas, sin embargo, en que ha sido motivo de encarnizado debate aún hoy establecer si un Presidente de la República tendría o no derecho a arrogarse un privilegio como éste, en esencia perteneciente a un gobernante designado por el Rey. Los ultramontanos afirmaban su argumento en la antigüedad del Patronato, en la necesidad de respetarlo tal como se estableció, excluyendo a los Presidentes que, al fin y al cabo, eran sólo designados por una elección popular. Los conservadores nunca han dejado de considerar que era un atropello de los liberales apropiarse y usar este derecho emanado directamente de aquella monarquía rechazada.

A pesar de esto, los conservadores que tenían hijas encerradas en los claustros no dejaban de aprovechar que manos indebidas abrieran las clausuras una vez al año para el Presidente de la República —perteneciera al partido político que perteneciera—, y gustosos, con sus mujeres y sus hijos, seguían al mandatario en su visita anual a los conventos.

La solemne procesión encabezada por el Presidente arrastraba por los corredores, patios y pasillos a una impresionante comitiva de canónigos, purpurados y clérigos recamados en oro; de políticos bigotudos relucientes de seda, almidón y charol, sus guantes y coleros en la mano; de militares con el pecho constelado de estrellas honoríficas; de filas de monaguillos vestidos de rojo y encaje blanco, echando incienso al paso del Santísimo; de señoras ataviadas con estrictos mantos negros que sutilmente insinuaban su busto y su talle, realzando la opulencia aberrante de sus polizones y colas.

En la capilla, las monjitas hincadas en el suelo sobre los cueros negros —el tío Aurelio Donoso mandaba una carga anual desde su fundo «La Quebrada de Agua» para recordarles a su hermana y a la congregación que Marta era la oveja negra de la familia; y la familia no olvidaba— entonaban antiquísimos cánticos para acompañar la sagrada misa. Las visitas que llenaban el espacio de la capilla contestaban los latines del obispo con respuestas sacras, mientras los monaguillos cambiaban de sitio el facistol, agitando incensarios y campanillas. La congregación entera de los fieles humillaba sus cabezas en el momento en que el sacerdote elevaba la hostia en el altar. Después el Presidente de la República, poniéndose de pie y mediante una señal convenida, indicaba que todas las monjitas de clausura tenían licencia oficial para levantarse el velo que les cubría el rostro, exhibiéndose durante unos minutos ante sus ansiosos padres, que lo único que querían era divisar, aunque fuera fugazmente, las facciones de la hija sepultada en vida en la clausura de las Capuchinas. Al cabo de unos instantes, al terminar su recitativo, el sacerdote se volvía hacia el Presidente, que con otra señal indicaba a las monjitas que se terminaba el permiso para revelar sus facciones, dando fin, así, al oficio.

¿Qué sucedía al terminar la misa? ¿El Presidente se daba prisa en partir porque lo esperaban otros conventos? ¿Las monjitas, cubierto de nuevo su rostro con el velo negro, abandonaban la capilla cantando en fila india, al dirigirse cada una a su celda para meditar sobre los acontecimientos del día?

¿Sería, en realidad, así de estilizada esta ceremonia? Tal vez no. Puede haber sido menos formal, más humana. No es imposible conjeturar que, después de la partida del Presidente, las monjitas tuvieran licencia para romper filas, y en el grupo de visitantes buscar cada una a los suyos para abrazarlos, tocarlos, besarse o llorar juntos. Era, acaso, el momento de la risa entre hermanos con los viejos chistes fraternos, un cariñoso reencuentro con los padres a la hora de la nostalgia y el perdón, el deambular con primas y confidentes —y volver a formar parte de una generación en una familia normal— por las manchas de luz y sombra de los árboles y los parrones del jardín, que yo conocía gracias al cuadro de mi amiga la tornera.

Año tras año, en estas ocasiones de gran piedad, Sor Bernarda dejaba en vergüenza a su madre y a su familia desobedeciendo la señal de descubrirse, que más que un permiso era una orden presidencial. Mientras las demás monjitas se levantaban el velo, mostrando sus rostros lozanos a los padres expectantes, Sor Bernarda era la única en su fila que —aunque igual que las demás mantenía sus manos juntas en oración— no se levantaba el velo negro, ni alzaba su cara para cantar y rezar. Al salir de la capilla, antes de que pudieran atraparla, a la vista de las visitas y de la congregación, huía a toda carrera, dejando a su parentela boquiabierta con su osadía. ¿Para qué venían a verla...? ¿Para qué, si sabían cuál iba a ser el resultado? Era verdad que su madre había recibido cartas de arrepentimiento de Marta, implorándole su presencia, jurándole por Dios que en esta visita todo sería distinto. Pero no sabía que Marta había escrito esas cartas bajo la vigilancia de la Superiora.

Al desprenderse del grupo, Sor Bernarda se escabullía hasta algún rincón donde su madre no podía alcanzarla para exigirle lo que ella misma no daba y, por eso, Sor Bernarda era incapaz de retribuir. Y sin quitarse el velo huía a perderse lo más lejos posible, permaneciendo a veces durante días enteros oculta en una caverna, o en un sótano secreto o largamente desafectado, un rincón clandestino entre los matorrales o bajo las ruinas de un terremoto, en la huerta. Emergía varios días después, como una aparecida, su presencia fantasmal hambrienta, acosada, torturada, sucia, escuálida, el hábito hecho jirones como si se hubiera trenzado en una riña cuerpo a cuerpo, pero con el velo perfectamente tendido sobre la cara. Se humillaba, llorando, ante la monja que ejercía de Superiora. ¡Que la castigara!, le imploraba gimiendo. ¡Que humillara su arrogancia imponiéndole los trabajos más ruines!

¡Que la cargara con todas las penitencias que su desobediencia merecía! ¡Cualquier cosa, menos que la obligara a quitarse el velo!

¿Es posible —me lo he preguntado tantas veces— que en más de medio siglo de encierro la tía Marta jamás haya cedido a la tentación de mirarse el rostro, de alzar su velo para reconocerse y comprobar que seguía siendo la misma? ¿Cómo es posible que no se mirara alguna vez en un vano espejo, clandestinamente, aterrada, o en el agua sucia de un lavatorio, o por casualidad al pasar frente al cristal turbio de una ventana, afirmando sin arrogancia el simple hecho: «Ésta soy yo»? ¿O, reflejada en el fondo de una noria, no divisaría un rostro que no era el de Dios sino el de alguien vagamente recordado que la hiciera añorar su ser físico y amar de nuevo su carne? ¿Es lícito conjeturar que haya reconocido su rostro reflejado en la moneda de luz del agua quieta y negra allá en el fondo, al inclinarse para llenar el balde en la noria? ¿O necesitó destruir su propia imagen al verla en el agua, y astillarla dejando caer el balde? ¿O al verla huiría corriendo para no reconocerse y verse obligada a afirmar «ese rostro también soy yo»?

En mi colección de retratos viejos, la mayoría sin nombre, que guardo en un cajón de mi escritorio, hay muchos de mujeres que tienen algo de belleza, como si la belleza femenina poseyera una especial vocación de sobrevivencia.

Entre esas fotos de identidad indeterminada conservo la deliciosa fotografía de una joven rubia con la nuca decorada por el erguido moño de moda en 1880, la cintura discretamente retocada por el fotógrafo para dotar de un talle elegante, de avispa, a su bonita cliente provinciana: es la tía Eugenia, de veinte años —la casaron a los diecisiete y tenía dos hijitos—, considerada la belleza de la familia. Su mano negligente juguetea con unas rosas de seda sobre la consola de utilería. Se dice en la familia que fue perversa: le suponen evasivos ojos verdes, un poco entornados y húmedos, impropios para una viudita tan joven. Y empecinadamente, en el grupo de mujeres donde su rostro adusto no parece tener un lugar lícito, sobrevive con su nombre y arrastrando leyendas inverosímiles el retrato de mi bisabuela María. Carece de toda seducción pero está dotada de una sobrecogedora mandíbula cuadrada a la cual nadie puede desobedecer, y de pequeños ojos azules y penetrantes, aunque mezquinamente juntos: es una mujer emperrada, poco de fiar.

También tengo la fotografía de una muchachita, de pie, reclinada en el respaldo de un sillón de felpa adornado con flecos y borlas. Está vestida de negro y sin adornos, con ese luto pertinaz de las familias decimonónicas, donde siempre fallecía el marido de una prima en segundo grado, o una guagua de difteria, o un viejo tío capellán o canónigo, y entonces era necesario que la casa entera vistiera de negro durante meses, de modo que un luto empalmaba con otro. La muchachita de la modesta fotografía talquina no podía tener más de diecisiete años, pero mira de frente y sin temor, como familiarizada con el misterio de la eternidad contenido en el ojo escrutador de la lente del fotógrafo: es la tía Marta, hermana de mi abuelo, unos años antes de entrar en el claustro de las monjas Capuchinas, que en ese tiempo se alzaba en un predio donde la ciudad comenzaba a disolverse en el campo.

Después, Marta dejó de llamarse Marta para llamarse Sor Bernarda.

Talca, en 1880, tendría cuando más cuarenta mil habitantes, en circunstancias de que Santiago era una pequeña urbe agraria de doscientos mil. Por ser el punto de mayor importancia entre la capital y Concepción, bullía de actividad ganadera, y por sus mercados pasaba el grano exportado a Callao y Guayaquil en lanchones que bajaban por el vecino río Maule. El pueblo llegó a ser sede de un orgulloso grupo social endogámico, estático y un poco anquilosado, apegado al horizonte de su provincia y alejándose con eso, más y más, del acontecer social, político y económico del país, y manteniéndose ajeno al mundo internacional de la educación y la cultura. Cuando el ferrocarril llegó a Talca, se dio un gran baile en el Teatro Municipal de la ciudad para celebrar la incorporación del pueblo al mundo contemporáneo. La humareda del tren, fétida a carbón, la máquina con sus fierros clamorosos y su velocidad y comodidad espectaculares, eran los símboles del progreso que, poco a poco, iba llegando hasta los rincones más remotos del agro: una esperanza no sólo de bienestar, sino también de la posibilidad de competir con Santiago, Concepción y Valparaíso —y Europa—, que era a lo que los talquinos aspiraban.

Poblacho sofocante en verano, ahogado por la polvareda que levantaba el ganado de ancas marcadas con el fierro de sus dueños, camino de la feria: los señoritos, con sus espuelas, hacían caracolear a sus corraleros al amarrarlos al palenque frente a la cantina para apearse y refrescar el gaznate con un cacho de vino. Triste pueblo húmedo en los interminables inviernos de comadreo, novenas y brisca, de modestas tertulias familiares amenizadas por el discutible canto de las niñas de la casa y alumbradas con velas de sebo para el uso diario, que se sustituían por velas de cera de abejas cuando repicaban fuerte y llegaba una visita a la que era preferible impresionar, porque las niñas no se habían casado todas todavía. Las esquinas del pueblo se transformaban en lodazales con el tránsito de las carretas de bueyes repletas de productos agrícolas para el consumo familiar, aunque también para comercializarlos en los almacenes improvisados en el fondo de las casas de media manzana de hondura.

Mi bisabuelo Manuel Antonio Donoso Cienfuegos, que odiaba el campo, casi arruinó a su mujer vendiéndole una parte considerable de sus tierras que por fortuna eran cuantiosas («Huilquilemu», «Miraflores», «Los Pocillos», «San Agustín», etcétera). Decía: «La tierra es para las vacas...» Fue uno de los primeros señores de la región que se deslumbró con el comercio y repudió la agricultura como algo retrógrado y primitivo, arriesgando su peculio al hacerse comerciante. En esa época el comercio tenía gran prestigio social. Que un criollo se dedicara a él significaba una disposición a competir con los nuevos comerciantes vascos —a veces no más que faltes o buhoneros— llegados a fines del siglo anterior y que, para envidia de los timoratos criollos, enriquecieron, sin tardar en casarse con las hijas de los ricos tradicionales. «¡Que Eyzaguirre se vuelva a su tienda, que para eso sirve!», exclamó exasperado don Juan Martínez de Rozas al comienzo de nuestra Independencia. Eyzaguirre, claro, no fue el único comerciante. Doña Encarnación Fernández Salas, madre del Presidente Balmaceda, tenía un estanco de tabacos en el Portal Fernández Concha, como también don Diego Portales al otro lado de la Plaza de Armas. Y en lo que hoy es la calle Ahumada, los padres de doña Martina Barros de Orrego —según relata en sus estrambóticas memorias— tuvieron una tienda que no sólo vendía los productos de sus fundos, sino también artículos de uso doméstico, generalmente de importación. Un barco que traía mercancía para abastecer las tiendas de calidad naufragó en la costa de Huenchullami, en la provincia de Talca. Venía cargado con telas, sombreros de plumas, armazones para crinolinas, sombrillas y brillantes tarros de pelo para los caballeros, así como bastones y escopetas. Los indígenas de la región consiguieron rescatar de las olas los cajones cargados de mercancía, y procedieron a abrirlos. Cuando mi bisabuelo llegó a incautarse de lo que se presumió sería material perdido, encontró a los guerreros enjaezados con plumas, blandiendo sombrillas o pavoneándose metidos en las armazones como jaulas de las crinolinas.

Era visto como algo de mucha honra, muy elegante, muy moderno, muy culto, ser comerciante, en contraposición a los retrógrados agricultores: los dueños de negocios se rodeaban de una aureola de elegidos para hacer adelantar al país e importar los gustos y usos civilizados. Era una visión tan limitada como la de los economistas actuales, que se sienten ungidos por una mano divina para que todo en el país sea «moderno» gracias a las soluciones, a veces bastante miopes, que aportan. Los primeros comerciantes, igual que los economistas de hoy, se creían los autores de la imaginaria grandeza del país, olvidando que no hay adelanto, ni progreso, ni bien social ni político, cuando no existe fundamento en la memoria y en la cultura. En cierto modo, los economistas se contentan hoy, igual que mi bisabuelo a comienzos del siglo XIX, con sentarse en el palenque afuera de su negocio para fumar el equivalente de puros traídos de Cuba y lucir pintorescos chalecos de seda importados de California, sin darse cuenta de que todos los negocios son efímeros. Como el del bisabuelo Manuel Antonio: la bisabuela lo liquidó al enviudar y sanseacabó.

El contrato matrimonial que había unido a esta pareja hizo constar que la bisabuela trajo tierras, casas y animales al matrimonio, herencia con que su tío el Obispo Cienfuegos, firmante del Acta de la Independencia de 1810, dotó a esta sobrina fea y pobretona —que cuidó de él y de su hacienda hasta su muerte— para que así pudiera casarse. Del novio no sobrevive más que la observación que da fe, en un protocolo de entonces, de que lo único que aportó a la unión fueron, como he mencionado, «dos guachos bien creciditos que viven con él, y una docena de mulas mansas». Esta disparidad entre los cónyuges no impidió que don Manuel Antonio engendrara once hijos en el vientre ávido de doña María.

Es aquí, en realidad, donde comienza esta historia; con incertidumbres, puesto que de conjeturas se trata. Y para echarle mano a este cuento, debo comenzar con una pregunta precisa: ¿a qué partido político perteneció mi bisabuela María? ¿Fue liberal y compartió esas ideas, o formó parte del grupo enemigo y reaccionario?

No tengo ninguna certeza sobre la respuesta a esta conjetura. Podrían ser varias y contradictorias, determinando cada una el comportamiento de los personajes y una u otra manera de vivir. Hay algunos episodios inamovibles, pero son escasos y lo único cierto son las conjeturas: ¿Eugenia de veras huyó con un hombre de la casa de su madre, o es sólo un rumor? ¿Su hermana Marta, a consecuencia de esta huida, fue encerrada o se encerró voluntariamente durante sesenta años en el claustro de las Capuchinas, para expiar el pecado de su hermana? Si es verídica la huida de Eugenia, y parece que lo es, ¿la acompañó el norteamericano que figura como el Gringo Barrow en este relato, o su pareja fue simplemente un pariente o un vecino? El bisabuelo Manuel Antonio y sus «dos guachos bien creciditos» son certificablemente reales, aunque no el apelativo de «guachos-tíos». La bisabuela o «Mamita» María, el diputado Aurelio Donoso, Sandalio y la Mariconilla conservan sus nombres y labores de la realidad. La tornera, Au, Federico y los demás son casi puro relleno.

Sigue pareciéndome curioso, sin embargo, que para construir esos personajes de vidas tan privadas me sea necesario echar mano de las grandes pasiones públicas, económicas y sociales que conmovieron esa época. ¿Eran conservadores o liberales mis bisabuelos Manuel Antonio y María? ¿Consideraban funesta o necesaria la educación femenina? ¿O creaciones de Satanás los cementerios laicos que recibían a herejes y suicidas? ¿Veían en la creación de un Registro Civil una violación de su intimidad, y en el matrimonio civil un ataque frontal a las cosas que son de Dios, y la destrucción de toda decencia?

Una parte muy reaccionaria, muy beata, de la familia Donoso —los que hasta hace cincuenta años no veían con buenos ojos que una hija suya se casara con un descendiente de pipiolos—, los liberales-conservadores, se estimaban a sí mismos como una estirpe vinculada a la Iglesia, legándole tierras para misas y salvación de almas, y beneficiando con sus caridades a conventos y monasterios. Era gente temerosa del progreso y las libertades, una casta de huasamacos de tierra adentro, adversa a cambios y adelantos, pero muy aficionada a los santos, a los sacerdotes y monjas que transitaban libremente por sus corredores, aprovechándose de su hacienda y su mesa. Empeñados en entregar todo poder a la Iglesia, tanto en lo político como en lo mundano, eran sobre todo sus mujeres las que engrosaban las filas de fieles en novenas y procesiones, y mantenían estrechas relaciones con confesores que las guiaban por la senda del bien.

Cuando se trató de elegir candidato a Presidente por el Partido Liberal a don Federico Errázuriz Echaurren, fue muy discutido entre los «caciques» de la provincia. Se supo que su esposa, doña Ana Echazarreta, era tan orgullosa de su prosapia que rehusaba acompañarlo en sus viajes electorales para no verse asediada por señoras provincianas carentes de refinamiento, a quienes miraba en menos. Se la ignoró, entonces, y se abrazó la causa de don Federico, un poco como venganza. Cómo no, si el candidato era alegre y campechano, buena mano para el julepe, los causeos y el vino, dicharachero y amistoso. No costó mucho para que en la provincia llegara a ser leyenda, la encarnación misma de la simpatía criolla. Y los liberales-conservadores se hicieron liberales a secas y a ultranza.

En Talca los liberales de don Federico (conocidos como «los liberales», encarnizados enemigos políticos de los votantes pertenecientes al ala liberal-conservadora de la misma coalición, conocidos como «los conservadores») arrasaron con la mayoría de los votos en la zona del Maule, debido en gran parte, dicen, a los mangoneos de doña María. Para lanzar la campaña de su candidato en la región, ofreció en su caserón de la calle Una Sur (esquina de la Plaza de Armas de Talca) con la Una Poniente, un gran almuerzo.

He visitado la casa y el patio donde se celebró el famoso banquete de los liberales. La patrona había comenzado los preparativos con mucha antelación. A mí me parece que la hilera de columnas jónicas de madera que rodean el «patio de las visitas», cada una con la pomposa *D* mayúscula de Donoso campeando entre las volutas de los capiteles, fueron erigidas por orden de mi bisabuela como principal ornato para la visita presidencial. Es fama que la región del Maule la ganó mi bisabuela para don Federico porque tenía gran arrastre en esa tierra. No sólo por su parentesco con la mayoría de los latifundistas locales, sino también gracias a sus habilidosos mangoneos, y a su rebenque y su talega puestos al servicio del candidato. Sandalio, su cochero de toda la vida, el rostro de laucha ornamentado por gruesos mostachos engomados, era su confidente político y personal. La llevaba a visitar a sus amigos y a su parentela para comprometer para don Federico no solamente los votos de los señores sino también los de la peonada con derecho a sufragio (Sandalio se encargaba de esta parte del asunto). ¿Pero sería en realidad una liberal de los de don Federico, la bisabuela? Esto explicaría el retrato de grupo y la leyenda del almuerzo. ¿O sería reaccionaria ultramontana, como todavía afirman algunos, incluso su hijo, mi abuelo, reaccionario hasta el fin y a quien de chico, sin comprender qué significaba el extraño término, yo oía usar la palabra *pipiolo* con el mayor desdén? ¿Qué se puede saber sobre la verdad de estas conjeturas a más de un siglo de distancia, cuando todos han muerto y no queda más alternativa que aceptar las contradicciones?

Dicen que el candidato solía alojarse en casa de mi bisabuela, donde era mimado y festejado junto a su comitiva. En el opíparo almuerzo ofrecido por doña María con ocasión de la campaña de 1880, se sirvieron camarones y cauques del río Claro, ranas fritas de las pozas del Lircay, lomo de chancho adobado con cilantro, orégano y ají, costillares de cabrito asados a las brasas, escabeche de pajaritos y pastel de choclo.

Deben haber dormido una buena siesta rociada con chicha y vinos de la zona, despertando tarde, sin mucha energía para la acción. Se sentaron, en cambio, alrededor del tapete verde de mi bisabuela a probar mistelas, y se prolongaron las manos de julepe hasta después de que Custodio —el esclavito negro que le regalaron al bisabuelo Manuel Antonio en Perú, traído a bordo de uno de los lanchones trigueros construidos en los astilleros de Constitución— comenzara a hacer sonar su manojo de llaves, paseándose por los corredores, para indicar que comenzaba a ser hora de retirarse.

Pero se dice que antes de acostarse, en ese enfrentamiento entre dos redomados tahúres como don Federico y mi bisabuela (desde que ella enviudó, no había forma de arrancarle la baraja de la mano), cambiaron de dueño una yunta de lindos bueyes overos, una docena de ovejas merino, además de —y esto puede ser leyenda— unas fanegas de tierra recién emparradas que la dueña de casa habría perdido por su empecinamiento en triunfar copas cuando era evidente que las copas no le estaban viniendo en la mano.

El bisabuelo, muerto años antes, había dejado a su viuda dueña de un verdadero imperio doméstico. Debe haber sido un establecimiento curioso, la casa de la bisabuela en la esquina de la Plaza de Armas de Talca. No era una mansión de patricios. Era más bien una factoría colonial, la vivienda autoabastecida de una vieja estirpe de «caciques» provincianos con sus dependientes. Levantada en el solar asignado al primer Donoso avecindado en Talca a comienzos del siglo XVIII —tenían una encomienda de indios en Huenchullami, en la costa talquina—, dicen que todavía permanece en manos de gente de la familia; pero es gente que no conozco, que jamás vi en la casa de mis padres o de mis abuelos.

Hace veinte años visité esa casa. Tenía la fachada restaurada con poco gusto y cultura, y estaba subdividida en innumerables secciones alquiladas a distintas reparticiones públicas. Ya no quedaban más que dos de las orgullosas columnas de la bisabuela con nuestra *D* en el capitel, y era triste verlas aisladas, amarillentas, inútiles, los últimos dientes en la boca de un pobre viejo. Pero en la época en que en esa casa vivía una familia, la bisabuela segregó juiciosamente por sexos la vida en sus cuarteles, porque no estaba para que le pasaran chascos. El primer patio, embaldosado y con una escultórica chonta en el medio, estaba casi siempre desierto porque era el «patio de las visitas». Las caobas de los salones, encargadas por catálogo a las tiendas de París, y sus lámparas, estaban siempre envueltas en fundas de tocuyo y de cotí, así como los muebles dorados, «igualitos a los de Santiago». La pieza del piano y una salita separaban el primer patio del segundo; era en esas salitas más íntimas donde se congregaba la tertulia familiar de la tarde, las niñas haciendo un poco de música y leyendo versos, la bisabuela sentada con cualquiera que se prestara a su mesa de juego, y donde se recibía a las visitas de confianza.

El segundo patio, centrado alrededor de un vivaz camelio rosado, era el patio de las niñas. Cuando el tiempo era dulce, en el corredor practicaban con la guitarra las novedades musicales que en pliegos les traía el correo, y cultivaban macetas de begonias y geranios, y les enseñaban a hablar a sus tencas regalonas. Algún lujoso gallito de la pasión picoteaba en el pasto crecido entre las piedras de huevillo; y el jazmín de España, y la madreselva, y la pasionaria, trepaban por las pilastras, menos aparatosas que las del patio de las visitas. Las niñas Donoso bordaban, cosían, probaban los alfeñiques preparados por sus manos virginales, y suspiraban al ritmo de la gota de agua que, indolente, caía de la destiladera, comentando las novedades de *La Moda Elegante Ilustrada,* mientras desfallecía otra tarde color malva sobre las tejas y las falenas comenzaban a congregarse en torno a las lámparas de carburo que Custodio iba distribuyendo. ¡Ah, Santiago!, suspiraban las niñas Donoso Henríquez. ¡Si su hermana Irene, casada con el senador Pedro Letelier, se acordara de ellas y las convidara a pasar una temporadita en Santiago, en su casa de la Alameda! ¡Ah, las zarzuelas y la ópera italiana... y las tonadilleras y cupletistas que venían al Teatro Santiago! ¡Y las prédicas de don Rafael Valentín Valdivieso en la Basílica de La Merced —la iglesia de moda porque era la más nueva—, donde se veía a la gente elegante recién llegada de Europa! ¡Decían que las prédicas de don Rafael Valentín eran tan lindas que hacían llorar!

Para la Mamita María no existía lema más verdadero que «entre santa y santo, pared de cal y canto». Porque a ella lo que menos le gustaba de la gente joven eran las amistades exclusivas —fueran entre quienes fueran—, que siempre daban pie para toda clase de inmoralidades. Por eso hizo separar el primer patio, el de las visitas, del segundo patio, el de las niñas; y éste, del tercer patio, el de los hermanos; y el de los hermanos, del cuarto patio, el de los guachos. Custodio lo cerraba todo con varias vueltas de llaves al irse a dormir tirado en su jergón detrás de la mampara de la puerta de calle, para poder así dar la voz de alarma si algo extraño sucedía en la casa.

Esta separación por sexos era especialmente necesaria porque los hermanos, en el tercer patio, eran atendidos cada uno por un *ñaño* propio... ¡y quién podía adivinar las ideas que cruzaban por la mente de estos bandidos! No estaba dispuesta la Mamita María a permitir que sus hijos crecieran como huasos brutos e ignorantes, que para algo habían nacido caballeros. Tomó un profesor de música que le enseñó flauta a mi abuelo —dejó de tocarla al perder los dientes— y violín al tío José Antonio. Además, les enseñó a ambos los rudimentos de idiomas europeos. Este profesor, el melifluo señor Figari, tenía un bigotito finísimo que le acentuaba el labio superior: la Mamita tomó la determinación inapelable de poner candados entre patio y patio cuando oyó a su hija Au suspirando al alabar la elegancia europea del famoso bigotito del italiano. No lo puso en la calle considerando que el tal bigotito y la voz de pito de Figari eran antídoto contra la brutalidad de algunos ñaños... por ejemplo, el ñaño del tío José Antonio, un vejete erizado de rencores al que le quedaba un solo diente choclero y una fetidez de podredumbre en la boca. De viejo, el tío José Antonio todavía rememoraba un período feliz de su infancia, cuando lo cuidó una cariñosa ama de leche que él, hasta los siete años, creyó que era su madre: sólo se dio cuenta de quién era quién, y qué, en la casa, cuando la Mamita María lo desterró al patio de los hombres, poniéndolo en manos de su repulsivo ñaño. Mi abuelo Emilio, en cambio, siempre recordó con cariño a su ñaño Pancho Ramos, que le enseñó a jugar ajedrez. En su ancianidad, tímido y retraído, apoyado en una sordera real o ficticia, solía jugar ajedrez solo. Pocas semanas antes de su muerte, atisbándolo a través de un visillo, lo vi sumido en su solitario juego: de repente su rostro ascético se iluminó con una sonrisa pícara, como si acabara de triunfar sobre su contrincante con un ingenioso gambito: ese contrincante espectral no podía ser otro que Pancho Ramos.

El cuarto patio era el famoso patio de los guachos, donde comenzaba el «adentro», las vísceras de la casa, un laberinto maloliente de bodegas y soberados, una serie de espacios rudos, agrestes, embarrados. Éste era el temible patio donde la abuela congregaba alrededor de los hijos prematrimoniales de su marido (unos hombrones de voz áspera que no se ahorraban palabrota, los aterradores «guachos-tíos», que protegían las andanzas de su padre por la lúgubre noche talquina; alguna vez tuvieron que cargarlo hasta su cama, borracho de vino y dolor, enjugando su llanto de amor por «una pieza cobriza» inalcanzable para un anciano de su edad) a todo el resto de los guachos, los que sus hijos, que ya se iban haciendo hombres, procreaban en las campesinas de los fundos y en las sirvientes de la casa. Tan incontable me parece mi imagen de la población del patio de los guachos, que no es improbable que sea pura imaginación novelística, y que la realidad detrás de la leyenda de los guachos haya sido mucho más parca.

En todo caso, eran los guachos y las guachas quienes ejecutaban las tareas menestrales que les asignaban los guachos-tíos. Las lavanderas enjuagaban la ropa en enormes artesas de lavaza celeste, almidonaban y planchaban; otras mujeres, arrodilladas junto a sus piedras, molían la chuchoca enrojecida por el solazo de los tejados; los chiquillos bruñían los bronces de la calesa y del coche-trompa; los hombres limpiaban y cargaban las lámparas de carburo y las dejaban en escuadrones en el suelo de los corredores, tiñendo el aire con su peculiar fetidez hasta que Custodio acudía a llevárselas «para afuera». En los vericuetos de este panal de corredores, patios, corrales y bodegas se amontonaban fardos de paja y alfalfa, y colgaban ristras de cebollas de guarda y ajos, trenzas de ajíes y pimientos colorados, y en los rincones se amontonaban las sandías, las alcayotas para dulce, los zapallos monstruosos y los melones. El olor dulzón de la paja, el aroma punzante de la chicha del lagar y del suero de la lechería, se pegaban al pelo de las mujeres y al almidón de las camisas de los hombres, y al andar todos despedían de su ropa el olor al humo de las fogatas donde hervía la leche con cascaritas de limón para el manjar blanco del desayuno.

En esa zona, la pieza de costura era habitada por una estridente parvada de chiquillas. Entre las costureras, la Mariconilla, cuyo estrambótico mote no sugería entonces lo que hoy, era la diminuta entenada de Sandalio, quizás su hija con una de las mujeres del servicio. Tenía la curiosa habilidad de trepar al tejado como una laucha para ver los estropicios de un terremoto, o dar noticias de la tropa camino de las maniobras, o de la Procesión del Carmen, y gritarles noticias sobre el comportamiento de sus novios a las mujeres que se apiñaban abajo, en el patio, y que le preguntaban a gritos toda clase de detalles. Después bajaba a retomar su trabajo, que era el de hacer o remendar cientos y cientos de ojales para la población de toda la casa —en camisas, trajes, ropa interior, vestidos, que para eso, para ojaladora, la contrataba misiá María—, mientras en las caballerizas, lavando sus caballos con el mejor jabón, y silbando, Sandalio se pasaba la tarde preparando el coche por si los patrones lo iban a ocupar.

No había nadie que no les tuviera santo terror a los guachos-tíos y no huyera a perderse por los laberintos del cuarto patio al oír retumbar sus vozarrones incultos. Se murmuraba, incluso, que misiá María los temía, porque en cualquier reyerta, se afirmaba, don Manuel Antonio preferiría irse con ellos —los quería más que a los once hijos de su matrimonio— antes que despedirlos de su casa.

Una noche de lluvia espesa los guachos-tíos arrastraron al esclavito negro, Custodio, gritándole, pateándolo, abofeteándolo, dándole rebencazos, hasta el medio del patio, donde la lluvia rayaba en diagonal la oscuridad. Nadie comprendía por qué lo estaban castigando en esa forma. Los guachos-tíos lo remecían y le gritaban bajo la lluvia que los empapaba, mientras desde el alero del corredor don Manuel Antonio y misiá María llegaban abrazados, por primera y última vez para la experiencia de los que se animaron a catear por los ventanucos: muy graves debían ser las cosas para que la pareja demostrara tal intimidad. El negrito aullaba bajo las botas embarradas de los guachos-tíos, que bramaban mientras el resto de la manada doméstica se disimulaba en los huecos de la sombra para contemplar la magnificencia del espectáculo de la crueldad. Las patas de los guachos-tíos inmovilizaron el cuerpo del negrito: los guachos viejos sacaron sus navajas dispuestos a zanjar el pescuezo del esclavito, que lograba defenderse a medias: su sangre mezclada con el barro corría como un reguero morado alrededor de su cuerpo tendido.

Chillaba, intentando protegerse con su antebrazo:

—¡No, tío, no...!

—¡Cállate, mierda! Yo no soy tío de ningún negro cochino como tú... —le gritó Saltiel, uno de los guachos, tocándole la yugular con el filo de su navaja.

—¡Suéltalo, mierda...! —alcanzó a gritar el bisabuelo, avanzando desde el corredor hasta el centro del patio empapado—. ¡Que no hable más! ¡Amordácenlo! ¡Amárrenlo bien amarrado!

—¡Sandalio! ¡Sandalio! ¿Dónde te metiste? —gritaba la Mamita llamando a su cochero y lugarteniente, trastabillando y acezando al afirmarse en una pilastra mientras se oía un revuelo de faldas en los rincones.

—Tranquila, Mamita, tranquila... —balbuceaba el bisabuelo intentando apaciguarla.

—¿Qué haces parada ahí como una imbécil? —le gritó la bisabuela a la Mariconilla—. ¡Anda corriendo a buscar a Sandalio!

Se esfumó la Mariconilla y en un minuto reapareció con Sandalio a la rastra, llevando faroles improvisados con velas en cucuruchos de papel de diario. La bisabuela le arrebató el suyo y alzándolo miró lo que ocurría en el patio: se había organizado un grotesco animal mitológico, con varios cuerpos trenzados y múltiples cabezas y extremidades, que se contorsionaba en un abrazo de violencia unificado por la pátina de la lluvia. Con la ayuda de Sandalio y del bisabuelo, los guachos-tíos aquietaron al negrito, y lo amordazaron y amarraron con cordeles brutalmente anudados. Como un fardo de forma irreconocible lo tiraron sangrando al barro del patio.

Sandalio salió corriendo: lo tendría todo listo en diez minutos, dijo, porque era sólo cuestión de enganchar. Cargaron el bulto de Custodio junto a Gamaliel, que se encargaría de vigilarlo durante el viaje y, ya en Constitución, de entregar ese paquete. El cochero se encaramó en el pescante y partieron al trote largo. Saltiel permaneció en la casa de la Una Sur para ayudar a don Manuel Antonio en lo que hiciera falta. Se le había dado instrucciones precisas a Gamaliel para que embarcara el bulto de Custodio en un lanchón pronto a partir con trigo a Callao. Y si el negro continuara vivo, que no era lo más probable, que allá lo soltaran en el muelle para que se confundiera con los indios, negros, mulatos, chinos, cholos de la variopinta turba peruana en medio de la cual no llamaría la atención; aquí las cosas eran distintas. Sobre todo, le había advertido don Manuel Antonio a Gamaliel, nadie debía verlos, nadie reconocerlos o advertir la naturaleza de este extraño embarque. Era necesario tener un cuidado extremo, porque en estos puertos del Pacífico muchas personas lo conocían... no sólo a él, sino a su gente.

El bisabuelo Manuel Antonio y Saltiel, atendidos por la Mariconilla, que no estaba dispuesta a perderse ni un paso del drama, y dos sirvientas forzudas, apoyaron a la Mamita María, que intentaba estabilizarse. La condujeron como pudieron hasta su dormitorio en el patio de las niñas. La Mamita murmuraba el nombre de Eugenia, a quien no vio entre sus hijas. Al llegar a su pieza, cerraron la puerta y los postigos porque no querían curiosos; entonces la bisabuela se desplomó con todo su peso sobre la alfombra, a los pies de su cama, gimiendo en el suelo hasta que perdió el conocimiento. En cinco minutos trajeron a su vecino y primo, el doctor Astaburuaga: alarmado, prohibió que por el momento movieran a la enferma de su postura. La auscultó en el suelo, la palpó, le tomó el pulso: iba a ser difícil moverla porque la pobre María estaba muy pasada de peso. Despacharon a las *chinas* que aguardaban el desenlace trágico. Las niñas Donoso Henríquez se sobresaltaron, aunque su padre mantuvo la compostura, cuando el doctor Astaburuaga preguntó:

—¿Y la Eugenia y los niños...?

—No están... —tartamudeó Trinidad.

—¿Cómo, a estas horas?

—Es que se fueron a pasar un tiempo en Santiago, en la casa de la Irene —explicó don Manuel Antonio.

Cuando se fue Astaburuaga, entre todas izaron a la enferma a su lecho. Sus hijas la desvistieron, acomodándola entre los almohadones de la cama. Acudió su hijo mayor, Aurelio —por suerte, pese a la temporada de plantaciones, no había partido a «La Quebrada de Agua»—, que con sus hermanas sostuvo un conciliábulo. Circuló una carta que, por turnos, los hizo palidecer a todos. Al leerla dijo Rebeca Gana, la mujer de Aurelio:

—¡Dios mío! ¡Si yo recibiera una carta de cuero de diablo como ésta, seguro que a mí también me daba un infarto!

La Mamita María, por muy inconsciente que estuviera,

no perdía detalle. Aspiraba las sales aromáticas que en un po-
mito Marta le puso debajo de la nariz, y abrió los ojos desme-
surados, balbuceando:

—¿La Eugenia no está?

—No, Mamita...

—¿Se llevó a los niños?

—Sí.

—Ésta no vuelve más.

Al decir esto, la Mamita María sufrió su segundo ataque, el grande, el que la mantuvo en cama durante tantos meses. Marta permaneció largo tiempo junto a la cabecera de su
madre, vigilándola, cuidándola, enjugándole la frente de vez
en cuando con un pañuelo impregnado de agua de azahar,
hablándole, consolándola. Hasta que por fin la Mamita fue capaz de dar unos pasos por el dormitorio del brazo de su hija.
Sin embargo, pese a su mejoría, se juzgó preferible no mostrarle todavía esa carta erizada de hostilidades. Era necesario
esperar: para todo el mundo Eugenia se encontraba pasando
una larga temporada con sus hijitos —que debían entrar en
un colegio de primera categoría— en casa de Irene y Pedro
Letelier en Santiago. Y misiá María se abstuvo de preguntar
por su hija durante varias semanas.

Cuenta la timorata crónica de mi familia que la tía Eugenia se
casó muy joven con un señor de apellido Mujica, y que inmediatamente después de tener dos hijos muy seguidos enviudó.
Como es natural, al enviudar en holgadas circunstancias económicas, pretendió seguir viviendo con sus hijitos y su servi-
dumbre en su propia casa, a dos cuadras de la casa de su madre, independiente, si bien no lejos, de la tiranía familiar. Pero su madre no aceptó esta propuesta de vida: no era cosa de
señoras y su hija era demasiado joven, bonita y fatua, según
dictaminó en cuanto sus ojos percibieron que Eugenia no se
veía excesivamente triste con el luto por el señor Mujica, que
había sido elegante además de bello de rostro y figura, aunque,

se decía, no muy inteligente ni divertido, y pésima mano para el rocambor.

Eugenia le planteó de frente el problema a su madre: estaba dispuesta a hacer lo que fuera para vivir sola. Pero esta discusión, como tantas otras desde su adolescencia, la ganó la Mamita María, y al año de enviudar Eugenia vivía de nuevo con sus sirvientes y sus hijos en el caserón de la Una Sur. Allí su vida pareció confluir sin problemas con la de sus hermanas en el patio de las niñas, dedicada a los mismos pasatiempos y labores, sólo que Eugenia se reservaba una hora al anochecer para enseñarle a escribir y a leer a Custodio que, aunque melancólico y con poca cabeza para el estudio, a veces se reía con los cuentos que Eugenia le iba leyendo.

Todas las tardes, después de las vísperas, Custodio transportaba desde el cuarto patio las lámparas de carburo que distribuía en el patio de las visitas, por si llegaba alguien; en el patio de las niñas, porque le tenían miedo a la oscuridad; y en el patio de los hombres para que pudieran jugar ajedrez, o al naipe, o a las damas, con los ñaños más disponibles. También ponía una lámpara en la pieza del piano y otra en la salita donde se jugaba al naipe, porque éstos eran los espacios donde la familia se congregaba cuando en invierno comenzaba a caer el sol. Allí las niñas bordaban, cosían, escribían cartas y leían versos de Bécquer y Zorrilla. Y cebaban el mate con azúcar tostado en los carbones del brasero traído, ya cano, por Custodio. Hacía mucho frío en la casa a esa hora. El viento se colaba por los pasillos como por desfiladeros de alta montaña, y las cosas, al tacto, parecían de puro mineral endurecido por el hielo. Aún con el brasero encendido en la salita, la familia permanecía con sus largos abrigos puestos, y al retirarse a sus dormitorios las siluetas de las mujeres, enfundadas en chales y más chales, eran negras y de forma incierta como berenjenas, taconeando muy aprisa para encerrarse en sus cuartos. Don Manuel Antonio, amodorrado en su sillón mientras la bisabuela terminaba su sempiterna mano de brisca, para hacer el trayecto de la salita a su dormitorio se calaba muy hondo su fieltro alón, de modo que parecía la sombra de un fantasma deslizándose con una coartada asesina por una pared del medioevo.

Cuando lo divisaba, Eugenia no podía sino pensar en las líneas de Espronceda, su poeta preferido:

Un hombre
pasó.
Embozado,
el sombrero recatado
a sus ojos se caló.
Se desliza y atraviesa
junto al muro de una iglesia,
y en la sombra
se perdió.

Las niñas tocaban el piano o la guitarra, y alguna que tuviera un poquito de voz ensayaba *Plaisir d'amour.* Custodio, una vez terminada la lección de Eugenia en la esquina más discreta de la salita, salía a pasearse por los corredores agitando su gran llavero. Cuando ya no quedaba nadie traficando por la casa, el negrito cerraba todos los candados con llave y tirando su jergón detrás de la mampara de la puerta de calle se echaba allí a dormir... a dormir con un solo ojo, según se decía en la familia, porque Custodio era tan leal que su otro ojo permanecía abierto día y noche, y los oídos alerta para percibir cualquier movimiento extraño.

El Gringo Barrow era un comensal que misiá María con frecuencia acogía en su mesa. Norteamericano de los Estados del Sur, después de pelear en la Guerra de Secesión, de la cual salió cojeando, arribó a las costas chilenas, Valparaíso, Copiapó, Talcahuano, hasta que por último recaló en Constitución, en la boca del Maule, donde se habían avecindado varias familias norteamericanas del partido derrotado en la Guerra Civil. Especialmente íntimos de los Donoso eran los miembros de la familia Hoyl, caballerosos, inteligentes, negociantes serios, gente, en suma, distinguidísima. Como las tertulias de provincia suelen ser monótonas y aburridas —todos más o menos primos, los padres y los abuelos archiconocidos desde siempre—, lo que ocurría en ellas era predecible, una repetición de las mismas conversaciones y comidas que conocían desde chicos. Para aliviar esta pesadez de convivencia, las niñas Hoyl muy pronto fueron acogidas como una novedad interesantísima por sus nuevas amigas las Donoso, porque las niñas Hoyl eran católicas y sabían tocar el piano y cantar canciones que las norteamericanas llamaban con el nombre, al parecer muy santo, de *spirituals*. Custodio a veces se quedaba quieto en el vano oscuro de una puerta, escuchándolas.

En uno de sus frecuentes viajes a Talca las niñas Hoyl les presentaron al Gringo Barrow a sus amigas, las Donoso. El bisabuelo ya lo conocía porque en Constitución se reunían con Hoyl para discutir los pormenores de la empresa de exportación que proyectaban montar. El viejo Manuel Antonio parecía muy estimulado con esta idea empresarial. El trigo lo produciría él en sus tierras; Hoyl construiría los lanchones en su astillero de la Boca del Maule para exportar el trigo producido por Donoso; y el Gringo Barrow organizaría el tejemaneje de la comercialización del producto en puertos como Callao, Guayaquil y Barranquilla. No es que las niñas Donoso no conocieran al Gringo Barrow, pero jamás le habían hablado. Era imposible, por lo demás, no distinguirlo cuando transitaba por la Calle del Comercio, con su pelo de choclo, su pata coja y su ojo izquierdo nublado por la pólvora de la Guerra Civil. Al cruzarse con él en la calle —una bandada envuelta en mantos negros, rumbo a la Parroquia— las niñas Donoso miraban hacia el suelo, temerosas de cruzar la mirada con la suya porque, en tanto extranjero, podía ser hereje. Pronto supieron que era católico: lo corroboraron todas las familias de molineros inglesas y norteamericanas últimamente establecidas en Talca —los Stringfellow, los Page, los Williams, los Jenkins— y con las que don Manuel Antonio tenía trato.

De tarde en tarde el bisabuelo invitaba al Gringo a la mesa de su mujer. Las hijas de la casa comieron, esas primeras veces, con sus ojos gachos y sin decir una palabra. Pero poco a poco fueron adquiriendo más soltura ante el extraño, y reían, y hacían preguntas y contaban historias de sus campos y de sus amistades. Después de cenar pasaban a la salita y a la pieza del piano, que Custodio se encargaba de tener bien abrigadas para esas reuniones. Misiá María no tardaba en enredar al Gringo Barrow en una furiosa partida de brisca, mandando a una de sus hijas a que se sumara a la mesa si faltaba un cuarto. Esta costumbre irritaba a las niñas Donoso, porque así no podían disfrutar de la sociedad del Gringo, hasta que se habituaron a interrumpir el juego para consultarlo sobre los detalles de una partitura, tema en que se demostró experto. En un rincón de la salita, entretanto, Eugenia se ocupaba de enseñarle a leer a Custodio, tarea humanitaria que el Gringo no dejó de alabar ante doña María y las hermanas reunidas alrededor del piano. Al terminar la lección en que Eugenia y Custodio cuchicheaban en un rincón, éste, que ya tenía catorce años, salía a los corredores de la casa: a medida que los comensales se iban retirando a sus cuarteles propios, el esclavito esperaba, al lado de afuera de la salita, a que la mamita María, que era muy larguera, terminara de despedirse del Gringo Barrow, diciéndole que encargaría a Custodio que lo acompañara a la puerta y le abriera.

Al caminar hacia la mampara el Gringo Barrow y Custodio hablaban mucho porque se habían hecho amigos. Él no había nacido en Callao, le confiaba el negrito al Gringo, sino que lo habían traído de más al norte, de una región cuyo nombre había olvidado, aunque no olvidaba la música, ésa que cantaba el Gringo con las señoritas Hoyl. Hablaban mucho mientras se acercaban a la puerta, Custodio apagando, de trecho en trecho, las lámparas de carburo. La última la apagaba sólo en el momento antes de ir a echarse en su jergón detrás de la mampara.

A veces las niñas Donoso Henríquez se quedaban comentando la velada con su madre en el dormitorio de una de ellas, mientras la ayudaban a desvestirse para meterse en cama.

—¡Qué lástima que el Gringo sea tan feo! —opinaba Eugenia.

—¿De qué te quejas tú, si ya tuviste marido? —la censuraba la Mamita—. ¡Vieras lo feo que era tu papá, y lo más bien que he estado casada treinta años con él! ¡Y tan chiquitito!

No pueden dejar de reconocerme que, por muy feo que sea, el Gringo Barrow por lo menos es fachoso, grande como un percherón, como tu marido Mujica, Eugenia...

—¡De mansa cosa me sirvió! —respondió Eugenia mientras ayudaba a sus hermanas a deshacer los cordones del corsé de Trinidad—. ¡Si vieran lo tontos que son los hombres...!

—No porque a ti te haya tocado un hombre aburrido —intervino Albina— tienen que ser todos iguales...

Trinidad se metió en su cama. Apagaron su vela cuidando de que el pabilo no quedara humeando, y al retirarse del dormitorio seguida por sus otras hijas, la Mamita María comentó:

—El Gringo Barrow es estupenda mano para el rocambor, y tiene la bolsa bien llena según lo que me cuenta Manuel Antonio. ¡Ojalá que se avengan bien en la empresa y el Gringo, que cara de zorzal sí que tiene, se fije en una de ustedes para casarse! Parece buena persona.

Cuando la Mamita María cerró la puerta de su dormitorio, sus hijas, en la ventolera del corredor, se quedaron comentando que el Gringo Barrow tenía la piel del cogote áspera y suelta y colorada... ¡y ese ojo izquierdo un poco blanquizco, casi bizco! Pésimo le había ido en la guerra. ¿Sabía alguien quién era? ¡Capaz que fuera un bandido! Aseguraba ser un caballero del sur. ¿Pero si resultaba ser uno de esos forajidos del norte? Y si en vez de ser católico, como decía, fuera protestante, miembro de una de esas sectas espantosas en que bautizan a los fieles por inmersión y les hacen confesar sus pecados en voz alta delante de toda la feligresía? ¿Quiénes eran su madre y sus hermanas? ¿Serían señoras decentes, adecuadas para ser amigas de ellas?

Al regresar después de su viudez a la casa de su madre, cargada con hijos, crespones y sirvientes, Eugenia ocupó la habitación contigua a la de la Mamita, comunicada por el interior con una alcoba donde dormían los dos niños.

La noche en que mi bisabuela tuvo su gran ataque al corazón —siempre sería recordada como una noche trágica para la familia—, por lo menos dos horas antes del accidente Eugenia y sus hijos ya se habían escabullido del dormitorio. Entraron sigilosamente a la pieza del piano, donde los esperaba Custodio. Ella instaló a los niños en el sofá de la salita, advirtiéndoles que no debían moverse hasta que los viniera a buscar, y abriendo la cortina que separaba la salita de la pieza del piano, tomó a Custodio de la mano y lo hizo entrar. Corrió la cortina. Bajó la llama del carburo. La puso junto al sofá, donde se sentó, llamando al negrito para que acudiera a sentarse a su lado.

—¿Te dio plata? —le preguntó.

—Sí.

—¿Y el pasaje para Santiago en el coche de las cinco de la mañana?

—Aquí lo tengo: mire, señora.

—¿Sabes dónde tienes que juntarte con nosotros y a qué hora?

—Sí, señora.

—¿Te pago ahora o después?

—Ahora.

—¿Me juras que nunca le dirás nada a nadie?

—Le juro, señora.

Eugenia, entonces, acercándose a Custodio sobre el sofá, lo abrazó y, tomándole la cabeza, la apoyó sobre su pecho agitado. Los dedos del negrito, largos, oscuros, de uñas sonrosadas, buscaron la nuca de Eugenia, las hebras doradas de su pelo caídas sobre el cuello. Le preguntó:

—¿Ahora?

—Ahora.

—Es la última vez.

—La última.

Eugenia subió sus brazos y quitándose las horquillas que sostenían su moño dejó que se derramara sobre sus hombros el lujo de su pelo dorado, que como una marea le cubrió la espalda. Mientras lo hacía, la mano de Custodio buscaba algo, no sabía qué, en la cintura de Eugenia, que le quitó de allí los dedos. Le dio la espalda, murmurando:

—Ahora.

—Sí, ahora.

La casa dormida, con sus espesos muros de adobe, parecía acezar, asustada, alrededor de ellos.

—Apúrate —lo mandó Eugenia—. No quiero hacerlo esperar.

Custodio, entonces, hundió su rostro en la ola de ese pelo largo y rubio y tibio, ahogándose en él, besándolo hebra por hebra, dejando que su peso lo hiciera escurrirse entre sus dedos. Ella le daba la espalda, de modo que el negrito no pudo verla entornar sus ojos verdes, encendidos de placer y humedeciéndose a medida que los dedos del negrito avanzaban por su cuello, y que su otra mano, desde atrás, le acariciaba la cintura y después el pecho:

—¡Déjame, negro cochino, no me toques!

—Pero señora...

—El pago iba a ser permiso para que me tocaras el pelo, nada más...

Custodio, tembloroso, se puso de pie ante ella.

—¿Quiere que me vaya?

—No. Me tienes que ir a abrir la puerta de calle.

Custodio vio que Eugenia lloraba.

—No llore —la consoló.

Eugenia lo abrazó por las caderas, hundiendo su rostro en el hervor de su sexo excitado, mientras él seguía acariciándole el pelo. Eugenia repetía y repetía:

—Estoy sucia... sucia... sucia...

—No lo haga esperar. Vamos, señora.

—Sucia... sucia... —balbuceaba ella mientras con los brazos alzados y la boca erizada de horquillas seguía repitiendo la palabra terrible y llorando. Logró armarse malamente el moño, que le quedó, pensaba, en una posición poco elegante. Él le preguntaba por qué se creía sucia, y ella respondió que porque le era infiel al hombre que amaba. Dijo Custodio:

—No es infidelidad si lo haces conmigo. Yo no soy más que un negrito esclavo.

Eugenia se pasó la mano por última vez sobre su peinado y compuso sus facciones, diciendo:

—No eres más que un esclavo. Contigo no es infidelidad. Ni pecado.

Estaba segura y relamida, como si nada hubiera sucedido. Después de ponerse el manto y dejar un sobre encima del piano, le dijo a Custodio, luego de ir a buscar a sus niños y tomarlos de la mano:

—Ábreme.

Apagaron la luz. Con sus niños de la mano y guiada por Custodio se apegó al muro del corredor para dirigirse a la mampara, las siluetas agitando apenas el quieto volumen de la noche de los patios. Él abrió la mampara con su llave, tratando de hacer el menor ruido posible porque sabía que de noche, en una casa dormida, el repicar de metales se oye claro y llega lejos. El negrito cerró la mampara antes de abrir la puerta de calle. Quedaron entre las dos puertas, sin tocarse, inmóviles un segundo, sólo mirándose. Eugenia tenía el pecho agitado y una luz verde bajo sus párpados, desde donde sus pupilas no miraban de frente... ¿Por qué, por quién acezaba, por quién le iba surgiendo el llanto? ¿Por la Mamita, por sus hermanas y hermanos...? Entonces, como una bomba, estalló la luz de otra certeza: lloraba por él, porque ya jamás volvería a sentir en su pelo la destreza de sus dedos oscuros, y a nadie le procuraría el goce de gloria que su pelo le proporcionaba a Custodio... De este momento en adelante, para ella todo sería menor. Eugenia se estaba estirando el manto por delante, de manera que como un cendal le sombreara las facciones. El negrito metió la llave en la cerradura de la puerta. Quedaban unos segundos para estar solos, compartiendo el silencio. Por fin, al cabo de esa breve eternidad, Custodio dio vuelta la llave en la cerradura y abrió la puerta: en la calle, la noche era más maligna que la de los patios, viva como una fiera lista para devorarlos. En la esquina de la calle Dos Poniente divisaron, esperando, el coche que los llevaría a Santiago y de ahí a Valparaíso, hasta el barco.

Custodio permaneció oculto en el umbral, apenas un bosquejo, cuidándola para que alcanzara su destino. En la esquina la vio saludar someramente al Gringo Barrow, que la esperaba con la puerta del coche abierta. Subieron a los niños soñolientos pero fascinados con esta aventura nocturna. Vio subir también a Eugenia, luego al Gringo que desde adentro cerró la puerta del coche, y siguió observándolos desde su sitio hasta que partieron tirados por lo que a Custodio le pareció una manada de potros encolerizados. ¿Pensaría Eugenia en todo lo que abandonaba, en sus padres y hermanos, en su casa, en Talca misma y en el campo... en todo a lo que pertenecía? No, no estaba pensando en eso. Pensaba en otro mundo, del cual sólo él formaría parte. Entonces, alborozado, se desprendió de la sombra y desde la vereda miró cómo se perdía el coche en la calle. Al entrar de nuevo en la casa y echar llave a las puertas, sintió que su corazón, pesado otra vez, volvía a retumbarle. El deseo de morir... morir... como si su corazón le causara dolor al golpearse en las paredes de los estrechos patios, porque lo ahogaba la certeza de que acababa de ver a Eugenia por última vez.

Esa mañana, al alba (comenzaban a cloquear las gallinas, a arrullarse las palomas y a silbar los zorzales y jilgueros), se dieron cuenta de que faltaban Eugenia y los niños, y como nadie abrió las puertas entre los patios y la calle, notaron que también faltaba Custodio.

—Capaz que se hayan ido juntos.

Pero ésa pareció una hipótesis tan insostenible que fue descartada sin argumentos. Además, alguien dijo que más temprano, hacía quizás una hora, creían haber visto a Custodio escabulléndose por un pasillo. En todo caso, se puso toda la casa a buscar a Eugenia y a sus niños hasta que, al comprobar que no aparecían por ninguna parte, se pusieron a gritar porque alguien necesitaba salir a la calle: don Manuel Antonio quería recurrir a quien fuera entre la parentela y los amigos por si sabían algo. Los guachos-tíos estaban especialmente furiosos con Custodio por esconderse con todas las llaves, y con saña, amenazantes, gritaban su nombre y preguntaban por él en todos los rincones. Cuando la Mariconilla propuso que quizás Custodio era el causante de la desaparición de Eugenia —sin explicar por qué, ni para qué, ni para ir dónde—, las niñas Donoso Henríquez, aterrorizadas por la sombra de una tragedia que parecía cernirse sobre ellas sin dejarse caer todavía, se encerraron a llorar en un dormitorio. Los agitados rumores de conversaciones y pasos que se oían afuera de la puerta clausurada de su pieza, los nombres gritados con angustia, con furia, las carreras, las zancadas presurosas de botas que estaban dispuestas a seguir el rastro de Eugenia por donde fuera, no encontraban a nadie. El bisabuelo Manuel Antonio, al mando de un ejército de guachos y guachas, no dejó rincón, ni soberado, ni bodega, ni desván por registrar, pero no estaban ni Eugenia ni los niños. ¿Adónde, cómo, cuándo, por qué se habían ido? Es verdad que Eugenia tenía ese reverbero verde tan peculiar en sus ojos semiadormecidos. Nunca miraba de frente... tal vez, opinaba la Mamita, que mantenía sus ojos secos, era signo de un mal heredado de la vieja sangre de Manuel Antonio. Después, la atención de la casa se fijó en el llavero robado... ¡Ladrón, ladrón!, gritaron durante unos minutos antes de reconocer que la falta de Custodio se debía a móviles más complejos que un simple robo. Ese negro era culpable del escándalo. ¡Ya les habían hablado las niñas Hoyl de lo traicioneros que eran los negros!

Hasta que muy tarde en la noche por fin encontraron a Custodio, con el alma todavía en vilo. Nadie sabía qué actitud tomar. El menor de los hermanos de la muchacha perdida descubrió a su amigo y compañero de juegos, el negrito Custodio, hecho un ovillo de terror y de llanto, escondido bajo la historiada marquesa donde dormía Eugenia. Federico, aprovechándose de la prórroga de su hora de acostarse, quería jugar con su amigo y se sentó en el suelo. Gritándole, le exigía que al instante saliera de su escondite. Fue entonces que uno de los guachos descubrió a Custodio. Lo sacaron a tirones de debajo de la cama, mientras Federico, aterrorizado, huía a toda carrera a esconderse en otra región de la casa, creyendo que había razones para que los guachos-tíos lo castigaran también a él. Pero nadie se ocupó de Federico. En cambio, Saltiel sujetaba a Custodio, que chillaba llamando a Eugenia, mientras Gamaliel le apretaba el cogote con las dos manos para ahorcarlo allí mismo:

—¡Habla, negro de mierda!

—Dinos dónde tienes a la señora Eugenia.

—¿Adónde se fue?

—¿Tú le abriste la puerta?

—Entrégame las llaves.

—¿Con quién se fue?

—Esta vez sí que la vas a pagar caro, negro...

El bisabuelo entró en el dormitorio: la María no se sentía bien, dijo. La cama de Eugenia y las de los dos niños en la alcoba seguían revueltas. Ya era de noche otra vez, y la noche se iba a prolongar para siempre. La familia y los sirvientes habían continuado encerrados con llave en los patios del caserón, aunque habían logrado forzar algunas de las puertas entre los patios. La Mariconilla trepó al tejado y se las arregló para bajar desde allí a la calle y mandar mensajes a los fundos por si a Eugenia se le hubiera ocurrido irse sin avisar. Enviaron mensajes a Santiago, a Pedro Letelier y a la Irene: era urgente que vinieran a Talca apenas pudieran. También enviaron emisarios a amigos de Concepción y Chillán, las preguntas envueltas en circunloquios que ocultaban la verdad... por el momento; el escándalo se haría público, a no dudarlo, en cuestión de días. El bisabuelo le contó lo más tarde posible a su cónyuge lo que sabía de la historia.

Con el cuello apretado entre las garras de Gamaliel, Custodio apenas podía respirar. Hasta que lo tiraron encima de la cama de Eugenia, apretándolo contra las sábanas revueltas donde, pese al terror, pudo reconocer el aroma de su cuerpo. Por fin lograron que el negrito contara todo el cuento.

La señora Eugenia, dijo, se había ido con el Gringo Barrow. Se embarcarían mañana con los niños rumbo a California. Él mismo debía tomar ese barco mañana por la mañana. Pero no iba a poder hacerlo: había perdido el coche y con el aro necesario en Santiago ya no llegaría a tiempo a Valparaíso. La señora Eugenia se tenía que ir sin él, dejándolo aquí para que le sucediera lo que le sucediera. Sí, él les había abierto la puerta de calle. La abría cada noche que la señora Eugenia quería ir a reunirse con el Gringo Barrow, y esperaba su regreso, a veces hasta muy tarde, para cerrar de modo que nadie se diera cuenta de nada. En pago por estas salidas, Eugenia se encerraba con él un ratito en la pieza del piano y soltándose el pelo hasta los hombros le permitía jugar con su cabellera un rato y, a veces, hasta besarle sus trenzas deshechas. Eugenia sabía que Custodio, echado en su jergón detrás de la mampara, soñaba noche a noche con su cabellera suelta sobre su espalda, que él, a veces, tenía permiso para acariciar. Con frecuencia se reía cuando le acariciaba el pelo rubio, pero no se reía de él, no, eso no; se reía con él, de puro placer. La señora Eugenia se fue de la casa porque en Talca se ahogaba, decía, se ahogaba con la tontería de sus hermanas y con tanta regla y tantos rezos y tantas primas feas. Que leyeran la carta, sí, que la leyeran, ellos que eran tan letrados: sí, la señora Eugenia había dejado una carta para ellos encima del piano, en la salita de música... que la fueran a buscar...

Al leer la carta de su hija, don Manuel Antonio palideció, tanto que Gamaliel tuvo que acudir a sostenerlo, mientras el otro guacho-tío sujetaba a Custodio por la garganta, sobre la cama. El dueño de casa les advirtió:

—¡Lo que contó este negro, que no salga de aquí! ¡Es una mentira inmunda! ¡Es una degeneración pensar que este esclavo la tocó! Hay que callarlo todo, echarle tierra al asunto, correr un tupido velo... que nadie se entere. Por desgracia, no se va a poder acallar la desaparición de la Eugenia. La María va a morirse cuando sepa. Es terrible perder el nombre de familia decente. ¡Y ustedes, guachos de porquería, a callarse, ni una palabra! Si algo se llega a decir por ahí será culpa de ustedes y los mando coser a puñaladas... y a ti, negro de porquería, te voy a matar...

Acercándose, le dio dos bofetadas en la cara.

—¡Te mato! —exclamó—. ¡Ya sabes! ¡Que no se sepa por ahí que las manos de un negro esclavo anduvieron cerca de mi hija! ¿Cómo no se le va a ocurrir algo a la María, que es mucho más inteligente que yo, para taparles la boca a los curiosos? Mi hijo Emilio está en Santiago estudiando Leyes... Él podrá asesorarme sobre qué debo hacer. Dale gracias a Dios, y al Demonio, de que cuando lleguen en el tren de las cuatro Pedro y la Irene, tú ya no estarás aquí, que si no, te matan a palos como a un quiltro...

Y le pegó otra bofetada más en la cara antes de salir del dormitorio seguido de Saltiel y Gamaliel, que llevaban al negrito gritando, a la rastra.

Una parte importante de mi persona está definida por despojos del siglo pasado: casas crepusculares de tres patios, galerías ventosas y soberados misceláneos, pobladas por ancianas y ancianos que no son más que espectros memoriosos, peritos en rumiar las historias de antiguos rencores y testamentos trucados, de honras y fundos perdidos alrededor de una mesa durante un juego demasiado apasionado. Es una atmósfera resonante de novenas y rosarios, y aromada de confites cuyas recetas se perdieron en los recodos de pasillos equivocados, todo perteneciente a un pretérito tan remoto que se esfuma al otro lado del tiempo. De la memoria de estos susurros y olores surgen las figuras fanáticas y bárbaras que con frecuencia invaden mi imaginación, y a menudo soy incapaz de distinguir qué fue verdad y qué rumor en estas historias, resabios de largas noches decimonónicas que evocan en mí el escalofrío de la desorientación infantil, el temor a la soledad, al frío, a grandes espacios lóbregos e insondables. Distintas conjeturas me acosan cuando pienso en los martirios de mi bisabuela María y sus hijas Marta y Eugenia, torturadas por exigencias que hoy parecen crueles, aunque son simplemente anacrónicas.

En todo caso, a pesar de las versiones contradictorias sobre el destino de estas personas, un escándalo era siempre un escándalo, sobre todo en el maldito pueblo de Talca, donde los entrometidos daban vuelta la cabeza, burlones, y miraban oblicuamente a las niñas Donoso Henríquez. Talca era también el lugar de los chismes y murmuraciones brotados de toda clase de personas, hasta de las más ruines. Tanto odio acometió a la Mamita, que en su delirio de enferma aseguraba estar dispuesta a desmontar su caserón de la Una Sur y huir a perderse del «infierno grande» en que se había transformado su «pueblo chico», otrora su refugio y bendición, el ombligo del mundo para ella y los suyos, y ahora, de pronto, insoporta-ble. Todo allí eran guiños, señales hirientes, y la tribu quedó sin su lugar de siempre en este pueblo sólo capaz de juzgar y condenar.

Lo que menos podía tolerar la Mamita era la idea de que alguien no vinculado con Eugenia por el lazo del sagrado matrimonio rozara su cuerpo. ¡Después de once hijos, no iba a saber ella por qué roza un hombre el cuerpo de una mujer, ya que su marido probó ser buen maestro en esas enseñanzas, y por lo menos entre sábanas, y sin que un ápice de ternura los comprometiera, supo complacerla! Era una propuesta de crá-pula, más aun si se trataba de que su pareja fuera un Gringo, un desconocido, y hasta podía serlo un negro esclavo, porque Eugenia —ahora estaba segura de algo que antes fue sólo una inquietud— era capaz de cualquier trasgresión. En ese caso, aquello que ella sabía muy bien que sucedía en la intimidad conyugal, cambiaba brutalmente de signo para transformarse en el pecado de la carne. No en vano era la carne que chispo-rroteaba en los asadores de Satanás; la carne de los herejes era lo que ardía en las hogueras del Santo Oficio, no sus almas. La carne pagaba por los pecados del alma, para los que con fre-cuencia era la inmunda vía de acceso. La Mamita no podía res-pirar en su cama de convaleciente, meditando en el tráfico vil de Eugenia, que la manchaba con su noche no sólo a ella, sino a todas sus hermanas, vírgenes que no merecían la experiencia de tan abyectas transacciones.

La Mamita María podía haberse levantado mucho an-tes, pero prefirió prolongar su convalecencia como una manio-bra para no verse obligada a enfrentar todavía la vergüenza pú-blica. Con su hija Marta siempre sentada a su cabecera, platica-ba de piedades, de los conmovedores sacrificios que lavan todas las manchas, del dolor voluntario coronado por milagros espec-taculares y por la redención de los pecadores. Adormecida pe-se a sus ojos resecos y entornados, de pronto, sin mover un músculo, la Mamita gemía como una perra lastimada: era la perspectiva del fuego eterno —además de la espantosa sanción social impuesta por el escándalo— en que el paso dado por Eu-genia hacia el infierno involucraba a toda su familia. Permanecía en cama sobre todo para no asistir a los servicios religiosos, que la hacían temblar, porque la gente la miraba con curiosidad y desparpajo, a ella, perteneciente a una tribu que tradicionalmente fue uno de los pilares de la Iglesia. Prefería abstenerse hasta de los sacramentos, y no recibía más visitas que las de su confesor y del doctor Astaburuaga, que la revisaba a diario. Para no tener que dar explicaciones, no dejaba entrar ni a su parentela más cercana salvo a la madre Josefina Mandiola, Superiora de las monjas de la Caridad: muy de la casa, era especialmente amiga de Marta. Cuando pasaba por Talca durante sus giras anuales en coche para dirigirse a los fundos de la región con el propósito de comprometer con los propietarios parte de sus cosechas para sus pobres, se alojaba en casa de la Mamita María, aprovechando la ocasión para sostener prolongadas conversaciones con Marta. Le mostraba sus manos ásperas con los más rudos trabajos, la llevaba consigo —sin que la bisabuela se enterara— a visitar hospicios de ancianos, de niños, de idiotas. Quería que la ayudara en su inspirada tarea de misericordia, sin miedo ni asco, sólo por amor al Señor. Pero los viajes de la madre Josefina, por desgracia, eran breves. No importaba: ambas mujeres se escribían a menudo, Marta prometiéndole a Josefina que aquello que heredara —no sería poco— lo donaría como caridad para ella, sus monjas y sus pobres. Durante la convalecencia de la Mamita fue poco lo que lograron hablar, no sólo porque las dos estaban demasiado ocupadas en atender a la quejumbrosa enferma, sino porque aun dormida la Mamita espiaba alerta, vigilando, oyendo. Le había prohibido a Marta salir a la calle. Que nadie de su familia saliera. ¿No decían, acaso, que la Luzmira Cruz le había quitado la vista a la pobre Au esa mañana en la Calle del Comercio, y Au había vuelto a la casa hecha un mar de lágrimas? ¿Para qué querían salir de sus patios conventuales? Era necesario esperar. Esperar todavía un poco. La ventolera del tiempo barrería el recuerdo de lo sucedido.

Los salves y las letanías se fueron poniendo borrosos, perdiendo su eficacia al perder su significado: era claro que no aminoraban la culpa ni devolvían la decencia. Pero poco a poco, después de los primeros meses, cuando ya le resultó imposible continuar fingiendo dolencias, la enferma comenzó a levantarse y a dar unos cuantos pasos por su dormitorio. El bisabuelo, sus hijos e hijas, Sandalio, la Mariconilla, los guachos-tíos, solían instalarse con ella un rato para animarla con aplausos. Luego se afirmaron sus pasos, hasta que descartando los restos de su mal pudo pasearse del brazo de Marta por los corredores de afuera de su habitación. Una tarde se sintió tan firme que un par de horas antes de que comenzara a oscurecer, para regocijo de su familia que con esto comprobaba finalmente su recuperación, le pidió a Sandalio que enganchara la calesa para aprovechar el calorcito y salir con Marta a dar un paseo por el cementerio, que debía estar precioso en esta época del año. Prefería salir a la hora del crepúsculo, dijo, para pasar inadvertida. Encerrada en la calesa con Marta, la Mamita conjeturaba dolida sobre el paradero de Eugenia, sobre su falta de correspondencia. Frágil aún, comenzó a lloriquear, hasta que Marta le dijo que si no se consolaba al instante le daría orden a Sandalio de que las llevara de vuelta a la casa de la Una Sur.

En el cementerio, entre los abetos y los cipreses, la Mamita encontró el camino, errando hasta la tumba de su tío, el Obispo, que siempre, dijo, le concedía cualquier gracia que le solicitara. Quería rogarle con todo el ardor posible que intercediera por Eugenia, pero que le devolviera a una Eugenia limpia, sin mancha ni pecado, como si nada de lo que a la Mamita le destrozaba el corazón hubiera ocurrido jamás. Ambas mujeres se arrodillaron en las gradas del pequeño mausoleo que contenía los restos del Obispo, pero el pecho de Marta tembló con la sorpresa de su falta de fe en que Dios concediera la gracia solicitada —¿exigida?— por su madre. Marta no tenía pretensiones de mística, aunque la animaba otra clase de amor religioso, más modesto y estremecedor: el de la caridad, la misericiordia y la paz. Así, no podía disimular su rabia por las hechicerías que su madre le pedía al cielo, y murmuró:

—Mamita...

—Shshsh... calla. El Obispo está hablando desde su tumba.

Para Marta todos los muertos parecían, en ese momento, vivos, y los pecadores, muertos. ¿Le prometería Eugenia comunicarles dónde se encontraba? Veía a Custodio pasear entre los cipreses, desprendiéndose del bulto de los arándanos y traspasando como materia impalpable las rejas del pequeño mausoleo para cambiar los lirios muertos de los floreros de adentro por lirios frescos. El Obispo decía misa sobre una lápida ayudado por un hermano de Marta muerto a los once meses y ya olvidado por la familia: tenía el pelo rubio, de pecador, como Eugenia, y se paseaba entre las losas tomado de la mano de Custodio, que le había enseñado a caminar. Se confundían con las sombras que se dejaban caer de las coníferas. Marta rezaba arrodillada junto a su madre. Pero por debajo de su devoción la horadaba una madriguera de preguntas: ¿cómo era esa mujer que oraba junto a ella, y cómo y para qué y a quién le dirigía su plegaria? ¿Qué significaban esa mandíbula tiránica, esos pequeños ojos obstinadamente secos, aún con el terror de la enfermedad, del pecado y de la muerte? ¿Quién era su madre, que llevó el cadáver de su hermano Juan Luis, su regalón, a Santiago para hacerle tomar una buena fotografía ya muerto, y aprovechó la ocasión de ese viaje para hacerse fotografiar ella también en la casa Díaz y Spencer, con una señorial mantilla de encajes negros sencillamente plegada sobre su cabeza y dos gruesas gotas de brillante colgándole de los lóbulos, para que se viera que en su casa alhajas sí que había? Marta oía la voz de su madre, rezando. Le llegaba desde lejos, confundida con la agitación errática del viento en los árboles, en su locuaz coloquio vegetal. Los dedos helados del viento del atardecer palpaban sus facciones para reconocerlas. Estaba oscureciendo: era necesario partir porque en el fondo del cielo la luna creciente era como un *boomerang* de platino fijado en el lanzamiento por una rareza gravitacional que le impedía completar el óvalo de su caída. El rostro de su madre era la carátula de la desesperación.

—Mamita... —repitió Marta.

—Cállate, que el Obispo me está diciendo algo que...

—pero el viento se llevó el final de sus palabras.

—Mamita —susurró Marta—. Yo voy a lavar la mancha de Eugenia.

—Sólo la lavará la gracia de Dios.

—Yo quiero sacrificar mi vida por Eugenia y ser monja.

La Mamita María despertó bruscamente:

—¿Tú? ¿Monja?

—Hablé con la tía Josefina.

—¿Con la Josefina Mandiola, esa loca? ¿Para que andes venteándote por el mundo con esa mujer impía? ¿No te das cuenta de que está comprometida con los radicales y los masones? ¿No sabes que anda diciéndoles a los peones que nosotros no tenemos derecho a tener lo que tenemos, para que nos quiten el pan de la boca y repartirlo entre unos sinvergüenzas? ¿Estás loca que te voy a dejar que hagas tu vida con esas liberales que predican la revolución? ¿Que no has visto cómo tiene las manos la Josefina, que parecen las de una fregona? ¿No sabes que abogan por los cementerios laicos, donde pretenden confundirnos a los católicos con extranjeros, herejes y suicidas? El Obispo me está asegurando desde su tumba que me chamuscaré en el fuego eterno si apoyo esta locura tuya...

Desalentada, sintiendo que su madre encarnaba un pecado más grave que el de Eugenia, soltó su cintura. La tenía abrazada por cariño, claro. Aunque también para sostenerla porque veía que ahora, al final de este primer paseo, temblaba un poco, enferma aún y endeble. Pero no pudo más. Siguiendo la dirección de la creciente en el cielo, salió corriendo hacia el astro desde el cementerio. Alcanzó a ver a su madre dando unos pequeños pasos atolondrados. Sandalio, adormecido en el pescante de la calesa, estaba plegando el diario porque la luz ya era demasiado débil para leer los titulares: no reaccionó al ver pasar a Marta corriendo hacia la casa de la Una Sur, donde, agotada, llegó a tirarse, jadeante, encima de su cama, con los ojos cerrados y sin pensar en nada.

Marta se había dormido en su cama.

Despertó con unos golpes en su puerta. Preguntó:

—¿Quién es?

—Yo —repuso la voz de su madre—. Ábreme.

—Me da miedo, Mamita.

—¿Cómo no le tienes miedo a esa hereje de la Josefina?

Marta oyó una voz vegetal que le hablaba de entre los mausoleos de piedra de Pelequén del cementerio, pero no entendió las palabras.

—Le tengo miedo al Obispo, Mamita.

—¡Cómo te atreves a expresarte así de él!

—Le tengo miedo, Mamita. A él y a usted...

La bisabuela María, iracunda, dejó caer su hombro potente, con todo su peso y su porte, una y otra vez contra la puerta, hasta que la cerradura, abusada por el tiempo, cedió, haciendo saltar astillas. La Mamita pudo ver en el fondo de la penumbra del dormitorio a Marta sentada al borde de su cama, como atontada, con sus ojos intentando clavarse en algo, en el cuadrado de claridad donde se acumulaba el imponente bulto de su madre, que le gritó después de cerrar la puerta tras ella:

—¡Ponte de rodillas! ¡Rézale al Obispo y pídele perdón!

—No es santo. No está consagrado por el Papa. Rezarle de rodillas es idolatría.

La Mamita avanzó hasta Marta como una pantera que fuera a devorarla, pero sólo la tomó del antebrazo. Marta gritó de dolor, forzada hacia abajo, obligada a arrodillarse. Miraba a su madre con ojos fosforescentes de rencor. En su luminosidad maldita, su madre vislumbró el arco de los trágicos labios de Marta, que se mordía haciéndose sangrar. La Mamita decretó:

—En esta casa yo digo lo que es idolatría y lo que no. Tú le rezas a quien yo te mande. Arregla tu baúl. Mañana nos vamos a Santiago para encerrarte en un convento.

Regocijada, Marta le preguntó:

—¿Donde la tía Josefina Mandiola?

La Mamita pudo reírse al decir:

—Ni muerta. Ése no sería castigo.

—¿Dónde, entonces?

—En otro convento. Uno que yo conozco. Para que expíes el pecado de Eugenia. Para que ardas en el fuego de la ociosidad y el aburrimiento de las mujeres, y nadie expíe tu pecado porque nadie creerá que has pecado.

Durante la cena la Mamita le explicó a su familia reunida que Marta, esa tarde en el cementerio, había oído la voz del Obispo, y llorando en su hombro le había participado que se sentía tocada por la vocación religiosa. Había regresado a encerrarse en su dormitorio, permaneciendo allí en meditación, rehusando hablar con nadie. Quería quedarse en comunión con el Señor, sola toda la noche, sin contaminarse con el contacto de nadie, porque iba a entrar en un convento de monjas de clausura donde jamás hablaría de nuevo con un ser humano, reservándose para hablar sólo con Dios, jurando jamás levantarse el velo negro que le cubriría para siempre la cara. Con este gran sacrificio de su hermana, que pasaría su vida enclaustrada y en oración, quedarían todos limpios del pecado de la carne y del escándalo que Eugenia había dado con su conducta. Verían dentro de poco el repliegue de las burlas. En la calle los desconocidos dejarían de darse vuelta para cuchichear sobre ellas, y gente de toda clase dejaría de evitarlas: ya no cruzarían al otro lado de la calzada al verlas venir.

Al día siguiente la familia se reunió en la salita para arrodillarse y rezarle una acción de gracias al Obispo. Le agradecieron esta repentina vocación de Marta que iba a limpiar a la familia. El señor cura de la parroquia los acompañó a la estación y en el andén roció las maletas con agua bendita y recónditos latines. La Mamita, acompañada por Marta, se subió en uno de los vagones. La familia Donoso Henríquez y sus criados, guachas y parientes se agolparon en el andén para presenciar la partida —como a menudo se hacía entonces, cuando un simple viaje en tren eran palabras mayores— despidiendo a las viajeras con lágrimas y pañuelos agitados en el aire. Pensaban, tanto Marta en su asiento junto a la ventana como sus hermanas y hermanos que se quedaban, en pretéritos paseos a caballo; en el volcán Descabezado visto en la noche desde los corredores de «San Agustín», repentinamente desnudado por un relámpago; en el «postre al revés», el codiciado dulce preparado por Au, la hermana mayor; en las hortensias que crecían en los patios al pie de las pilastras, junto a las tinajas; en los huevos azules de las gallinas mulatas a la hora del desayuno campestre; en cierta *Begonia Rex* de grandes hojas coloradas y peludas que no daba flores, cultivada celosamente por Marta en un rincón del corredor... Todas las cosas que habían constituido su vida —sus vidas— y que Marta abandonaba para siempre por amor a Dios y a ellos. No podían dejar de pensar que uno de esos dos rostros perfilados tras el cristal de las ventanas, cuando se pusiera en movimiento el tren y lanzara su humareda, desaparecería para siempre de sus vidas y no volverían a verlo nunca más... sólo desde lejos, en ciertas ceremonias oficiales.

Pero durante su noche funesta y taciturna la locución «nunca más» había tomado para Marta un significado distinto al que tenía para su familia que se quedaba.

María Henríquez de Donoso, al llegar a Santiago, encerró a su hija Marta en el convento de clausura de las monjas Capuchinas, entonces (alrededor del año 1880) en la calle Rosas abajo, hoy en la calle Lira, y la tía Marta, desde ese día Sor Bernarda, murió sin salir más que una sola vez, para hacer el trayecto en un coche con cortinas negras desde el «convento viejo» al llamado «convento nuevo», en 1914. Creció la leyenda, entre la parentela, de que ya fuera por una estrambótica maña de monja o por una manda que quedó sin explicación, Sor Bernarda permaneció durante sesenta años de su larguísima vida con el rostro empecinadamente cubierto por un velo negro, que se negaba a quitarse aun ante los desesperados ruegos de su madre cuando una vez al año visitaba las Capuchinas, y tampoco ante la orden del Presidente de la República, mientras todas las demás monjitas lucían en esas ocasiones sus rostros regocijados.

Sólo se sabe de Sor Bernarda, frágil y diminuta, que era extrañamente aficionada a treparse a los tejados y campanarios, rara afición para una monja. Pero nada se sabe de su espíritu: qué oró, y por quién lloró y rogó en todos esos años de cautiverio. Muchos en la familia, con el ánimo de ennoblecer a la monja, alegan que murió siendo Superiora de las Capuchinas. Pero ese detalle, que podía haber iluminado su destino haciéndolo comprensible para los que permanecemos fuera de la exigencia de sus piedades, ese puesto enaltecido que podía haber iluminado su vida transformándola en un ser útil, positivo, y tal vez hasta creador e imaginativo pese al rencor de su velo, se me desmoronó en mi primera conversación con mi amiga la tornera, ex campeona colegiala de los cien metros planos y lectora de *L'Osservatore Romano*. Me explicó que las Capuchinas no tienen una Superiora. A cada monja, según su turno y su obediencia, le toca serlo, hasta que, rotativamente, todas han sido Superioras durante un tiempo. Pero inmediatamente después de que una monja cumple su período en ese cargo —o si demuestra alguna falla en su comportamiento—, es rebajada del cargo que por un período la exaltó a proezas de gran convicción y fuerza moral, al puesto más mísero, más vil, en la cocina o en sórdidas tareas de aseo. Otra monja, entonces, es encumbrada a Superiora, mientras su antecesora suele encontrar consuelo en la obediencia y la humillación de estos trabajos, humildad que a veces olvidaba en el orgulloso desempeño de su elevado cargo, pero que recupera en el cumplimiento de estos miserables menesteres. Debo decir que me resulta difícil imaginar a la tía Marta, hija y nieta de altivos aunque campechanos y tal vez ignorantes «caciques» locales, lavando la ropa olisca de sus compañeras o trapeando el suelo con el fin de doblegar cualquier brote de satisfacción que reconstruyó su orgullo. ¿Desahogarán las Capuchinas sus emociones y rencores, expiando culpas inimaginables en el cumplimiento de estos castigos... o rezando arrodilladas en los cueros de oveja negra enviados anualmente por el hermano de Sor Bernarda, Aurelio, desde su fundo «La Quebrada de Agua» para recordarle que ante el mundo ella era una pecadora? ¿Mataría su orgullo, en fin, saberse capaz de lo más alto y también de lo más ruin?

En fin, no es verdad que la tía Marta falleció siendo Superiora, aseguró la tornera. En realidad, jamás logró llegar a tan alto cargo. No pudo pasar más alto que de segunda tornera, pese a los años que llevaba en el claustro.

—¿Por qué? —le pregunté a mi amiga.

La vi ensombrecerse: me di cuenta de que su cutis era áspero, que tenía un leve bozo sobre el labio superior, que ocultaba sus manos en su delantal porque debían ser rudas.

—¿Por qué? —reiteré mi pregunta.

—Por orgullosa —respondió la tornera, y desapareció tras los cortinajes de arpillera polvorienta, dirigiéndose como una sonámbula hacia el fondo del claustro donde todo, incluso esas soledades, era provisorio, apenas un amago de lo definitivo.

Se les ha dado demasiada prensa sensacionalista a los castigos autoinfligidos en ciertas comunidades religiosas, y a las sugerencias perversas o psicoanalíticas de estos castigos, como para que el buen gusto me permita extenderme sobre ellos. Sin embargo, hace poco, un pariente de mi mujer que estuvo dentro de una distinguida orden religiosa me hizo considerar que el castigo corporal, además de sus consabidas implicaciones, es algo no muy distinto a una plegaria fanática, brutal, primitiva, que proporciona una especie de limpieza o claridad que trasciende el entendimiento.

¿Qué es, exactamente, el silicio, le pregunté a nuestro pariente, ex sacerdote, ahora casado y con dos preciosos hijos? Tiene un altivo rostro moreno, bien trazado y viril, que pese a la «normalidad» de sus circunstancias actuales conserva una perturbadora sombra de intimidad incomunicada, encubierta por una pátina de dolor. No le fue fácil responder a mi pregunta, con la cual, evidentemente, aún se encontraba ligado. Comenzó evocando sus años de estudio en la Orden, y sus paseos con sus compañeros, y la ciencia que lo llevaba a respetar la naturaleza no sólo por ver a Dios en ella. Evocó a sus grandes maestros, los que lo condujeron cada vez más cerca del conocimiento, todo parte de una época dorada en su vida, que entonces consideraba plena y emocionante. Pero después, como un corolario a todo esto, había entrado en un túnel de dudosas tinieblas: recordando viejos dolores me describió unas vendas de alambre con las púas hacia adentro, con las que él y sus compañeros, cada uno en la reclusión de su celda, bajo el hábito, se fajaban el muslo cerca de la ingle. Cuando arreciaban las normales pero pecaminosas tentaciones carnales de la juventud, difíciles de vencer, o se alzaba ante ellos el pálido espejo del orgullo intelectual, que era un pecado de igual o mayor envergadura que el anterior, en privado se apretaban la rejilla de púas en el muslo para torturarse y con el dolor ahuyentar la promesa de placer que les ofrecían la inteligencia o la carne. A veces, en la mañana, se veía transitar por los pasillos a más de un joven sacerdote con el rostro estragado por el insomnio, y se adivinaba que esos muchachos habían pasado una noche siniestra de lucha consigo mismos sin salir vencedores.

Me contó también mi pariente que para ciertas fechas consagradas, reunida la congregación en el refectorio, apagadas las luces y al son de matracas, los jóvenes frailes, en la oscuridad, se desnudaban el torso y se propinaban latigazos a sí mismos para que el dolor del cuerpo los hiciera asumir el dolor del alma. Es sólo por una incierta analogía que logro inferir de estos tormentos la crueldad de los autocastigos de las monjitas de clausura, ociosas, frágiles, titubeando al borde de la demencia por culpabilidad, por la razón que las impulsa a lacerarse con sus secretos sellados por todas partes salvo por el torno.

De cierto modo me he acercado a las clausuras. He pasado al otro lado del torno. En el año 1960 viajé a las ciudades destruidas por el gran sismo de ese año en la zona al sur de Concepción, en que miles de personas perdieron la vida y pueblos y ciudades enteros quedaron convertidos en escombros.

Era la época de la presidencia de don Jorge Alessandri. Yo trabajaba como redactor de la revista *Ercilla*. A la mañana siguiente del tremendo sacudón, fui enviado en un monoplano de la Fuerza Aérea Nacional —cabeza al aire, gorra y antiparras inmensas, la materia esponjosa y húmeda de las nubes palpando mi rostro y el del piloto en el asiento delantero— a recorrer esa zona con el propósito de enviar a la revista el primer informe sobre la catástrofe que apareciera en la prensa. Como era de esperarse, mi informe resultó más literario y personal que periodístico y objetivo, y adolece de pobreza de información y falta de datos pormenorizados. Más allá de este informe quedaron depositados en mi memoria tremendos recuerdos de la devastación: la tragedia de los palafitos arrasados por el maremoto en Chonchi, que destruyó toda una cultura, todo un modo de vivir de antiquísima raigambre; un pueblito de montaña aislado por el derrumbe de un cerro que taponeó la garganta del río, iniciando una inundación, y las figuras vistas desde el aire de los diminutos pobladores aterrorizados por las aguas que crecían y por los gases sulfurosos que despedía la llaga del cerro. Pero sobre todo recuerdo el horror humeante de las ruinas del convento de clausura de las Sacramentinas de Concepción, un atisbo del mundo al otro lado del torno, sobreviviendo apenas entre el pánico de los escombros todavía fétidos e inestables, los terrones que se escurrían, el fango y el humo. Lo que aquí sigue es parte de lo que entonces escribí sobre mi visita al claustro de las Sacramentinas, derrumbado por la catástrofe:

«Lo más sorprendente, lo más conmovedor que me tocó vivir en Concepción, fue mi visita al convento de las monjas Sacramentinas, religiosas de clausura dedicadas exclusivamente a la oración. Jamás hablan entre ellas —hacerlo está prohibido por la regla— y pocas recuerdan lo que son las calles. La catástrofe destruyó totalmente la clausura, que permanecerá cerrada hasta que se logre reunir fondos para su reconstrucción. No es probable que esto sea muy pronto: hoy las religiosas de clausura se perciben como parasitarias a nuestra sociedad tan profundamente herida, seres inútiles, egoístas, perezosos, y la piedad prefiere verter sus caridades en otras urgencias.

«En tiempos normales las Sacramentinas viven en voluntaria pobreza, para no decir miseria, permitiéndose comer sólo lo suficiente para mantener su salud, durmiendo en durísimos camastros en sus celdas heladas en invierno, sofocantes en verano, dispuestas alrededor de patios taciturnos, sórdidos, mínimos. No poseen otro lujo que su amor a Dios. Pero el voluntario despojamiento de las Sacramentinas no es la pobreza estética de algunos espléndidos claustros europeos, sino una clausura pavorosamente miserable, sombría y primitiva, donde parecen resonar los ecos de gritos de dolor y sin otra luz que la luz del alma.

«El terremoto las despojó hasta de la misérrima vida que eligieron, la mayor parte de las monjitas trasplantadas de sus remotos lugares de origen donde ya las han olvidado, de sus familias con otros hijos que aceptan mejor que ellas su modesta protección, de sus amigos, sus hermanos, sus amigas y parientes, que se perturban en los raros momentos en que las recuerdan, y prefieren borrarlas definitivamente de la memoria. Con el sismo se desplomó su capilla. Las celdas, ahogadas de escombros, de vigas quebradas, de tejas rotas, de olor a cuerpos y a ropa desaseados, quedaron inservibles, inhabitables. Entre

las ruinas vi trabajar con la pala, la picota y el chuzo a algunas endebles monjitas rescatando fragmentos de santos de yeso, o dobladas bajo el peso de camas, sillas, baúles: al verme, huyeron a esconderse despavoridas entre las montañas de mampostería inutilizada. Sin embargo, hablé con la Superiora, porque en casos de crisis les está permitido hacerlo: era una vigorosa italiana de cuarenta años, toda luz, de bello rostro sereno y modales nobles. No tuvo problema para pasearme entre los estragos del siniestro y por lo poco que quedaba de la capilla y de los claustros.

«—Estábamos en el oratorio cuando empezó a temblar —me dijo—. No hubo pánico, aunque sí el natural deseo de salvar nuestras vidas, tal como Dios lo manda. Salimos en fila, con nuestros velos puestos, cantando, hacia el huerto.

«Era el mismo huerto donde me había quedado hablando con ella. La Congregación, me dijo, consiste en once monjas chilenas, dos mexicanas y tres italianas. Sólo una de ellas sufrió: una monja chilena de noventa años, que tuvo que ser trasladada de urgencia a un hospital. Había pasado varios terremotos en el viejo claustro de Concepción, pero sólo ahora, al cabo de setenta años, salía de donde había entrado en el siglo anterior, a los diecinueve años. Visité a esa pobre mujer en el hospital. La encontré inconsciente, víctima de un explicable shock nervioso. Entre las sábanas de blancura sospechosa proporcionada por la misericordia, su rostro era oscuro y rugoso como un terrón, deformado por la edad como un trozo de escombro desigual, como aquellos que impedían el paso por gran parte de las calles de la ciudad. Las demás monjas se negaron a abandonar su clausura pese al peligro de que el convento, perdonado por otros terremotos pero herido de muerte por el de ayer, se derrumbara sobre sus cabezas.»

Al releer esto ahora y extractarlo, evoco otros detalles de esa visita a las Sacramentinas de Concepción, pero son detalles que, porque el periodismo es periodismo y no otra cosa, y por la inexistencia de espacio suficiente, tuvieron que quedar fuera de mi artículo. Recuerdo las mejillas sonrosadas, la confianza de la sonrisa de la Superiora italiana, y pensé que por algo era Superiora. Mientras me despedía en el patio de entrada, ni por un segundo, y sin atolondramiento, dejó de hacer algo positivo, útil, hasta darme por fin la mano entre las ruinas, para despedirse junto a la puerta mientras regaba un rosal de flores amarillas, asegurándome que el terremoto que acababa de destruir una parte considerable del país, igual que estas deslumbrantes rosas doradas que estaba regando, eran manifestaciones de los impenetrables designios del Señor. Me resulta consolador evocar a esa monja pronunciando firmemente el nombre de María para conducir a su rebaño y ponerlo a salvo en la huerta. ¿Qué poderes inspiran a un ser como la Superiora de un convento de clausura como las Sacramentinas de Concepción, qué secretos recursos de consuelo y apaciguamiento maneja, y para qué enigmáticos fines? Por otra parte, evoco también, de esa ocasión, en la desgraciada visión de penumbra en esas celdas todavía inestablemente en pie aunque fétidas a heces y a comida añeja, las siluetas de otras monjas, al parecer jóvenes, oscuras, feas, con el vello descontrolado creciéndoles por toda la cara, huyendo a esconderse debajo de una mesa o una cama, cubriéndose los ojos con la punta del delantal inmundo para no posar la vista sobre la invasión de hombres que desacralizaban su universo. ¿Qué malos pensamientos tienen que haberse sabido capaces de tener, por los cuales sin duda pasaban días enteros de penitencia, ayuno y laceraciones con que aspiraban a expiarlos, escondiéndose de todos los seres humanos, y despojándose incluso del contacto, del acercamiento de la palabra? ¿Quiénes eran, de dónde venían, qué las atrajo o las arrojó a este encierro de adobe, a estos patios sin aire?

Pensé inmediatamente en mi tía abuela Marta, escondida en una réplica de este infierno olisco, cubierta por un obstinado velo negro que se rehusaba a alzar, ni ante los ruegos de su madre, ni ante la orden de los Presidentes de la República. ¿Cuál es la historia de las vicisitudes de su corazón durante esos largos años secretos, animados sólo por su contacto con Dios? No es cuestión de desvalorizar las probables experiencias místicas de la tía Marta en las Capuchinas, ni sus emociones en el claustro, pero es arriesgado creer que se entiende qué culpas propias y ajenas, qué arrogancias persistentes, pretendía limpiar o adormecer o mitigar con el inspirado sonsonete de sus oraciones, manteniéndose fuera del tiempo y de la historia, prisionera voluntaria de los insondables abismos de la ignorancia. ¿Por qué la tía Marta, provinciana, doméstica, campestre, aspiró a esta exaltación, al diálogo de la mayor altura, eligiendo recluirse para siempre detrás de un tupido velo negro?

El final de este relato, desde la fuga de la tía Eugenia y sus motivos para adelante, es pura conjetura. Hay muchas otras maneras en que puede o debe haber concluido. El final que he dado más arriba, sin embargo, no es el más probable, ni siquiera el más satisfactorio desde el punto de vista literario. Pero para que sea distinto, o sea definitivamente otro, sería necesario alterar a los personajes y sus circunstancias —apretando un poco más, un poco menos, de acá o de allá, para cambiar la forma—, de modo que esta historia fuera, también, otra. Ya no queda nadie vivo, y menos con la cabeza buena, que haya sido testigo del final verdadero de estos hechos; nadie que sepa o recuerde cómo fue la verdadera historia y cuáles los acontecimientos que la determinaron, y no hay nadie capaz de contarme cómo terminaron la tía Eugenia, Sor Bernarda, la Mamita y otros personajes que se mueven en esta narración: quedan sólo unos cuantos nombres, porque los nombres de las cosas, personas y lugares son lo que más dura, y una que otra fotografía tomada por Díaz y Spencer con el canto dorado y la firma del fotógrafo grabada en oro al pie del retrato. Se recuerda en la familia que alrededor de 1880 una tía de mi padre, la tía Eugenia, viuda joven y con dos hijos pequeños, desapareció de la casa, no se sabe para qué, ni por qué, ni para juntarse con quién, si de eso se trataba, y que seis meses después, a raíz de un ataque al corazón que casi mató a la bisabuela María, su hermana Marta entró al claustro de las monjas Capuchinas en Santiago, donde murió, sin salir jamás, sesenta años después. Se dice, además, que esta monja jamás consintió en quitarse el velo negro con que la regla de las Capuchinas les cubría la cara.

El núcleo del relato lo forman mi bisabuela María y

sus hijas Marta y Eugenia (este nombre es supuesto para aho-
rrarles bochornos a sus posibles descendientes, si los tuvo, pero que en todo caso yo no conozco). Alrededor de ellos algunos de los personajes fueron reales y les mantengo el nombre
verdadero y su ocupación: Sandalio, el cochero de toda la vida
de mi bisabuela, existió con ese nombre; y hasta hace un tiempo algunos ancianos recordaban el nombre de la Mariconilla,
la diminuta ojaladora de la casa. Seguramente seré la última
persona en el mundo que los recuerde. El esbozo de mi bisabuelo Manuel Antonio, según entiendo, es más o menos fiel,
pero los dos «guachos creciditos que viven con él», que exis-
tieron según consta en un documento de la época, no se llamaban con los nombres que les he inventado ni consta que
fueran revoltosos; existió un tío abuelo llamado Aurelio que
fue diputado, padre de unas bellas parientes Donoso Gana
muy amigas de mis padres, y propietario de un fundo llamado
«La Quebrada de Agua», con una grande y rara enredadera
de copihues blancos trepándose por las pilastras del corredor,
fundo que cuando yo era niño me llevaban a visitar. La casa de
la Una Sur, estropeada por el mal gusto y la ignorancia, y subdividida en múltiples guaridas para pequeñas oficinas, todavía
existe con sólo un par de columnas —las vi una vez— con la *D*
mayúscula de Donoso en el capitel. Custodio, el Gringo Barrow, la tornera, los hermanos y hermanas Donoso Henríquez, pertenecen totalmente a mi fantasía. No así «Huilquilemu», «San Agustín», «Los Olivos», «Aurora», que según creo
fueron tierras que la Mamita María heredó del Obispo Cienfuegos.

   He contado hasta aquí esta historia como si se tratara
de una familia reaccionaria, conservadora, lo que explicaría
el autoritarismo con que mi bisabuela enclaustró a Marta para que expiara una culpa que no era de ella. En ese caso los
braseros hubieran sido de modesto fierro negro, las piedades
públicas más frecuentes y las caridades más reducidas. Sería
un clan partidario de don Vicente Reyes en las elecciones, y
que reunía a la vasta población de la casa al atardecer para rezar rosarios, una gente dogmática y primitiva, de campo, que
sobre todo odiaba a los partidarios de los cementerios laicos,

del matrimonio por el registro civil, cosas que consideraban pertenecientes a la masonería anticatólica, es decir, al ala liberal de la coalición liberal-conservadora, que tan breve vida tuvo pero que tanta polvareda levantó.

Pero si las convicciones de la bisabuela —como parece probable— no fueron reaccionarias, y perteneció en cambio a esta ala liberal de la coalición liberal-conservadora, la que llevó a don Federico Errázuriz Echaurren como candidato y posteriormente obtuvo con él la Presidencia, ¿cómo hubiera sido el desarrollo de la tragedia familiar? Parte de la familia, descendientes de la bisabuela María, pretenden que la suya fue una familia ilustrada, con atisbos de refinamiento (se alega lo melómanos que hasta hoy tantos de ellos son, y lo corriente que es que por lo menos se chapurree el francés y el inglés), patriotas durante las guerras de la Independencia, vinculados al progreso, al poder y a la oligarquía del país. En ese caso sus braseros no serían de fierro negro sino de reluciente bronce bien bruñido, se habrían hecho pintar por Monvoisin y las niñas tocarían al piano, además de las melodías de moda, por lo menos algo de Mozart y de Chopin. Los hombres, probablemente, habrían leído a Comte y, como los empresarios de hoy, se enorgullecerían de su «liberalismo», de la libre empresa y del progreso industrial y económico, del cual el ferrocarril prolongado hasta Talca era una prueba. Se consideraban sin duda embajadores del progreso y del cosmopolitismo, reformadores —no revolucionarios— que iban a cambiar hasta la raíz la estructura económico-social del país.

La bisabuela María, en cierto sentido, se sentía vinculada a este grupo que deseaba arrancarles el poder temporal a la Iglesia (pero, con el fin de que no los confundieran con los masones, continuaban ejerciendo sus piedades y asistiendo a los servicios religiosos católicos) y al Congreso, para entregárselo al Ejecutivo y a ciertas instituciones laicas. Como liberal, es muy probable que el fastuoso almuerzo ofrecido por la Mamita a don Federico Errázuriz Echaurren estuviera motivado por razones políticas, para enganchar a los votantes de la zona. Además de los señorones santiaguinos, asistieron al almuerzo todos los «caciques» de la zona que comulgaban con las ideas de doña María. Si esta forma liberal fue la que tomaba el espíritu de la dueña de casa, el fin de la historia que estoy contando tendría un carácter distinto al que le he dado, un fin con visos de ser tanto o más verdadero que el de más arriba. El regalo anual del cargamento de cueros de oveja negra no sería tanto para recordarle algo siniestro a la congregación de las Capuchinas, como para que Marta no olvidara su pecado personal, y rememorara su culpable huida sin permiso a un convento cuya regla tan estricta la bisabuela no aprobaba.

La familia estaba reunida en la pieza de música con su salita adjunta esa tarde después de la cena, con el Gringo Barrow de invitado, y Luzmira Cruz, de la casa de al lado, que se dejó caer después de la comida a jugar una mano de brisca. Se encontraban también presentes, formando parte de la mesa alrededor del tapete verde de la Mamita María, su consuegro Pedro Letelier con su señora Edelmira Silva. Todos estaban un poco distraídos del juego, no tanto por la música que las niñas Donoso hacían al piano, sino porque la conversación, como casi siempre que el Gringo estaba presente, se había transformado en una discusión acerca de la Guerra de Secesión norteamericana. Buenamente, a veces solían embromar al Gringo por la derrota de los Estados del Sur. Esta vez el Gringo alegó que como al día siguiente iba a despachar temprano una carga a Callao, debía retirarse cuanto antes para alcanzar a reposar un poco. Luzmira y los Letelier aprovecharon la ocasión para retirarse, y el bisabuelo Manuel Antonio, llamando a Custodio, dijo:

—¿Dónde se habrá metido éste?

—No tengo idea —repuso la Mamita.

A lo que Pedro Letelier repuso, irónico:

—¿No lo tienes para los mandados?

Y el Gringo agregó:

—Sí, mande a su esclavito para que nos abra las puertas.

—No tenemos esclavos en esta casa —repuso la bisabuela, amoscada.

—Y Custodio, ¿qué es? —insistió el Gringo.

—En Chile no hay esclavos —contestó mi bisabuela, molesta—. Fueron abolidos mucho antes que en su país, Barrow, y además sin guerra...

—¿Y de dónde sacaron a Custodio?

—Me lo regalaron en Perú —explicó el bisabuelo.

—Si se lo regalaron, es esclavo...

—Le digo que aquí no hay esclavos —insistió la bisabuela, que se había desprendido del grupo de mujeres—. Trabaja aquí, no más.

—¿Cuánto le pagan?

—No sé.

—Seguro que no le pagan nada.

Mi bisabuelo se irguió, respondiendo:

—Bueno, pero lo vestimos y alimentamos y lo tratamos bien porque lo queremos mucho. ¿No es cierto, Custodio?

Custodio, ocupado en limpiar el pico a las lámparas de carburo, no dijo nada. Sólo sonrió.

—Esclavo, entonces. Igual que en el Sur, donde los trataban como de la familia. Cuidado: aquí puede haber una guerra que lo cambiará todo y a ustedes también.

Se despidieron Luzmira y los Letelier, y el Gringo Barrow les dio la mano a los dueños de casa con un afectuoso *shake hands* antes de salir. Ni la Mamita ni el bisabuelo Manuel Antonio lo volvieron a ver nunca más.

El Gringo Barrow había quedado fuera de la charla entablada entre la pareja Donoso Henríquez, la Luzmira Cruz y los Letelier, parándose más bien a revisar partituras con las niñas o, en un rincón de la salita y en voz muy baja, tomándole la lección, junto a Eugenia, al negrito Custodio que ansiaba aprender a leer y a escribir como los blancos, pero era sólo mediocremente aplicado.

—No, yo no soy como tú, María —afirmó con desdén el consuegro Letelier, dispuesto a levantarse de la mesa de juego de la tertulia casera—. Ni yo ni nadie de mi familia jamás le daremos el voto a un liberal descreído.

—No te vayas todavía, Pedro, que me tienes que pagar porque yo triunfé oros en la última baza y arrastré con todos —lo detuvo la Mamita, tirando sus cartas cara arriba sobre el tapete, apoyando sobre la mesa su potente torso—. Niñas, despabilen las velas para que no haya humo. Quédate un ratito más, Pedro, y tú también, Luzmira. Hay que ser razonables y presentar un frente unido lo más amplio posible si no queremos que se desmorone todo y caigamos en manos de los masones y radicales.

—Yo les tengo miedo a los liberales —declaró Luzmira.

—Yo también —la apoyó Pedro—. Si uno pestañea se adueñarán de todo y no quedará gente como uno con el poder, y ellos lo manejarán todo, y el mundo será liberal.

—¡Dios te oiga! —rió la Mamita.

—El Demonio dirás, mujer —susurró Luzmira.

Marta, que bordaba cerca del grupo, dejó caer su labor en su regazo al oír las últimas palabras de su madre, y salió ruborizada ante esta eventualidad. Eugenia le hablaba por lo bajo a Custodio, Au tocaba el piano, y el Gringo Barrow coqueteaba desvergonzadamente con la linda morena que era Trinidad. Ninguna registró la mirada con que Marta barrió la salita antes de dejar su labor y salir rumbo a su dormitorio. Custodio, patipelado como de costumbre, improvisó un farol con una vela de sebo en un cucurucho de papel de diario cuando se fueron todas las visitas, y acompañó a su ama por patios y pasillos rumbo a su cama: en el patio de los hombres la Mamita se cercioró de que en la habitación ocupada por Aurelio entre sus viajes a Santiago y el campo, su ñaño estuviera preparándole su baúl para volver a la capital a sus labores de legista. Pero antes de pasar al patio de las mujeres, su ama le dijo al negrito que la guiaba:

—Dame a mí la luz. Tú anda a acostarte, que es tarde.

Y pasó al patio de las mujeres, que rara vez frecuentaba porque las niñas eran un poco tontas con sus preocupaciones con el pololeo, las modas y las murmuraciones: eso era, sin embargo, tal como debía ser. No vio luz en el dormitorio de Marta, que se había retirado de la tertulia antes de que ella indicara que sería preferible desbandarla. Pero abrió sigilosamente la puerta, cerrándola muy callada después de entrar. El dormitorio estaba oscuro. Sintió una fetidez de velas de sebo ardiendo. ¿Dónde...? Permaneció estática en medio de la habitación hasta que sus ojos se acostumbraron a la oscuridad y cerca de un muro percibió unas agujas de luz que dibujaban la forma de una puerta. Aguzando el oído escuchó un metronómico susurro de preces. En puntillas se acercó a esa puerta y muy silenciosamente la entreabrió apenas: vio las llamitas de las velas encendidas ahí dentro ladeándose con el aire que entraba por el resquicio. El interior del armario estaba cubierto de imágenes de santos, pero la Mamita sólo vio a Marta hincada y rezando, con los ojos en blanco como una mística. No pudo dejar de darle rabia: Marta sabía perfectamente bien que a ella, su madre, no le gustaba ver ni monjas ni curas en su casa, y menos aun santitos y escapularios con una cruz y un corazón sangrante. Abrió por completo la puerta del ropero, pero ni con esto la mística se recuperó de su arrobo.

—¡Marta!

Sólo entonces reaccionó:

—¡Mamita...!

—Sal de ahí y trae esas velas. Ahora ponlas en los candeleros al lado del espejo de tu peinador.

Marta obedeció pero se quedó frente al cristal dándole la espalda a su madre, los dos rostros, el de la hija resplandeciente entre las velas, el de la Mamita oscuro, bidimensional, monocromo, más atrás en la penumbra, ambas reflejándose juntas en el azogue, ambas mirándose directamente a los ojos porque a ninguna de las dos le costaba gran esfuerzo sostener miradas.

—Dime qué estabas haciendo —dijo la madre, inmóvil.

—¿Es malo rezar?

—No. ¿Cómo se te ocurre? Tú ves que en esta casa se siguen todos los oficios. Si no es malo, ¿por qué te escondes adentro de tu ropero para hacerlo? ¿Por qué dejaste tu bordado botado en la salita y te arrancaste?

Marta se quedó muda, aunque sin bajar la vista.

—¿Por qué? —insistió mi bisabuela.

Marta vio que en el espejo —en el muro de tinieblas donde colgaba la carátula de su madre— sus ojos de metal frío querían atenazarla. Todavía no dijo ni una palabra. Entonces, en vista del silencio de su hija, la Mamita misma propuso su propia respuesta:

—Sabes muy bien que te escondes porque me estás desobedeciendo.

—A usted sí, pero a Dios no —contestó Marta dándose vuelta para encararla sin ese intermediario que era el espejo.

La Mamita le dio un sopapo en la cara:

—En mi casa y a mis hijos, yo les doy las órdenes de Dios —dijo.

—¡Hereje! —le gritó entonces Marta, descompuesta—. ¡Hereje usted y todos los liberales que están cambiando el orden de las cosas! ¡Matrimonios civiles... qué vergüenza! ¿Por qué no nos obligan, mejor, a salir sin manto a la calle, con sombreros, como actrices, y nos exhiben en la feria como animales en venta? ¿Qué diferencia hay? Ustedes desautorizan a nuestra Santa Madre Iglesia y quieren despojarla del poder, a ella que es la única que debe tenerlo. Tengo miedo, Mamita. Se avecinan tiempos de tempestad y truenos, ya nada será como es y la gente bien nacida como nosotros andará en jirones por la calle, pidiendo limosna en ciudades desconocidas, y nuestra tierra será de otros, todo por culpa de ustedes, los liberales, que les abrirán el camino a los que vengan a asesinar a los sacerdotes y a destruir los santos y a quemar las iglesias, y las mujeres decentes ya no nos atreveremos a salir a la calle por miedo a las miradas inmundas de los hombres, y será el caos y la vergüenza, el reino de los impíos, cuando los hijos ya no obedezcan a sus padres...

La Mamita escuchaba a esta pitonisa en silencio, pero con los ojos desorbitados y la respiración convertida en un resuello fétido y bestial. No le contestó porque le tuvo miedo: en esta anagnórisis la veía por primera vez, desconocida, lista para embestirla y destruirla. Era necesario enmudecerla definitivamente. Atarla. Enceguecerla. No toleraba la visión de su hija transfigurada, no dócil y doméstica sino apacentando rayos que le brotaban de sus ojos y de la punta de sus dedos en un vértigo de potencia destructiva. Era necesario detenerla. Que nada de lo que estaba diciendo valiera.

—Como tú.

—¿Como yo qué...?

—Lo que dijiste. Que en medio de la destrucción que predicas, los hijos no obedecerán a sus padres. Eso es lo que tú haces.

Marta gemía con el rostro oculto en sus manos, vencida por sus propias disquisiciones, exhausta con la potencia de sus palabras. La Mamita, aprovechando este hiato, logrando apenas reponerse, tomó una de las velas del candelero del espejo y se dirigió al armario que había permanecido con ambas puertas abiertas. Escudriñó el interior. Descolgó un crucifijo —al quitarlo lo besó piadosamente—, despejó las tablas de escapularios e imágenes y cerró la puerta. Marta aún tenía la cara cubierta con las manos mientras lloraba.

—¿Dónde metiste tus vestidos? —le preguntó su madre.

—En el baúl, Mamita.

—Vuelve a colgarlos aquí adentro.

—Sí, Mamita.

Pero antes de que Marta colgara nada, la Mamita cambió de parecer:

—Aunque más bien no —dijo—. Prepáralos y dile a la Rosalía que arregle tu baúl para que te vayas a Santiago con Aurelio la semana que viene. Ahora mismo voy a escribirle a la Irene para que te pasee un poco, a ver si se te quitan estas tonterías y vuelves a ser como todo el mundo.

—¿Eso es lo que quieren los liberales? ¿Que todos nos parezcamos a todos?

—No me vengas con ironías a mí. ¡No te atrevas!

Debido a que entre la noche de la que he dado cuenta y lo demás se desencadenó una tragedia real sobre la casa de la Una Sur, con la fuga y el ataque al corazón de la Mamita, el viaje que había proyectado para Marta no se llevó a cabo, y tuvieron que atrasarlo en seis meses. Sólo pudieron hacerlo a la entrada del invierno.

—Mejor —comentó la Mamita, que pronto se levantaría de la cama donde había pasado una larguísima temporada convaleciendo de su infarto, siempre atendida por sus hijas, sobre todo por Marta—. Santiago es más divertido en otoño. Así irás a la ópera. Irene me escribió que tiene el Gran Abono para una compañía italiana de primera que viene. Que te lleve donde una francesa para que te compre un vestido para presumir en los paseos...

Pero ni aun tras seis meses junto a la cabecera de su madre olvidó Marta que había visto en el rostro de mi bisabuela el enaltecimiento de la anagnórisis: un reconocimiento pavoroso al verla a ella transformada en un ser lleno de poder, erizado por la certeza de una verdad contraria a la suya, y que tuvo miedo.

¿Ella, tenerle miedo a la pequeña Marta, tímida y víctima de las bromas de sus hermanos y hermanas? Al tocarle la cara a la Mamita para hacerle una friega, Marta no podía dejar de sentir en la punta de sus dedos una especie de temblor autónomo en la piel materna, un escalofrío o tiritón que no duraba más de un segundo, pero ahí estaba, y era miedo.

Suponía Marta, en su ingenuidad, que era a la verdad de sus convicciones políticas —la Mamita tenía el horizonte obstruido por su involucramiento en la política— que le temía, sin darse cuenta de que era ella misma, su poder, su fuerza, lo que la aniquilaba. Cuando pasaron los seis meses de cuidado, y la Mamita se paseaba como una leona por los corredores de afuera de su dormitorio, un día, como con un repentino sacudón para sacársela de encima, decretó que el lunes siguiente debía partir a Santiago. Había recibido una carta perturbadora porque estaba escrita con la inconfundible, perfecta caligrafía de Eugenia, y venía dirigida a un Custodio Feral. Nadie había oído jamás el apellido del negrito —era dudoso, incluso, que tuviera un apellido—, pero por el nombre poco común y por la letra, evidentemente de mano de Eugenia, la familia lo adivinó todo. Se reunieron en ansioso conciliábulo alrededor de la misiva. No estimaron necesario respetar el secreto de correspondencia, porque al fin y al cabo Custodio no era más que un ignorante, que tal vez ni sabía leer, así es que las niñas Donoso Henríquez, anhelantes, no titubearon ni un minuto antes de abrir el sobre.

La carta no traía ninguna noticia, ni hacía ninguna pregunta que las atañera. Lo que sí, tenía un remitente de San Francisco de California. La Mamita y sus hijas le escribieron al instante a la hermana perdida, asegurándole que se proponían olvidarlo todo, que por lo demás ya nadie se acordaba de nada. Pero como dirigieron sus respuestas a una señora doña Eugenia Donoso de Mujica que no existía en esa dirección —existía, eso sí, una señora llamada Mrs Ezra Barrow—, estas generosas cartas de perdón no llegaron jamás a manos de su destinataria. Las hermanas esperaron y esperaron, pero no tuvieron contestación. Los lazos familiares se cortaron después de un largo período de tentativas y esperanza, y así Eugenia se quedó sin noticias de Custodio y de la familia, que por lo demás no solicitaba. Todos presumían muerto a Custodio, que al parecer era lo único que le interesaba saber a quien escribió desde Estados Unidos, y por otro lado no llegaron más cartas de Eugenia a la casa de la Una Sur, de modo que ni siquiera pudieron enviarle las noticias —ya algo añejas— del infarto de su madre ni del fallecimiento, hacía varios años, de don Manuel Antonio: había muerto al caer de su caballo porque estaba demasiado viejo y débil, sin que bastaran las advertencias del doctor Astaburuaga de que tuviera cuidado y se sujetara bien en la montura.

En fin, la suerte de Custodio las tenía sin cuidado. Si Eugenia, tal vez por vergüenza, no quería tener relación alguna con su familia, allá ella. Era preferible seguir con la vida familiar como si tal cosa.

La Mamita misma, con su bandada de hijas, fue a dejar a Marta al tren para que viajara a Santiago, entregándole una canastita con provisiones para el viaje y asegurándole que en el andén de la Estación Alameda su hermana Irene estaría esperándola. Y así fue, pero como uno de los niños de Irene estaba con escarlatina, se estimó preferible que se alojara, por lo menos durante el primer tiempo, en casa de su hermano Aurelio y su cuñada Rebeca, tan amiga de todas las niñas Donoso Henríquez. Así lo hicieron: fueron y volvieron cartas y Marta fue al teatro y de visita a casa de parientes talquinos, ahora ave-cindados en Santiago, y a escuchar una conferencia del cura Vicuña. No llegó a leer las novelas de moda que las mujeres ociosas de su parentela querían convencerla de que leyera: prefería encerrarse durante días enteros con su volumen de las *Escrituras*. Una tarde en que salieron Aurelio y Rebeca, de-jando a los niños con las sirvientes, salió ella también, rumbo a la calle Rosas y se encerró voluntariamente en el claustro de las monjitas Capuchinas, negándose a entrevistas familiares y a asomarse a la calle.

Estuvo faltando, sin avisar, durante cuatro días. Rebe-ca y Aurelio estaban vueltos locos. Hasta que por fin le avisa-ron a la Mamita que Marta, su segunda hija que huía del ho-gar, andaba perdida. Se avisó a la policía y a los políticos ami-gos que eran influyentes. Pero justamente ése, el cuarto día, fue cuando Marta hizo avisar a los suyos que estaba muy con-tenta encerrada en la clausura de las monjas Capuchinas de la calle Rosas, donde pensaba profesar. La Mamita dio un suspi-ro de alivio, aunque comentó:

—No me gustan nada esas monjas reaccionarias.

Pero con el reciente triunfo de don Federico Errázu-riz Echaurren en las elecciones, después proclamado Presi-dente de la República de Chile, cualquier cosa era motivo de regocijo para la Mamita. Gracias en parte a su gestión se ter-minarían para siempre enclaves tan retrógrados como las monjitas Capuchinas.

De entonces en adelante las cosas fueron más fáciles para la bisabuela María. Inició una correspondencia con la entonces Superiora de las Capuchinas, dándose a conocer ella misma y dando a conocer a su hija, a la vez que prometiendo una visita para presentarse a la Superiora y hablar con Marta, ahora Sor Bernarda. La Superiora le contestó a la bisabuela que la joven estaba muy bien, y que se la veía contenta y sere-na. Rezaba con mucha devoción. Con la mayor frecuencia po-sible asistía a la capilla, aun sola, y se pasaba horas arrodillada en el pavimento duro y frío para hacer penitencia. La Superio-ra le rogaba a la Mamita, eso sí, que por ahora no se presentara en el convento: Sor Bernarda, al fin y al cabo, como todas las novicias que debían ir acostumbrándose poco a poco a su nueva vida, se encontraba en un estado de suma fragilidad emocional y cualquier contacto con el mundo exterior o con su pasado podía afectarla seriamente: ella le contaría casos de estos... bueno, de estos accidentes. Porque a veces las cosas terminaban en accidentes de verdad. La bisabuela, entonces, pidió que la Superiora fijara una fecha para la ordenación de Marta. Se fijó para dentro de seis meses. La Mamita entonces, como era habitual en casos de ordenación para una clausura perpetua, comprometió una gruesa suma de dinero y varias propiedades de renta para el Convento de las Capuchinas, lo que debía constituir la dote que su hija llevaría al claustro. La Superiora se lo comunicó a Marta, que quedó muy complacida con el regio regalo de su familia.

El que no quedó nada de complacido fue el joven diputado Aurelio Donoso Henríquez. En su siguiente viaje a Talca tuvo una belicosa entrevista con su madre, revelándole el rencor que sentía por su hermana Marta. Rencor debido, sobre todo, a que consideraba que Sor Bernarda, al huir de su casa sin el expreso permiso de su hermano hombre —a quien la Mamita le había encargado velar por Marta y cuidarla para que estuviera cómoda—, había contravenido toda autoridad. Aurelio no sólo era el único miembro de su familia inmediata que vivía en Santiago. Era diputado en el Congreso Nacional, representando a la provincia de Talca; y era hombre, y por lo tanto indiscutiblemente vinculado al poder. Resultaba un insulto hacia él la huida de Marta sin su permiso, aunque fuera para encerrarse en una de las clausuras más estrictas de la ciudad. No era posible castigarla. Pero sí recordarle que había cometido una falta grave contra él, contra su madre, contra el mundo, y que quedaba manchada. Por eso, para su ordenación no mandó traer de «La Quebrada de Agua» un ramo de copihues blancos para que Marta llevara en su ramillete de novia, como querían sus excitadas hermanas, sino que para ese día ceremonial mandó del campo una carretada de vellones de ovejas negras para que su hermana recordara que estaba manchada, y pese a que le servirían a la comunidad para arrodillarse sobre las frías baldosas, serían año a año el recordatorio de su pecado contra la autoridad de un hombre, su hermano.

Hablando de autoridad, Sor Bernarda se guardaba en la manga, como diría su madre, un as de triunfo que nadie sería capaz de vencer. Sabido era que, para la fiesta de la Asunción, los Presidentes de Chile, rompiendo la regla de las clausuras, tenían licencia oficial para visitar los claustros seguidos por la comitiva que escogieran. Nadie creyó que el nuevo Presidente, un liberal encarnizado, hiciera uso de ese Patronato Real que tan poca vigencia contemporánea conservaba. Sin embargo, un par de días antes se anunció en las Capuchinas que el Presidente de la República don Federico Errázuriz Echaurren visitaría la clausura el día de la Asunción, de diez y media de la mañana a once, para oír misa con ellas en la capilla. Un gran número de padres y hermanos anunciaron que lo acompañarían.

Las monjitas capuchinas, ordinariamente tan silenciosas, se alborotaron la tarde anterior almidonando sus cofias, lustrando sus zapatos y alistando el velo que guardaban sin estrenar. A las diez y media en punto de la mañana del día siguiente entraron en fila india en la capilla ya ocupada por el Presidente y su séquito ordenado en los bancos, pero las monjas, sabiendo que estaban allí sus padres, hermanos, amigos, en algunos casos no vistos desde hacía decenios, no levantaron la vista bajo el velo ni movieron sus cabezas para buscar a los suyos, sino que con las manos juntas en plegaria sobre su pecho fueron tomando lugar en las bancadas y entonando el *Confiteor* y otros trozos de la misa. Permanecieron hincadas sobre sus cueros negros aun mientras cantaban el *Agnus Dei*. Los monaguillos de rojo llenaban la capilla con su humareda de incienso. Las campanillas, el tintinear de las vinajeras, los latines del purpurado que decía misa, acompañaban el suave rumor del palomar de monjitas arrodilladas. Al terminar la misa, el Presidente le hizo una señal a la Superiora para que las monjitas se descubrieran el rostro, y una a una, en fila india y con sus facciones radiantes mientras entonaban sus melodías sacras, fueron saliendo de la capilla, esta vez reconociendo a sus padres y demás miembros de sus familias, y haciéndoles pequeñas venias de cariño u otras señales de reconocimiento.

Todas se levantaron el velo ante la orden presidencial, menos Sor Bernarda, que permaneció con el rostro cubierto. Y cuando la bisabuela María quiso acercarse a ella para abrazarla y levantarle el velo, Sor Bernarda se lo arrebató y huyó a esconderse al fondo del huerto.

Ésta es una versión distinta —una segunda conjetura— sobre el final de esta historia. Porque Sor Bernarda, según se lo confesó a la Superiora más tarde, había permanecido con el velo cubriéndole la cara por rencor al Presidente mismo, un liberal antirreligioso que se proponía destruir el mundo y a la gente como ella y su familia. No estaba dispuesta a reposar, al final, en un cementerio lleno de extranjeros y suicidas. No aceptaba que sus hermanas, ahora comprometidas para casarse, pasaran por la humillación pecaminosa del Registro Civil, y que muchachas sin manto asistieran a las aulas. Era, sobre todo, rebelde ante la autoridad que preconizaba estos cambios, ante su madre, ante los curas modernos que carecían de fe en la oración, y sobre todo ante el Presidente de la República, de quien, por ser un liberal, no aceptaba órdenes, ni la de descubrirse el rostro, porque las órdenes impartidas por un liberal eran heréticas y ni siquiera una monja loca podía considerarlas válidas. Ella, desde luego, no.

Así, Sor Bernarda, mi tía abuela Marta Donoso Henríquez, permaneció en el fondo oscuro de ese claustro, tal vez parecido a un miserable claustro en ruinas que visité en Concepción, con el velo negro de su regla cubriéndole la cara, que no consentía en descubrirse ni cuando la mayor autoridad civil del país le permitía hacerlo, porque no creía que esa autoridad tuviera potestad para prohibirle o permitirle nada.

Hace muchos años, cuando arrendé casa en Zapallar, un balneario al norte de Valparaíso, para pasar allí un verano con mi mujer y mi hija entonces adolescente, comencé a trabajar en estas *Conjeturas* (en este capítulo). En múltiples ocasiones abandoné esta narración sin terminarla, a veces con el fin de escribir otros libros que me parecían colgar más maduros, más listos para cosecharlos. Nunca llegué a completar esta conjetura. No lograba tomar el fruto porque se me deshacía al agarrarlo, sobre todo hacia el final, y la totalidad del relato se me mostraba indecorosamente esquiva, escabrosa de escollos que entorpecían mi travesía para llegar a puerto. El escollo principal era siempre el mismo: el fin, es decir, el cierre de la experiencia como parte de un cuento. Me producía tal confusión que hasta ahora, después de nueve años de darle vueltas al asunto, no he podido liberarme del problema, y ese cierre sigue mostrándose huraño. La historia me queda siempre a medio hacer; se desdibujan los personajes, los espacios no concuerdan con la acción ni con las emociones, y aquí estoy ahora, frente a la tarea de elaborar —puesto que me parece que darle preferencia a un cierre por sobre otros desvaloriza el contenido de cada versión no escogida— tres finales distintos, y entregar el capítulo siete sin una conclusión sino con una *coda* de varios cierres distintos que no pasan de ser conjeturas: estas tres conjeturas juntas proporcionan, creo yo, un cierto espesor, cierta enjundia, una posible tridimensionalidad a las situaciones, una polivalencia que es parecida al fenómeno de estar vivo.

Pienso que este relato, que comencé hace nueve años, no lo inicié el verano que tomé casa en Zapallar, sino uno de los veranos siguientes, cuando tuvimos casa en Cachagua, el balneario vecino, porque mi hija, entonces de dieciséis años y todavía ceceando con el acento español con que había llegado a Chile, no estaba aún de novia con su primo Cristóbal Donoso, con el que después (como buena Donoso endogámica) se casó. Tenía docenas de amistades en Cachagua, un balneario de horizonte social e intelectual más abierto que el ultramontano Zapallar, donde hasta entonces solíamos alquilar una casita vecina a la caleta de pescadores para los fines de semana de invierno, temporada en que todo quedaba desierto, desprovisto de vida social fuera de un poco de sociabilidad furtiva entre los viejos zapallarinos los sábados y domingos. Logré escribir muchísimo. Guardo los mejores recuerdos de esa casita; después de que la dejamos la tomó Jorge Edwards y creo que todavía la conserva.

Con el noviazgo de mi hija con mi sobrino Tobi, los

aires sociales, que fueron huracanados durante la soltería de Pilarcita, se aquietaron un poco en nuestra nueva casa en Cachagua y pude recomenzar a escribir. La casa seguía repleta de amigos juveniles y de sobrinos. Mi sobrino Gonzalo Donoso recitaba a Rimbaud a toda boca desde lo alto de una escala; la arena crujía en el piso bajo los pies de la muchachada en las noches bailables, y mi mujer se atareaba para alimentar a aquella manada de jóvenes montaraces vestidos en Fiorucci.

La historia de mi pariente monja no prosperó en ese ambiente. Como es de imaginar, a ninguno de estos niños le interesó. Ciertas noches les leía trozos a algunos amigos, a Sergio Molina y Pauline Barros, de origen talquino y un poco parientes míos, a Lucho Izquierdo y Tere del Río, inteligentes y seductores, a Jorge Valdivieso y Maribel Tocornal, íntimos de toda una vida. Ninguna de estas seis personas pareció vibrar ni poco ni mucho con los retazos de la historia de la monja talquina, lo que me defraudó porque esperaba un entusiasmo equiparable al de la Delfina Guzmán cuando se trató de teatralizar a la tía Marta. Como no aparecía ninguna solución satisfactoria —¿se presentía ya el acertijo del final?—, produjimos, en vez, una teatralización de *Sueños de mala muerte,* que se estrenó con pasable éxito de boletería. En Cachagua, el único que finalmente reaccionó de algún modo con mi historia monjil fue Sergio Molina. Dijo:

—Creo que el cuento queda incompleto y a mí no me gustan los finales imprecisos.

—Es que no atino —repuse— a descubrir cómo fue el final verdadero, histórico o novelesco, ni a construir un cierre brillante.

Entonces, sin saber muy bien de qué modo y por qué me proporcionaba este camino, me dio una valiosa clave para el desenvolvimiento del relato que me obsesionaba. No me trazó un sendero cierto, ni me bosquejó el detalle del argumento para terminar mi historia, ni se sacó datos desconocidos de la manga. Pero me dijo:

—Anda a ver a tu primo Patricio Donoso Letelier. Él sabe muchas cosas. Está veraneando en Con-Con. Su mujer, la Margarita, es muy inteligente. Seguro que ellos saben cómo fue el final de tu asunto.

La propuesta del ahora ministro Sergio Molina, cargada de inteligencia y secreta malicia, inauguró un curioso camino para mí. Y después de mucho pasearme por la playa de Cachagua al atardecer (de uno de estos paseos brotó mi relato *Jolie Madame,* al admirar a esas soberbias criaturas que son las hermanas Puga, jugueteando en las olas de la orilla), y de mucho borronear papel con mi manía del personaje velado, me trasladé a Con-Con a visitar a Patricio Donoso. Es nieto del tío Pedro Letelier Silva, en su tiempo presidente del Senado, y de la tía Irene Donoso, que ya han figurado en esta historia. Yo no era ni soy amigo de este pariente con quien me unen diversas consanguinidades provincianas. Pero mi padre tuvo siempre un gran cariño por su tía Trinidad (abuela de Patricio), porque en la casa suya, en la calle Dieciocho junto al Palacio Cousiño, vivió en sus tiempos de estudiante de medicina. El hecho es que en nuestra madurez, en alguna función oficial o diplomática, suelo toparme con Patricio y su mujer, pero jamás hemos cultivado una amistad. Como doy por cierto que a todo el mundo le gusta hablar de su familia, no titubeé en ir a visitarlos a Con-Con, donde iba a ser bien recibido.

Y así fue. Tanto Patricio como su mujer se mostraron afables con este temible primo «artista», aventurero, inclinado más bien a la izquierda que a la derecha en esos tiempos militares, viajero, políglota, que tenía fama de frecuentar círculos «bohemios» contrastantes con su mundo. Patricio estaba casado con su prima (naturalmente: es mal de familia) Margarita Ibáñez Letelier, hija del ex Presidente de la República, general don Carlos Ibáñez del Campo (y de su mujer, una Letelier; ¿cómo no...?). Yo a Margarita casi no la conocía. Pero esa tarde en Con-Con me sorprendió al darle la mano: una clásica señora chilena un poco tímida (detesto a mujeres y hombres cuya personalidad carece de una pizca de este ingrediente), con un cutis extraordinario y un chisporroteo de inteligencia en los ojos. No era en ningún sentido una mujer del montón. Patricio y yo nos acomodamos en sendos sillones junto al ventanal. Margarita nos sirvió un clásico té criollo, con mermelada y un queque de fabricación casera, y tostadas. Después se sentó en una silla ante nosotros. Escuchó muy atenta el desarrollo minucioso de mi tema de la tía monja. Patricio, debo decirlo, no me proporcionó grandes luces que me facilitaran llegar al fin de mi historia. Hasta que ya bastante tarde, agotadas nuestras vanas disquisiciones, cuando me preparaba para partir, Margarita, que parecía haber acumulado presión en su silencio, se lanzó al abordaje, acometiéndome con una propuesta totalmente original. Me preguntó:

—¿Qué te hace pensar que en realidad era la tía Marta la que se escondía debajo del velo negro, y no otra persona que la sustituía? ¿Y si fue para que nadie la desconociera que jamás se descubrió la cara ni permitió que los que pudieran reconocerle el habla le oyeran la voz? Francamente, yo no creo que la reclusa fuera doña Marta, y sí otra persona distinta.

¿Pero quién? ¿Cómo, por qué...?

Me hice estas preguntas a mí mismo, porque Margarita logró dejarme mudo pese a mi habitual locuacidad cuando de este tema se trataba. Bajé la cuesta. Al llegar a mi casa me apresuré a contarle esta novísima versión del final a mi mujer, a la que le pareció un poco traída de las mechas. Se lo refuté, pese a que a mí me estaba pareciendo lo mismo. ¡Sin embargo...! Logré que mi mujer, escéptica, escuchara mis elaboraciones sobre el tema con atención, y vi que poco a poco vencía su resistencia y se entregaba a la curiosa conjetura sugerida por la mujer de mi primo. Me alegré, porque a mí nada me importaba fuera del misterio recién inaugurado de la persona que durante sesenta años encarnó a la tía Marta en el claustro de las Capuchinas. ¿Quién aceptó ese gratuito cautiverio en silencio? Ninguna suspicacia me perturbaba salvo la pregunta: ¿quién y por qué suplantó a la tía Marta, si es que hubo suplantación?

Estuve dándome vueltas toda la noche en mi cama. Mi hija llegó tarde después de haber asistido a algo que los entusiasmaba a ella y a sus amigos, que se llamaba «el Festival». Había sido con el Burro, el Guatón, Keko, el Tobi y otros muchachos de nombres tan novedosos —«modernos», supuse— como los de «Quinta Región», o «Novena», que con esta numeración han ido suplantando nuestra vieja, tradicional toponimia, que era de las pocas cosas auténticas que nos iban quedando.

Después de «el Festival» se habían ido a bailar a un sitio

muy reventado». Era causa de carcajadas su recuerdo de las rubias platinadas, de los travestis, del Chivas Regal que alguien llevó en su cantimplora de ex *boy scout*, robado del bar de su padre. Pilarcita debe haber dormido hasta después del mediodía, feliz porque lo había pasado «del uno», y yo me consolé viéndola despertar sana en la casa, sin huellas de alcohol, ni drogas, ni traumas psicológicos, y por lo que se veía, aún entera. Esa mañana la despertó la bocina de la Harley-Davidson del Guatón, estacionada a mediodía bajo su ventana, y ella bajó feliz y montó, cubierta con un bikini, para ir a la playa a desayunar en cualquier chiringuito con el fin, decía, de darle el primer empujón al día para echarlo a rodar vertiginosamente.

Después de que mi hija me dio un beso, me quedé dormido otra vez. Mi mujer sostiene que esa mañana ronqué más que nunca. Una hora después de la desaparición de mi hija, nosotros también bajamos a la playa para zambullirnos en el mar, yo mascullando los nuevos hilos narrativos que Margarita había puesto en mis manos: pese a que dejaban hebras sueltas, eran tan novelescos que lograban redondear una versión distinta del fin de mi relato.

Esta nueva conjetura —la tercera— comienza cuando mi relato de los tristes acontecimientos de la familia Donoso Henríquez ya estaban muy avanzados, después de la recuperación de la Mamita, cuando ya podía asistir a la iglesia sin el riesgo de que las miradas del público la descolocaran. Se había cansado de hacer pesquisas inútiles a través de consulados y viajeros sobre el destino de Eugenia, y su compromiso maternal con ese asunto parecía haber caducado. Se la veía rozagante y saludable, con el rostro sombreado por su cendal de matrona ya muy madura.

Pero las cosas no iban tan bien como desde afuera parecía. La devoraba una angustiosa, muda rabia sin itinerarios. En la tarde, ya despachadas las últimas visitas y los comerciantes que acudían a parlamentar el precio de su uva con el bisabuelo

Manuel Antonio, la Mamita, vigilante para que los residuos del escándalo no cundieran, recorría de arriba a abajo los corredores, a tranco muy firme ahora, enjaulada, feral dentro de los patios donde se debían cumplir todas sus resoluciones. Pero algo, tal vez un pecado inadvertido, pensaba, la mantenía sorda a la voz del otrora protector Obispo. Ni de rezar con un ápice de unción un salve era capaz, por permanecer revolviendo la olla de su resentimiento con Eugenia. Se paseaba y se paseaba con las mandíbulas cerradas como por un candado, resecos sus ojillos de acero. La furia la acometía en oleadas tan repentinas que sin controlarse mataba de una patada a una gallinita de la pasión, y proseguía su obcecado paseo de animal enjaulado sin darle explicaciones a nadie. Una cosa, eso sí, llegó a aclarársele. Necesitaba con urgencia cambiar de aires, de ambiente, de casa, por lo menos por un tiempo, porque se estaba ahogando. Distraerse y pensar en otra cosa. No soportaba a sus hijas, que encontraba intolerablemente estúpidas. Ni a Manuel Antonio, ni las limitaciones del párroco, ni los vestigios del escándalo cuyo rumor creía oír siempre, trascendiendo los paredones de adobe que pensó que la insularían. No dejaba de percibir los ecos de las burlas que de boca en boca, de puerta en puerta, envilecían las calles de Talca. Sí, partir. Partir a Santiago. Eso es lo que debía hacer porque aquí estaba enloqueciendo de ansias de vengarse. Santiago era distinto: nadie hablaba de Eugenia porque nadie la conocía.

Alguien tenía que pagar por el puterío de Eugenia, se repetía la Mamita sin pudor. No estaba dispuesta a sacrificarse ella después de todos los quebrantos con que su hija la había agobiado. Odiaba a Eugenia, ésa era la verdad. No toleraba oír su nombre ni en la oraciones con que las idiotas de sus hermanas pretendían salvar su alma. ¡Como si el alma valiera un comino, no la carne, no el escándalo! Odiaba a Manuel Antonio. Odiaba a Marta. Los únicos con que se encontraba pasablemente en paz eran Sandalio y la Mariconilla, la ojaladora. Dentro de diez días partiría a Santiago. Su coartada sería decir que llevaba a Marta para recluirla en un convento de clausura, donde ella, que era tan beata, pagaría vicariamente el pecado de Eugenia. Alguien tenía que expiarlo públicamente

para que le devolvieran a ella su sitio de privilegio en el pueblo, y la familia recuperara su posición y su poder. Anunció su
partida a los suyos. Por carta palabreó a la Superiora de las Capuchinas —¡que no olvidara que su hija era sobrina nieta del
Obispo!— para que aceptara de inmediato a Marta, avalada
por una cuantiosa dote, y apurara la eventual ordenación para que la muchacha no sintiera la tentación de salir. Escribió a
unas caballerizas recomendadas por Pedro Letelier para que
le alquilaran un buen cupé —viajaba con Sandalio, su cochero y guardaespaldas— durante el tiempo que permaneciera
en la capital. La Mamita le dijo también a la Mariconilla que
se preparara para viajar: hacía tiempo que, porque durante su
enfermedad fue tan fiel y comedida, le tenía prometido un
viaje. ¿Qué mejor ocasión que ésta, en que podría atender a su
padre y servirle a ella como doncella?

La Mariconilla era la más excitada con su próximo viaje y durante muchos días no pudo hablar de otra cosa. Después de echarse a andar el tren, se mostró incrédula ante la velocidad, la humareda, los asientos de felpa, el boato de las cortinas de las ventanas por donde, por primera vez en su vida,
veía desfilar el mundo que con el crepúsculo iba oscureciendo. Era feliz metiendo la mano en el cesto de las vituallas para
sacar una golosina o un huevo duro y comérselo sin hambre,
por el puro lujo de poder hacerlo. Quería detener el tren para examinar el puente por donde pasaban, el estero ignoto, el
pueblo conocido de oídas, las chimeneas de la fábrica en los
extramuros de una ciudad apenas mayor que Talca, que la hacía saltar sobre los muelles de los asientos dando bote, y hacer
piruetas festivas equilibrándose en los brazos de los asientos,
de puro júbilo por creer que habían llegado a Santiago. Pero
a la Mamita le dolía la cabeza y repleta de tensiones no pudo
tolerar más sus acrobacias y exclamaciones, y los despachó, a
ella y a Sandalio, a viajar en otro vagón para que no la pertur-
baran. El rostro de Marta estaba empapado de lágrimas, y con
la cabeza apoyada en el hombro de la Mamita, de vez en cuando, gemía, retorciéndose como si fuera a morir. Un pasajero
muy circunspecto se acercó a ellas y en voz baja preguntó:

—¿Se siente mal la señorita?

—Un poco —replicó la bisabuela—. La llevo a Santiago a consultar a su doctor. Gracias...

Pero Marta no se quejaba de un dolor físico. Tenía miedo... comenzaba a resistirse al convento a medida que se acercaban a Santiago y al lugar del encierro. Hacía poco rato, una reyerta en voz baja había estallado entre ella y su madre.

Mirando por su ventanilla el paisaje, a esta hora apenas esbozado, alzó los ojos pidiendo ayuda al cielo cóncavo y oscurecido, lleno de los mensajes de las estrellas. Ahora no le veía profundidad: se había transformado en un charco rechazante, y se confesó su falta de deseo de entrar en claustro alguno. Le manifestó a su madre sus dudas, y a medida que éstas se fueron transformando en rechazo y terror, la Mamita se fue sulfurando, apabullando a su hija no sólo con una revancha de improperios, sino además de especiosos —Marta así los fue sintiendo— razonamientos. ¿Por qué, con qué derecho venía a echarse para atrás a la hora nona, y a arrepentirse de llevar a cabo el plan de salvamento del alma de Eugenia, que todo el mundo celebraba como un sacrificio ejemplar y ya era cosa decidida? Es que el tren iba acercándola demasiado al lugar de su encierro eterno. Sentía más y más pavor ante esa realidad. Además, el firmamento le pareció plano ahora, sin profundidad, donde no cabían ni ella ni Dios. No tenía derecho a ser tan frívola, le dijo la Mamita. Dios se encargaría de castigarla por no cumplir su promesa de sacrificio, por su pecaminosa inconsistencia.

—Dios no castiga —declaró Marta— porque una muchacha como yo rehúse sacrificar su vida entera para expiar la culpa de otra. No puede ser tan cruel.

—Yo sí. Te castigaré en su lugar. No hay más vuelta que darle al asunto: te encierras. Así, todo el mundo admirará nuestro sacrificio y perdonará. Tu Dios lo comprende y lo quiere...

—No es el mismo que el suyo, Mamita. Mi Dios no cabe en este cielo sin hondura, sin bóveda ni luces, borrado por el humo de esta máquina terrible. Le tengo miedo a este cielo. No puedo creer que lo habite Dios. El Descabezado ilumina toda la cordillera con sus relámpagos, pero aquí no hay relámpagos, todo es oscuro, humo, charco sin reflejos. ¿Dónde está Dios aquí? Soy joven, Mamita, y tengo miedo, y amo a mis hermanas y a mis hermanos, y me gusta galopar en mi bayo a lo largo de canales aromados de trébol segado, y de peromoto y yuyos, bajo la maraña de los sauces. Allá está Dios. No en el claustro impenetrable donde usted me obliga a encerrarme.

—Yo no te obligo a nada: la elección de vida fue tuya.

—Azuzada por usted.

Marta habló las últimas palabras con tal pasión, que toda su fuerza se extinguió, y desvaneciéndose cayó al suelo. El comedido caballero de hacía un rato acudió a ayudar a ponerla de nuevo en su lugar.

—Está sobreexcitada —declaró la Mamita al grupo congregado más para curiosear que para ayudar. Cuando la bisabuela pidió que fueran a buscar a Sandalio y a la Mariconilla por los otros vagones, nadie se movió. Sacó un pomo color ámbar, echó diez gotas en un vaso de agua y volvió a guardar el pomo. Dijo—: Esto va a tranquilizarla, tal vez a dormirla.

La Mamita, indignada con el espectáculo, no volvió a hablarle a su hija en el resto del trayecto, sus pequeños ojos blanquizcos fijos en el trozo de cielo negro. No contestaba las preguntas murmuradas por Marta, que adormecida tuvo la intuición de que así, sin respuestas, sería el interior del convento adonde su madre quería arrojarla: frío, distante, mudo, de piedra dura igual que la Mamita. Marta, por primera vez en su vida, tembló ante su certeza de que Dios la rechazaba porque era helado, sin palabras, como la Mamita, como el convento, que no era más que un moridero, dejando suelto el temor como una fiera que habitara la oscuridad de los rincones y se casara chillando con bandadas de pegajosos murciélagos. Marta le rezaba a su Dios para que los ahuyentara. El terror a esos bichos la congestionaba, y quería morir.

En la Estación Alameda los esperaban, según lo acordado, Aurelio y Rebeca, aunque con malas noticias: sus dos hijos menores, los que jugaban con los hijos de Pedro e Irene, habían caído esa mañana con una fiebre muy alta, debido, claro, a su contagio con la escarlatina de la otra casa. Se encontraban aislados en un lazareto que Irene organizó. Aurelio y Rebeca tenían que irse a atender a sus niños. Podía llegar el médico. Si podían, regresarían más tarde; si no, tendrían que dormir en casa de Irene, esperando un desarrollo favorable del mal. La Mariconilla no oía nada de esto porque, entusiasmada, observaba a los transeúntes y la multitud de coches. Intentaba comentar el tráfago con su padre, que no le hizo caso, más interesado en la otra conversación. La Mamita opinó que ellos eran cuatro, muchos, de modo que sería preferible ir a pasar un par de noches en el Hotel Oddó para no molestar. Aurelio no quiso oírlo. Les aseguró que su casa, a media cuadra de la Irene, no era ni inmensa ni fría, muy fácil de manejar durante cuarenta y ocho horas: ¡ni hablar del Hotel Oddó! ¡La enfermedad de los niños estaba a punto de hacer crisis! Entonces ellos regresarían —con personal de servicio nuevo, sin contaminación, como se contaminaba todo el mundo con la maldita escarlatina— para atenderlos como merecían. Por mientras delegaron a su hijo Mariano, de dieciséis años, ya con pantalones largos, muy inteligente según sus padres, activo catecúmeno del Partido Liberal de don Federico, para que les hiciera los honores de la casa como pudiera, hasta dejarlos a todos instalados durmiendo, y volver junto a sus padres para pasar la noche vigilando el sueño de los niños.

La bisabuela, Sandalio y la Mariconilla partieron a acostarse, cada uno donde Mariano le indicó. Antes de que su madre saliera de la salita para dirigirse a su dormitorio, Marta alcanzó a susurrarle que no se iba a recluir en el convento. Que encerrándola nadie expiaría nada, y sólo aumentaría su propio odio por ella. La Mamita le preguntó si olvidaba su promesa a Dios para rescatar del infierno a Eugenia. Marta le respondió:

—No la he olvidado. Pero confío en que Dios es mejor persona que usted, que no sabe perdonar.

—Tú también te condenarás.

—Ya estoy condenada.

Se quedó en la salita escribiéndole una nota a la Madre Josefina, rogándole que viniera a rescatarla. Mariano, sentado al otro lado de la mesita, repetía todos los lugares comunes de la chismografía político-religiosa del momento, que era lo que el público creía el verdadero alimento espiritual. Su punto de vista era el de los liberales de avanzada. A Marta la irritaba oír las cosas en boca de niños que no estaban enterados de que la realidad de la política sucedía entre los bastidores del poder, y que los políticos, en última instancia, hacían lo que se les antojaba con el país. Mariano no se calló el hecho de que en Santiago todo el mundo andaba diciendo que la tía Eugenia era una perdida y que los cubría el oprobio. Tenía compañeros de colegio que por esta causa no le dirigían la palabra y otros que pidieron a los maestros cambiarse de banco para alejarse lo más posible de Mariano. Marta no dejaba de temblar, no pestañeaban sus ojos no videntes. ¿Qué sacaba con protestar a estas alturas? Su destino ya estaba fijado, porque herida en el ala quedó incapacitada para volar. Ya ni siquiera sabía si creía o no en Dios, o en qué Dios creía, puesto que el que conocía no acudía a salvarla del claustro donde la voluntad de su madre la arrojaba. Mariano alegaba con vigor infantil —inútil porque nadie lo estaba contraviniendo, aunque ella, en otra situación, hubiera aceptado el reto— que había llegado el momento del progreso, y el progreso era imposible si la Iglesia no deponía su poder temporal. Los conservadores eran unas aves de rapiña, opinó el entrometido mocoso. Marta no pudo soportar más el fervor incendiario de este argumento cegatón y salió corriendo de la salita para encerrarse en su dormitorio.

Allí, arrodillada al borde de su cama, las manos juntas en oración sobre su pecho, rezó con toda la fe de que era capaz, rogándole al Señor que se le manifestara, le hiciera una seña, le dijera una palabra, no la dejara sola en este momento de incertidumbre en que su fe declinaba —como ella se lo dijo— como el astro en el crepúsculo... una voz celestial con poder para arrancarla de la hondura de su depresión. Si pasaba un momento más sin una clara manifestación divina, corría el riesgo de que su luz se agotara: sólo le quedaría la noche del odio en que se estaba ahogando su alma. Esperó hincada, atónita ante el repliegue del poder de sus oraciones, antes tan fructíferas. Pero esperando y esperando, hincada en el suelo de baldosas heladas, sin señal, sin esperanza, echó mano del pomo color ámbar que su madre había dejado «por si acaso» sobre su velador, y este «por si acaso», un «por si acaso» muy distinto al imaginado por la Mamita, le llegó. Empinándose el pomo, bebió de un solo trago el contenido, como desquite con el mundo y con Dios, que se negaban a tener la estructura que ella quería o a hacer lo que pedía. Mientras lloraba al borde de su cama, ignorante del peligro, pensó huir ella también como Eugenia. Se puso de pie dificultosamente. Cayó al suelo y arrastrándose llegó a su puerta. Cayó inconsciente... pero antes de morir alcanzó a maldecir a la Mamita por quitarle su capacidad de darle caza a su huidiza fe, segura ya de que a nada ni a nadie podía llamar para pedir un último auxilio.

Siete horas más tarde la Mamita, Sandalio y la Mariconilla encontraron a Marta muerta, tirada en el suelo entre la puerta y su cama. Era un maniquí congelado, tieso, quebradizo, astillable como un trozo de hielo. La Mamita lanzó un rugido de terror al encontrarla, y gritó pidiendo ayuda en esa casa vacía. Sandalio y la Mariconilla llamaron a un médico y a un cura sin decir nada —por recomendación de la Mamita— en casa de Pedro y la Elena. El médico quitó el pomo ambarino de entre los dedos de Marta y después de olerlo someramente se lo metió en el bolsillo. El cura se negó de plano a bendecir a la muerta.

—Es una suicida —explicó— y tiene que pagar su pecado de arrebatarle a Dios el poder de mandarnos al otro mundo cuando él lo juzgue necesario. Se irá al infierno sin el consuelo ni la ayuda de nuestra Santa Madre Iglesia.

El médico volvió a examinar el cuerpo de Marta, con más cuidado esta vez, secundando la moción del cura —«¡láudano!», exclamó al oler el pomo por segunda vez— y negándose a extenderle a la Mamita un certificado de defunción en que no figurara el suicidio. No. La Mamita no iba a poder enterrar a su hija en la tierra consagrada de un cementerio, porque Marta se había quitado la vida por voluntad propia. El médico escribió, mientras la Mamita y la Mariconilla oraban al pie de la cama, un certificado en que figuraba la defunción de Marta Donoso Henríquez, de veinticuatro años de edad, residente en

Talca, calle Una Sur esquina de Una Poniente, un certificado según todas las reglas pero en el cual figuraba la occisa como muerta por suicidio con una sobredosis de láudano. Los ojos quemándola de lágrimas que no caían, la Mamita tomó el papel que le tendió el médico. Lo leyó apenas, lo rasgó en cien pedazos y lo echó en el balde del lavatorio, sin dejar huella.

—No lo rompa, señora —le rogó el médico—. ¿Cómo va a certificar que no se trata de un accidente, ni de un asesinato? Ninguna funeraria le venderá un ataúd sin uno de esos papelitos. ¿Qué piensa hacer con el cuerpo de su pobre hija?

—Yo sabré, no se preocupe. Me las arreglaré. Siempre me las arreglo. Ahora váyase y no le cuente esto a nadie, que si lo hace se va a ver en problemas serios.

—¿Éste no es serio, entonces?

—Yo me las voy a arreglar.

Apretadas dentro del cupé, las dos mujeres iban rezando. Corría un poco de viento frío afuera. Sandalio, que iba al pescante, y la Mamita y la Mariconilla hacinadas en el interior junto al cadáver, que parecía despedir tufaradas de hielo, se habían abrigado con una profusión de chales que desfiguraba sus siluetas. En cuanto las patas de los caballos dejaron de pisar adoquines para pisar tierra, Sandalio se vio obligado a disminuir la velocidad del trote porque con los barquinazos, en las piedras y en los regueros secos donde comenzaba el campo, se iba desarmando el envoltorio y desarticulando el cuerpo de la muerta, y caían una y otra vez sobre ellas sus brazos y sus piernas sin control, y sonaban las herramientas desestabilizadas. Las casas, en las afueras, eran chozas de barro, o de chilcas, con piedras encima del techo para sostener las cañas de maíz de modo que el viento no las hiciera volar. Los charcos en el barro se sucedían de trecho en trecho, y a lo lejos se divisaba una que otra forma perdida en la neblina, un peón de pantalón subido hasta la rodilla, su herramienta al hombro, un vagabundo que se encaminaba al basural o al río, y se sentaba, acompañado por un perro, junto a su fueguito hecho entre dos piedras, donde calentaba una hallulla y el agua para el mate. Pero estas figuras se veían muy de tarde en tarde en el amplio espacio del amanecer, apenas insinuados entre los rastrojos de las chacras caseras y los montones de basura en descomposición.

Sandalio detuvo el coche. Maneó el caballo. Entre él, la Mamita y la Mariconilla sacaron el bulto desarticulado del cuerpo de Marta. La Mamita, bajo su manto, se quedó observando las manos de Sandalio, porque las manos de un hombre no debían tocar el cuerpo de su hija, y le ordenó a la Mariconilla envolverlo de nuevo en la sábana. Dijo Sandalio:

—Lo oigo. El río está cerca. Al otro lado de este cerrito de basura. Hay que arrastrarla hasta allá. Si sigo en el coche vamos a quedar muy lejos y va a ser largo transportarla. Además, quién sabe cómo está la tierra más allá. Aquí, en cambio, al otro lado del cerrito de basura, con tanta porquería pudriéndose, el suelo va a estar blando y va a ser fácil hacer un hoyo...

—¿Para qué hay que hacer un hoyo...? —preguntó la Mariconilla.

—Tú cállate —la mandó la Mamita.

No fue tarea fácil arrastrar el cuerpo de Marta en su sudario por el cerrito de basura hasta el río. Era la hora de mayor helada, justo antes de que comenzara a aclarar. Más allá, encima del cerro, divisaron alguna silueta gris que de vez en cuando se agachaba para recoger algo entre los desperdicios, un tarro, el resto de una ojota. En los extramuros de Santiago, una que otra choza perdida en los jarales o entre los rastrojos acumulaba una pincelada de neblina de plata sobre su techo achaparrado, y las agujas de las iglesias perforaban la bruma de cuando en cuando, hacia el centro. Pero ni las mujeres se habían despertado aún en las chozas, porque los fuegos no estaban encendidos en las cocinas, y las chimeneas se dibujaban nítidas sobre la neblina del horizonte. La Mamita jadeaba arrastrando a Marta. La Mariconilla lloriqueaba y se sonaba las narices con la punta de su enagua, porque no era fácil remontar la breve cuesta con un cuerpo yerto dando tumbos sobre las piedras y sobre los despojos de objetos sin que el envoltorio se deshiciera de nuevo. Sandalio le dijo a la Mamita:

—Está acezando demasiado, señora. Siéntese aquí en esta piedra un rato, a descansar. Si no, le va a dar otro ataque al corazón. Mire, el río está allá a la vuelta no más, en veinte minutos estaremos ahí. ¿No ve los sauces pelados llorando sobre el río...?

La Mamita le pidió a Sandalio que él con la Mariconilla llevaran el cadáver. Ella ya no podía más. Que hicieran un hoyo para meterla adentro, bien hondo, allá en ese trozo de ribera que se veía desde donde ella estaba sentada.

—¿Un hoyo? ¿Para qué vamos a hacer un hoyo? —preguntó la Mariconilla aterrorizada.

—Para enterrar a la señorita Marta —repuso Sandalio.

La Mariconilla estaba a punto de llorar de nuevo, pero preguntó indignada:

—¿Y por qué no la entierran en el mausoleo, como a la gente?

La bisabuela María se puso de pie, enorme, y le explicó, señalando con su brazo estirado el lugar donde se efectuaría el entierro:

—Porque murió en pecado mortal y a Dios no le gusta que entierren a los pecadores en tierra consagrada. Si tú no tienes cuidado, si no me obedeces, te morirás en pecado mortal y te vamos a enterrar a ti también en un hoyo en este basural.

La Mamita se quedó mirándolos, sentada en su piedra. Todo estaba podrido, todo ya había perdido o estaba perdiendo su forma. Algún perro, hozando en los desperdicios, buscaba cualquier cosa que comer. Sandalio y la Mariconilla no se demoraron veinte minutos sino casi una hora en transportar el cuerpo de Marta hasta el sitio que misiá María les indicó, donde la tierra estaba blanda de podredumbre y el trabajo sería más rápido. Durante el transporte, Sandalio y la Mariconilla hicieron varios altos, a veces trenzándose en discusiones cuyo contenido la Mamita no alcanzaba a distinguir desde su roca. Pero les gritaba:

—¡Apúrense, que está aclarando!

Cuando llegaron a la ribera, la pareja se dio un breve descanso, y comenzaron a perforar la tierra y a sacar paladas. Pero la Mariconilla pronto dejó caer sus implementos porque, débil como era, no tenía fuerzas y cavando se había agotado en poco rato. La Mamita se adormeció, hasta sentir que las moscas pegajosas de la mañana en el basural se le adherían a la piel, intentando beber su saliva, sus lágrimas, metiéndosele por los orificios de la nariz. Aterrada, las espantó y comenzó a descender a la carrera cerro abajo, perseguida por una nube de moscas. Pero a medio camino se encontró con Sandalio y la Mariconilla, que con sus herramientas y la fatiga del trabajo abyecto que acababan de ejecutar, remontaban la pequeña cuesta. Las moscas intentaban devorar a la Mamita como si su cuerpo ya fuera un cadáver en descomposición, hasta que la Mariconilla, encontrando por fin un trabajo que calzaba con la escasa potencialidad de su cuerpo, se puso a agitar su pañuelo en torno a la cabeza de su patrona para espantar las moscas que, obstinadas, volvían a pegarse una y otra vez al rostro de la Mamita. Ésta, escupiendo moscas, logró preguntarle a Sandalio:

—¿Le pusiste una cruz de palitos, como te dije?

—No, señora. La gente de por aquí es muy mal pensada y puede darse cuenta de que hay alguien enterrado si ve una cruz. Hasta los perros de por aquí son tan diablos que reconocen una cruz de muerto, y también se pueden dar cuenta de que hay alguien bajo tierra, y comenzarán a escarbar y a comerse...

—¡Cállate, Sandalio, no seas salvaje!

—Sí, señora.

Hicieron un lento camino de vuelta hasta el coche, la Mamita a trastabillones, apoyada en Sandalio, por un lado, y con la otra mano utilizando a la Mariconilla como cayado. Al llegar, el cochero soltó el caballo. Ayudó a subir a la Mamita y a la Mariconilla. Se iba a montar en el pescante cuando la Mamita le preguntó:

—¿La dejaste bien hondo para que nada le pueda pasar?

—Sí, bien hondo, señora —contestó Sandalio, dándole un feroz huascazo a la yegua.

—Espera a que te diga...

—¿Adónde quiere ir la señora?

—A la casa. Pero ni yo ni la Mariconilla nos vamos a bajar. Tú tienes que entrar lo más silenciosamente posible, por si hubiera llegado alguien. Sacas el baúl que la Rosalía preparó para la Marta en Talca y lo subes al coche. Después...

—¿A dónde vamos a ir? —preguntó la Mariconilla.

—Tú cállate. Vamos a las Capuchinas, en la calle Rosas.

—¿Y para qué vamos a llevar el baúl de la señorita Marta? —preguntó Sandalio.

—Tú y yo, y la Mariconilla también, vamos a tener mucho de que hablar por el camino. Anda a buscar el baúl...

Al cabo de muchos, muchos años, cuando Marta ya estaba bien instalada en el convento de las Capuchinas, y todas las niñas Donoso Henríquez, salvo la Auristela —la tía Au, como le decían sus sobrinos que la adoraban porque hacía caramelos, mercochas, alfeñiques, cascos de naranja confitada y toda clase de golosinas—, estaban casadas, con hijos y algún nieto, recibieron una carta dirigida a la «Familia Donoso Henríquez», escrita con una pulida letra que ya casi habían olvidado. Era de Eugenia. Al leerla, pese a los años transcurridos, todas lloraron de sorpresa y alegría. ¡Por fin, Eugenia! Sólo que ya no se llamaba Eugenia Donoso viuda de Mujica, sino Mrs Ezra Barrow, y vivía en San Francisco, de donde no había salido desde que llegó hacía treinta y cinco años. Dijo haberse casado con Ezra Barrow —e incluía un certificado de matrimonio que un abogado le había conseguido en Santiago— la mañana misma después de la noche de su fuga, de modo que pecado no había ninguno, porque hicieron el viaje a San Francisco en camarotes separados con Ezra, y al bajar en el puerto de destino un sacerdote los había casado por la Iglesia, para lo que no hubo dificultad porque ella llevaba certificado de viudez, y Ezra no se había casado nunca con nadie. Tuvieron una hija, que les dio nietos que eran sus ojos, pero durante el terremoto de San Francisco en 1903 la casa en que todos habitaban se vino abajo, matando a Ezra, a uno de los niños Mujica Donoso y a su adorada hija. La reconstrucción de San Francisco no fue cosa fácil, pero ella ya había visto varias reconstrucciones en su niñez en Talca, y tuvo menos miedo que gran parte de las mujeres de San Francisco. Le pareció una tarea menos imposible. Su negocio —el del pobre Ezra, que ella continuó porque no era inhabitual que las mujeres en San Francisco trabajaran a la par que los hombres— florecía cada día más. Se hacía más y más necesaria la importación de granos para abastecer las zonas del interior, que eran tan primitivas, aún incapaces de alimentarse a sí mismas. Su hijo Claude Barrow —había cambiado su nombre de Claudio Mujica a una aproximación inglesa de su nombre chileno— se había hecho cargo del negocio. Pero pasados los años Eugenia sintió que sería preferible llevar una vida más familiar y tranquila con los nietos que Claude le dio.

Hacía años que no pensaba en Chile, en su familia chilena, en sus pobres padres, en sus hermanas, y se dio cuenta poco a poco de que su inconsciente insistía en soñar con los corredores de la Una Sur, con las órdenes impartidas por su madre, preguntándose, preguntándose...

Sus hermanas, alborozadas con estas noticias, le escribieron llenas de perdón y pensaron al instante —lo consultarían con su hermano, el abogado Emilio— en qué forma se podía dar mayor publicidad al estado de legalidad tanto religiosa como civil de su hermana, para que la gente se olvidara definitivamente del asunto. Que viniera a verlas, le rogaban. La Mamita y don Manuel Antonio estaban muertos hacía muchos años, le escribieron, y todos menos la Au tenían hijos y nietos que seguramente le gustaría conocer. La Au seguía viviendo en la misma casa de siempre en Talca, aunque la habían partido en dos y alquilaba una mitad. Nadie se acordaba de nada, le aseguraron, sólo de las cosas buenas. Que viniera a verlas, que viniera a verlas por favor, que viniera: eran sus hermanas y sus hermanos y sus cuñadas y sus sobrinos. De la gente de entonces no quedaba más que Sandalio, muy viejito pero siempre activo, pasando sus últimos días en una región remota del cuarto patio, de donde habían desaparecido todos los guachos de todos los pelos. ¿La Mariconilla...? ¿Quién era la Mariconilla, con ese nombre tan feo? Ya nadie se acordaba de quién era ni qué había sido de su vida.

Las cartas fueron y vinieron entre San Francisco y Chile, pero Eugenia, agobiada con su propia familia y los negocios, no se resolvía a moverse y postergaba una y otra vez, durante años de indecisión, su viaje a Chile. Que venía a Chile, escribía, dentro del año, o al siguiente, pero siempre que le aseguraran que Marta consentiría en verla y quitarse el velo que le cubría la cara, y que saldría del convento con ella, ahora que era claro que no había nada que expiar. Un par de años después sus hermanas le escribieron a Eugenia diciéndole que Marta se encontraba gravemente enferma con un cáncer muy avanzado —raro, porque ellos no eran una familia de cancerosos— y no quería que nadie la visitara, menos todavía en el claustro que jamás se resolvió a dejar, ni cuando se declaró la gravedad de su mal, momento en que la Orden se lo permitió. No, dijo. No quería salir: el claustro, la oración, eran su mundo. ¿Y por qué sus hermanas hablaban de que ella estaría expiando algo, si no sabía qué cosa era necesario expiar?

Eugenia pareció apurar su viaje a Chile, como si temiera que su hermana abandonara este mundo sin que antes la bendijera y le diera alguna clase de perdón, aunque ninguna de las dos recordara nada después de medio siglo. Llegó a Valparaíso convertida en una vieja alta, flaca, elegante, con el pelo teñido de un rubio estrepitoso y la melena cortada *à la garçon*, la falda en la rodilla pese a su edad y el cuello adornado con muchas cadenas doradas estilo Chanel, rutilantes, caras pero —dijeron en secreto sus hermanas, vestidas siempre de negro o castaño— demasiado vistosas para una mujer de sus años, que no podían ser menos de setenta, y con la cabeza metida en una absurda *cloche* de última moda, atravesada por una airosa pluma verde. Pero aunque ahora hablaba con acento norteamericano y en sus ademanes y su mirada, así como en su maquillaje, imitaba a Lilian Gish, las abrazó y besó efusivamente, llorando en el hombro de cada una de ellas: Trinidad, Albina, Au, Irene, que la cubrieron de caricias, llantos y besos de alegría al tener a su hermana de vuelta. ¿Cuánto tiempo se iba a quedar con ellas, y en casa de quién? Las hermanas se la pelearon, y cuando en la puerta apareció Sandalio, al que habían traído a Santiago a manera de sorpresa, Eugenia también lo abrazó y lo besó, porque era una conmovedora rémora de los tiempos de la Mamita.

Entonces, alrededor de la mesa del té, Eugenia les preguntó a sus hermanas por la suerte de Marta. Sandalio, cojeando un poco, servía el té. Dijo que la Martita no estaba bien. Estaba en realidad muy mal y se temía por su vida.

—Yo sabía —murmuró Eugenia.

—¿Sabías? ¿Cómo sabías? ¿Quién te contó o te escribió? —preguntaron las hermanas.

—Nadie. Yo sabía. Así no más. Sabía.

Eugenia lloraba con toda su alma, sin saber la historia completa de su hermana ni cómo, por culpa suya, había pasado sesenta años en un convento sin hablar con nadie y sin consentir en quitarse el velo de la cara. Sandalio telefoneó al convento. La Superiora le dijo que Sor Bernarda estaba en las últimas. Sí, que acudieran sus hermanas a ayudarla a bien morir. Las niñas Donoso Henríquez se pusieron sus sombreros y sus guantes, se repasaron el *rouge* y partieron en dos taxis. Llevaron al pobre Sandalio, porque no se conformaba, dijo llorando a lágrima viva, con no asistir a los últimos momentos de la señorita Marta, e insistió en ser de la partida.

La Superiora las hizo entrar en la celda donde Marta agonizaba, acompañadas de Sandalio. Estaba en camisa de dormir, estirada sobre su esterilla, tapada con frazadas porque tiritaba, pero con el rostro cubierto con el velo negro.

—Esto no es sano —dijo Eugenia—. Déjenla respirar a la pobre.

Al estirar su enjoyada mano para levantar el velo de Marta, sintió que otra mano, helada y débil pero firme, tomaba la suya para impedirle terminar su equivocada acción de misericordia. Eugenia sintió como si esa mano helada saliera de ultratumba para arrastrarla a ella bajo tierra. Todos en la celda eran fantasmas, temblando a un paso más acá de la muerte. Una de las «escuchas» murmuró:

—No le gusta.

—¿No le gusta qué? —preguntó Eugenia, en medio de los rezos que murmuraban sus hermanas, llenando la celda de pesadumbre.

—Déjela —dijo Sandalio desde la penumbra del rincón donde lo habían sentado.

—¿Pero por qué?

—Sor Bernarda —dijo una de las «escuchas»— le hizo prometer a la Superiora que por todos los medios del mundo impediría que cualquier persona le levantara el velo.

Esa noche las cinco hermanas durmieron sobresaltadas. Cuando en la mañana llegaron al convento, la Superiora les dijo que, como todos esperaban, Marta había muerto durante la noche anterior. Sandalio lloró desconsolado, afirmándose en el brazo de Au, que no lograba detener sus sollozos. Las hermanas también lloraban, pero discretamente, porque al fin y al cabo Marta había muerto tranquilamente, a una edad avanzada y en olor de santidad. Además, todo lo que era tan difícil contarle a Eugenia del sacrificio de Marta ya no habría para qué decirlo, y el secreto se iba a enterrar con ella.

Se acercaron al lecho. La monja había muerto tranquilamente, era cierto. Pero con el rostro cubierto con el velo negro. No sólo eso: tenía sus manos crispadas sujetando el velo en su sitio, como con el deseo de impedir que alguien se lo quitara, aun después de muerta. ¿Era importante quitárselo? ¿Quién podía adivinar qué dolores de última hora se le dibujaron en la cara, qué rencor retenido habían podido acumular durante sesenta años sus facciones? Intentaron quitárselo. No pudieron. Eugenia y Au tiraron del velo para arrancárselo. Lo rompieron. Sus otras hermanas, desesperadas, lo jironearon, dejándolo hecho un harapo encima de su cara, pero la muerta no lo soltaba. Hasta que Sandalio se acercó llorando al lecho y despojó a Marta de los restos del velo. Al hacerlo cayó de rodillas junto a las sábanas, abrazando a la muerta.

Al ver su rostro, Eugenia gritó:

—¡No es la Marta!

—La gente cambia mucho con los años —la consoló Trinidad—. Míranos a nosotras, cómo estamos: hechas unas ruinas.

—Pero ésta no es la Marta —insistió Eugenia—. Es otra persona.

—¡Quién va a ser! —exclamó Irene.

Sandalio, que prosternado se estaba secando las lágrimas, dijo:

—La Mariconilla, mi hijita...

Un rumor de incredulidad y protesta llenó la celda. Las hermanas lloraban. Se preguntaban incoherencias unas a otras, lamentándose, sobrecogidas de terror.

—¿Estás seguro, Sandalio? No puede ser.

—¿Quién va a ser, entonces...? ¿Cómo no voy a reconocer a mi hijita?

—No sabíamos que era hija tuya.

Y abandonando la celda, entre lamentaciones, a pedido de la Superiora, la familia Donoso Henríquez salió del convento, dejando a las «escuchas» estupefactas en el portón, prometiendo volver a preparar a su «hermana» para la tumba más tarde, cuando algo de serenidad y consuelo las hubiera alcanzado después de las inevitables explicaciones.

No quisieron irse a la casa. Entraron, en cambio, a una siniestra taberna, grasosa y maloliente, que quedaba justo frente al convento y ostentaba un significativo rótulo: Café Marilyn. Se sentaron alrededor de una mesa y pidieron coca-colas con hielo y una torreja de limón: la coca-cola era una novedad en Chile, pero en San Francisco, dijo Eugenia, ya había creado un hábito. Sandalio pidió una botella de vino que las hermanas no miraron con buenos ojos.

El cochero contó la vieja historia del suicidio y la sepultación de Marta, y del sigilo con que todo se hizo. No aceptó críticas a la Mamita, diciendo, a cada frase de condena: «¿Y qué quieren que la pobre Mamita hiciera? ¿Dónde quieren que la sepultáramos? ¿Junto con judíos y protestantes, si es de dudar que incluso allí se pudiera encontrar un sitio que la recibiera?» Relató después que la Mamita decidió vestir a la Mariconilla con la ropa de Marta y traerla al convento, presentándola como su hija.

—¿Y por qué lo permitió la Mariconilla?

Sandalio explicó:

—Eran muchas las ventajas que el convento le presentaba a mi pobre hija. Nunca fue otra cosa que una costurerita, una criada, apenas un grado más arriba que una *china*. Era feúcha y de figura insignificante, así es que era poco probable que un hombre la quisiera, que se casara y tuviera hijos. En el convento, en cambio, bajo el velo y escondida bajo el nombre de la señorita Marta, apoyada en la gran dote que la Mamita les daba por su hija a las Capuchinas, y a la Mariconilla para que se callara, ella se transformaba de la noche a la mañana en una verdadera señora. Podía dar órdenes a las mochas, regodearse con la comida, elegir el mejor de los cueros negros de don Aurelio. No aceptaba, eso sí, descubrirse la cara. Dicen que por rencor hacia la Mamita; otros dicen que porque su posición política le imponía un acto de desobediencia hacia los liberales de su madre. Dicen... dicen tantas cosas de ella, pura maña, una manda, o una promesa o compromiso secreto... Pero no fue por nada de eso. La razón fue que no quería que descubrieran su verdadera identidad, que reconocieran su cara y se dieran cuenta de que no era la señorita Marta sino la pobre Mariconilla, hija del cochero Sandalio. Es verdad que tanto la Mamita como yo estábamos en el secreto. Pero hay que darse cuenta de que la Mariconilla fue muy feliz aquí dentro del claustro. No quería, por ningún motivo, que a la Mamita se le ocurriera decir la verdad y sacarla del claustro: pero la Mamita, durante toda su vida, guardó el secreto. Igual que yo, que soy su padre, para no perturbar la paz de su encierro voluntario. Lo arriesgó todo con el empecinamiento de su velo: jamás llegó a ser Superiora, ni siquiera a tornera mayor, por su porfía de mantener el velo sobre su cara, ya que ninguna Superiora supo jamás la verdad sobre su secreto. Se le permitía, al anochecer, trepar por los techos y equilibrarse en las canaletas porque la creían un poco loca, un poco laucha, un poco gata, o por lo menos que «tenía sus cosas», como tanta gente que tiene «sus cosas» que es menester respetar, o por lo menos aceptar. Yo la he visto, alguna tarde cuando la venía a visitar, parada, caminando, casi bailando sobre las tejas, con el viento soplando en su hábito y su cofia. Debo decir también que alguna vez vi que el viento soplaba en su velo negro, haciéndolo flamear, y entonces a mí me daba un vuelco el corazón porque podía verle siquiera un rincón de su cara y decirme sí, es mi hija. Entonces tomaba el tren y volvía contento a Talca, donde sentado en mi silla de totora en el patio de los guachos, donde ya no quedan guachos porque se murieron, o se casaron, o se fueron, me quedaba horas y horas apacentando mi secreto, que era el secreto de mi hija...

Los domingos eran los días de reunión familiar en la casa de mi abuelo, hijo de la Mamita, pero que jamás la recordaba, y hermano de las niñas Donoso Henríquez. Improvisábamos toda clase de juegos con mis primos y nos disfrazábamos no sólo con brillantes trapos viejos, sino con el ropaje de las diversas palabras de la fantasía. Pese a su sordera, mi abuelo era muy aficionado a la música, especialmente a la ópera. Los domingos después de almuerzo, que era la hora de las transmisiones de óperas completas en Radio Chilena, lo espiábamos por entre los visillos de su despacho, con la oreja muy cerca del altoparlante de la radio. Escuchaba *El elixir de amor* de Verdi, su ópera preferida. Mi abuelo usaba unos calzoncillos largos, amarrados al tobillo con unas huinchas blancas que a veces se le soltaban, sobresaliendo bajo la bastilla de su pantalón, caídos sobre la caña de sus botines. Entonces los primos invadíamos el estudio, algunos, los más audaces, arrodillados junto a la radio como si también atendieran a la música, entreteniéndose en deshacer las amarras de los calzoncillos de mi abuelo sin que él lo notara.

El abuelo Emilio sufría de un mal al estómago, para el cual sus médicos le prescribían de postre unas jaleítas amarillas en forma de estrella que le servían al final de sus desabridos almuerzos, mientras los demás nos dedicábamos a la gula y a la intensa cháchara. Recuerdo que un día un pariente, de los «grandes», pronunció el nombre de Eugenia, y lo repitió varias veces en su conversación. A la segunda o tercera vez que dijo ese nombre maldito, mi abuelo se puso la mano en torno a la oreja, para oír mejor:

—Eugenia —oí repetir a mi pariente, insensible.

Esta vez mi abuelo, tímido, intelectual, apocado, se levantó bruscamente de su silla y volcándola salió del comedor, dando un inusitado portazo, dejándonos a todos boquiabiertos.

—¿Por qué...? —pregunté yo, asombrado.

—No se puede decir ese nombre en esta casa —repuso alguien.

—¿Pero por qué?

—Cuando seas grande te lo contarán.

Había dejado su estrella dorada en su plato, sin comerla, y, aprovechando la dispersión de los grandes, los chicos nos dedicamos a saborear esa estrella que no tenía gusto a nada. Cuando la terminamos, fuimos a espiar al abuelo. Estaba echado en su sillón azul, la radio puesta a todo lo que daba pero con una música vil que, era evidente, no estaba escuchando, y las piezas de su ajedrez sobre el tablero en una mesita baja, tiradas y revueltas. Tenía los pequeños ojos claros —como los de mi bisabuela— un poco entornados y una expresión de dolor, de incomprensión, escrita en sus pálidas mejillas y en su boca arqueada. Nuestra voluntad de embromarlo se aconchó allí mismo. Algo le sucedía a mi abuelo. ¿Qué podía ser? «Cuando seas grande lo sabrás», me habían advertido.

Capítulo ocho

Nuestra Señora de la Paloma

Para mí la casa es el espacio donde ocurre la fábula, donde sucede la novela, el lugar de la acción y la pasión, del orden y las reglas, y del catastrófico, aunque a menudo insignificante, advenimiento del caos. Insisto en el tema porque soy, esencialmente, un hombre de casas —tal vez también de ciudades—, rara vez un hombre de paisaje y de campo. Quizás me hubiera gustado serlo, porque a veces me acomete una especie de hambre de naturaleza, una terrible nostalgia de vegetación y acantilados, a los que hoy tengo poco acceso. Debo confesar que desconozco ese mundo casi por completo. Pienso que mi vida hubiera sido otra, muy distinta, y lo que escribo muy diferente y quizás mejor, en contacto con los espacios abiertos al sol y al cielo que aisladamente conocí en su día: los fundos de mi niñez en Talca; la desolada extensión de la pampa magallánica; las tierras clásicas, de vid, olivo y ciprés, en Calaceite. Son lugares cuya huella no olvido. Pero eso no se dio. No pudo ser. He sido un hombre condenado a las ciudades, y amante de las ciudades. Y dentro de las ciudades, de las casas; y dentro de las casas, de las habitaciones y las familias. No es, con todo, un mal destino, si pienso que todo destino conlleva como corolario una nostalgia por lo que no pudo ser. Tengo que contar las riquezas que de esas habitaciones he derivado: una sensibilidad para captar las estructuras humanas que produjeron esas habitaciones. No puedo permanecer ciego a cómo se inscribe en una habitación toda la historia, toda la antropología de un grupo humano, o de la persona que produjo ese ambiente físico. Cómo están presentes en él su cultura, su clase social, sus pretensiones y fracasos, todo visible en la disposición de sillas y mesas y cuadros, en la selección de colores y texturas: allí está inscrito lo que esa gente es, o quiso ser, o intentó ser. O se sacrificó por ser. Todo alterado por la moda y el entorno social o nacional. Esas habitaciones tienen una voz, y hablan, y uno puede reconstruir a los habitantes a partir de astillas y trapos. Uno recrea relaciones y estructuras, inventa armamentos y sensibilidades y emociones. Una habitación, una casa, son ricas o interesantes si ofrecen una variedad de lecturas, según la variedad y la fuerza de las relaciones que son capaces de evocar.

A veces las historias de las personas y de las familias están ligadas a ciertas casas, por muy modestas que sean. Y estas historias, a su vez, están ligadas, aunque no dependen de ellas, a leyendas familiares que pueden estar en abierta contradicción con los hechos consignados en la historia. No sé, por ejemplo, que el último gobernador español en Chile, don Francisco Casimiro Marcó del Pont, haya estado jamás en Talca, y menos con ocasión de su huida del país, ya que está de sobra comprobado que después de la batalla de Chacabuco, cuando las fuerzas patriotas saquearon su casa, huyó más bien hacia el puerto de San Antonio, en la costa de la provincia de Santiago; de ahí, una vez apresado, fue remitido a Mendoza y San Luis, y murió oscuramente, al final, en el pueblo de Luján.

Sin embargo, existe una curiosa leyenda, contradictoria con los hechos oficiales, cuyos ecos algunos en mi familia conservan y según la cual Marcó del Pont habría huido no a San Antonio sino hacia el sur, hacia la isla de Chiloé, para embarcarse en un navío español que lo llevaría de regreso a la Madre Patria, protegido por los isleños, que fueron realistas y súbditos del trono español hasta el final. Al salir de Santiago al amparo de la noche, habría viajado con su esposa hacia el sur, pasajeros de la ostentosa calesa traída por el gobernador a Chile, pernoctando, a las veinticuatro horas, en el pueblo de Talca, en casa de un señor Donoso en la Una Sur, que es la casa de mis fantasías ancestrales. Venían cargados de muebles, pianofortes y baúles que dejaron en la calesa misma para partir al alba del día siguiente, sin más interrupciones que las necesarias.

A mí, por algún curioso atisbo de perversidad, me interesa muchísimo el hecho de que en mi familia, durante las guerras de la Independencia, se encontraran personas de ideas realistas. Aunque claro, no toda la familia. Donosos hubo muchos en esa época, algunos propietarios de amplias tierras y de desahogado caudal, pero es menester buscar con un cabo de vela a aquellos que tuvieron actuación en las filas patriotas. Sí es verdad que una chozna, Mercedes Vergara Donoso (casada con un primo Donoso antes de enviudar y contraer matrimonio con el patriota general don Manuel Borgoño), firmó el Acta de la Independencia de esta manera: «Mercedes Vergara Donoso, ciudadana.» No puedo dejar de evocar la imagen de una *tricotteuse* criolla que, avivando cada vez que caía la cabeza de un realista en la cesta de lo que en Chile pasaría por guillotina, asumía orgullosamente su vinculación con el auge que en nuestro país, por esos años, estaban teniendo las peligrosas ideas de avanzada de la Revolución Francesa. También queda en los anales el nombre de un José Antonio Donoso Arcaya, que en 1810 convocó a un cabildo abierto en Talca, ciudad de la que era alcalde, para ratificar la validez de la Primera Junta de Gobierno. Fuera de estos dos casos, son pocos los datos que se tiene de las actividades revolucionarias de la familia. Si las hubo, fueron escasas. Recuerdo a Ricardo Donoso —cuando yo hacía la cimarra en la Biblioteca Nacional y él era archivero— buscándome, exultante entre los anaqueles, para comunicarme que en un viejo documento acababa de descubrir la mención de alguien con nuestro apellido que en tiempos de la Patria Vieja le prestó caballos y una recua de mulas de carga a un general patriota que se disponía a cruzar la Cordillera. *Au moins ça.*

Estos datos demuestran la escasa participación de mi tribu en las luchas independentistas, y me parece que sería una buena razón para explicar por qué quedaron un poco desplazados del poder. No me extraña, porque a cierto nivel la Independencia fue obra de señoritos capitalinos, dispuestos a lanzar a los «extraños», tanto a los *pelucones* partidarios del Rey como a los aborígenes de piel oscura, exterminándolos y sometiéndolos, y dejando a una multitud de familias rezagadas en sus provincias. Querían despejar sus tierras, las que no sentirían totalmente suyas hasta que los «godos» se fueran. La Independencia fue, en muchos sentidos, una aventura loca, un juego belicoso y turbulento de estos chilenos un poco improvisados, una epopeya sangrienta en que estuvieron comprometidas varias facciones de la «juventud dorada». Como esta efervescencia se centró sobre todo en la capital, las provincias quedaron más bien excluidas del movimiento y permanecieron mayoritariamente realistas. Le he oído decir a mi padre (probablemente fue una invención suya para justificar su propia tibieza política) que cuando los miembros de mi familia oían rumores de que se acercaba la revolución, o la guerra de la Independencia, cargaban sus carretas de bueyes con sus mujeres, hijos y sirvientes. En largas caravanas, con servidores que cabalgaban resguardándolos, llevando baúles y bultos retobados contra la polvareda del secarral, arriando animales con las árguenas cargadas de provisiones y protegidos por un séquito de peones armados, se dirigían hacia sus tierras más escondidas, adentrándose por los cerros de sus rulos costeros tostados por el sol del verano, que no dejaba ni una hebra verde, y cuando mucho salpicados de los madroños de espinos negros en cuya parva sombra se guarecían unos pocos animales. Eran días y noches de caravana, con el terror a las acechanzas de los indios enemigos, a un repentino pelotón de montoneros, a perder la dirección del agua, a alejarse más y más, por sus secanos, de los indios bien armados de sus encomiendas. La tierra, el polvo, la arena en el viento desértico, les hacían sangrar los ojos y enceguecer, cubriendo sus vestidos y cabelleras y paladares y narices con la aspereza de una pegajosa arenisca plomiza. ¡Era necesario huir, esconderse, ocultar a los suyos y sus valores ante la tropa de energúmenos que irrumpían en el letargo de su paz y violaban a sus mujeres y robaban sus provisiones con la arrogancia de los que creen que todo les pertenece por la gracia de Dios! Erraban durante días y días por los cerros calvos que absorbían todo el sol, acosados por el hambre y la sed, siguiendo a un baqueano de confianza que sabía llegar al poblado de indios pertenecientes a la encomienda del señor, para allí esconderse en las rucas, en las chozas de chilcas cerca de un lugar con acceso al agua y a alguna chacra, esperando pacientes durante meses y meses a que llegaran noticas de que la tropa se había llevado sus huracanes a otro lado.

Pero claro, la familia Donoso en Chile tiene muchísimas ramas, de modo que en su follaje es posible encontrar pájaros del más variado plumaje: su pasado es largo y su presente abarca un espectro muy amplio, de manera que lo contradictorio es frecuente. Se puede dar por descontado que si durante la Independencia hubo realistas, también hubo patriotas (aunque no particularmente brillantes, como para quedar consignados en la historia), gentes que aunque llevaran el mismo apellido y tuvieran filiación con el mismo tronco, eran extraños o enemigos entre sí. O no se conocían, por pertenecer a categorías sociales distintas y a oficios diferentes: es decir, una multitud abigarrada que en el siglo presente se ha transformado en una hueste. A una parte bastante numerosa de ellos me tocó, en una ocasión, verla reunida.

Mi bisabuelo José Manuel Donoso Fantóbal (de la rama de la madre de mi padre, que en su tiempo fueron los Donoso más ricos y distinguidos, mucho más que los de la Mamita María) hizo sus estudios secundarios en la Escuela Naval de Valparaíso, donde estuvo de novio con cierta señorita de apellido Señoret (nadie recuerda su nombre); este apellido ha rondado como un fantasma la imaginación de la familia en su papel asignado de «la novia porteña del abuelo José Manuel». Se dice que fue muy hermosa, lo que no es raro entre las mujeres de esa familia y dado el gusto del bisabuelo por las mujeres espectaculares, como la que después sería su cónyuge. Al terminar sus estudios volvió a su pueblo, donde llegó a ser un hacendado notable y poderoso, y un miembro distinguido de la comunidad. Como es normal en nuestro país, algo de la política lo tiene que haber tocado, porque en las luchas de parlamentaristas contra presidencialistas, a comienzos de la década del noventa del siglo pasado, él fue un balmacedista furioso. En 1891 peleó en las batallas de Placilla y Con-Con, donde fue tomado preso por el bando contrario, que era el de los conservadores, y luego puesto en libertad. En Talca fue recibido como un héroe que regresa del campo de batalla: los inquilinos de sus fundos «Odessa», «Maule» y «Granada» cantaban la *Canción Nacional* y lanzaban con vítores sus chupallas maulinas al voleo. Se reintegró a su trabajo de agricultor, asociándose a un señor de apellido Talavera con el fin de encargar la construcción de lanchones en la boca del Maule y explotarlos en viajes cargados de trigo hasta los puertos de Perú, y dicen que hasta Acapulco y California durante la fiebre del oro. Yo tuve un daguerrotipo maravilloso en que tres señores de sombrero alón y vistosísimos chalecos de seda, cada uno con su vaso, posan alrededor de una botella de vino con la que evidentemente están celebrando algo. Uno es el bisabuelo José Manuel; otro es don José Walton; el otro podría ser Talavera. Era un daguerrotipo alegre, que evocaba fiestas y chinganas en que participarían estos tres hombres jóvenes y bien parecidos que semejaban personajes del Far West. Mi bisabuelo contaba que él traía el mar en la sangre no sólo por haberse educado en la Escuela Naval, sino porque descendía de un Francisco Donoso que en el año 1595 había sido propietario de uno de los primeros lanchones que hacían el recorrido de los puertos del norte de Chile. Pese a estos antecedentes, la sociedad duró poco y se declaró en quiebra, arrastrando parte del capital del bisabuelo José Manuel.

Un manojo de hermanas solteras de mi bisabuelo, mucho más reaccionarias que él, vivía a tres cuadras de la casa de su hermano en Talca. Dicen que cuando las niñas Donoso Fantóbal habitaban esa casa, ésta era una especie de convento, con las hermanas vestidas de negro, rezando el rosario por los corredores, cantando maitines y vísperas en el oratorio, siguiendo novenas dedicadas a santos que ya nadie recuerda. Eran muchas las hermanas. Al morir una, las que quedaban vivas iban heredando la parte de la difunta, y así, muriendo una tras otra a lo largo de gran parte de un siglo, las menores fueron acumulando un importante peculio, hasta que a comienzos de los años cuarenta falleció la última, la tía Adelaida. Con mi fascinación por los ancianos, la visitaba cada vez que los veraneos me llevaban a los campos de Talca. Tuve ocasión de recorrer esa casa auténticamente colonial pero de aspecto más bien modesto. Los corredores eran angostos y los techos bajos. En el último patio cloqueaban algunas gallinas residuales, tan viejas, se me antojaba, como las dueñas de casa. Tenía muros de adobe muy gruesos contra el calor y los fríos, ventanas más bien estrechas para impedir el paso de la luz y defendidas por barrotes de fierro, y un portón y una mampara (la cochera y el servicio tenían otra entrada). Recuerdo la oscuridad de esas habitaciones frescas, los suelos de tablones de pino, los ahogantes techos bajos. Pero no recuerdo nada de lo que me dijo la tía Adelaida. Ni el sonido de su voz: me queda sólo la imagen de una abadesa arrugada, totalmente indiferente a mi visita y poco dada a responder mis preguntas y satisfacer mi curiosidad.

A la muerte de la tía Adelaida se descubrió que su testamento disponía que, después de sus días y cuando ya no quedara ni hermana, ni hermano, ni sobrinos en primer grado que la heredaran, se debía hacer un remate de sus propiedades y de los muebles y enseres de sus casas y sus campos, especialmente de su casa en Talca. Este remate debía tener una característica: tendrían acceso a él sólo los descendientes de su propio padre. Este señor, que viajó frecuentemente a Europa, de donde habría traído muebles que en la familia se decía que eran opulentos —y que habría tenido una hija natural, muy hermosa, que lo acompañaba a Europa, donde la vestía con primores para lucirla en los paseos parisinos—, tuvo una sucesión muy numerosa que, con las generaciones que pasaban, se fue multiplicando. Gran parte de esta sucesión (unas doscientas cincuenta personas) se reunió esa tarde de verano de la década del cuarenta en los patios y salones de la tía Adelaida. Por lo que recuerdo (puedo estar equivocado, y parte de la parentela me alega que por cierto lo estoy), esas «maravillas traídas de Europa» por el abuelo no eran tales: eran, más que nada, lo que corrientemente se ve como «antigüedad» en Chile, una serie de respetables caobas hechas en serie en París y compradas, tal vez, en La Belle Jardinière, alfombras ya bastante raídas y supongo que de procedencia belga o española, y un mínimo de cuadros y adornos que no recuerdo. Aunque sí recuerdo que quedé apabullado por la inmensidad de la vajilla de mesa, con docenas de platos y fuentes de formas atrabiliarias, y fruteros, y aguamaniles, y jícaras y escudillas especiales para servir esto o aquello.

La mayor parte de los caballeros se reunió en grupos,

por rama, por parentesco cercano, por amistad, por profesión. Hablaban de política y de sus negocios, de sus campos y de sus despachos; mientras, los que formaban la parentela que había ido empobreciendo y perdiendo posición se agrupaban en otros rincones un poco más alejados. Cuando se trataba de comentar los muebles de la casa, sus observaciones eran simples y campestres: que tal o cual silla era muy firme, que tal mesa andaría bien para la llavería del campo, que tal escritorio, con su infinidad de cajones, les gustaba por útil, dado el espacio que tenía para acumular papeles. Las mujeres, en cambio, paseando de grupo en grupo, mantenían como les fuera posible los lazos que en un tiempo las unieron con sus parientes ahora casi desconocidas, y competían en la elegancia de sus sombreros y sus atuendos traídos de Buenos Aires. El último chisme que corría de boca en boca, y que tenía indignadas a las señoras locales pertenecientes al Club de Bridge, era el comentario hecho por una de las santiaguinas al venir a jugar un campeonato en Talca. Habría dicho:

—¿Para qué pelan a las talquinas, cuando se veían de lo más bien con sus vestidos negros y sus plaquitas de brillantes verdaderos en el escote?

Entre el ruido de las conversaciones y las borrascas de las peleas por una chuchería, o por una mesita de caoba, el martillero logró sacarle buen precio al menaje, a pesar de que, como es muy natural, algunos no pudieron dejar de hacer el comentario de que era ridículamente poco, y que no parecía muy improbable que el martillero, que era un sinvergüenza, se hubiera quedado con las mejores cosas, además de una buena tajada de dinero. Lo mismo se dijo del fundo «Maule» y sus enseres. Yo, como niño, lo que recuerdo de esas casas es un torreón fortificado, chato y de adobe, conectado subterráneamente con la casa, de la que no me acuerdo nada. Se dijo que en este torreón se refugiaba la familia cuando se anunciaba un ataque de indios o una incursión de los montoneros.

Pero lo que menos puedo olvidar de todo este remate es que en una pieza vecina al baño, y debajo de algunas camas, vi unos curiosos objetos. Eran bacinicas de fierro enlozado, o tal vez de loza de Penco, blancas y con el retrato del Presidente don José Manuel Balmaceda al fondo. Las beatas señoritas Donoso Fantóbal fueron acérrimas enemigas suyas pese a que su hermano peleó por el lado de los presidencialistas en Placilla y Con-Con, y muchos en Talca lo miraban como a un héroe. Claro, en esa vieja casa el baño único quedaba en una remota región del último patio, de modo que estas fervientes señoritas necesitaban ocupar las bacinicas noche a noche, y así el retrato del «tirano» quedaba cubierto por sus excrementos. Le rogué a mi padre que rematara al menos uno de esos curiosos artefactos, pero no lo hizo. Su timidez ante la risa de los señores como él cuando lo vieran rematar ese curioso botín ancestral lo hizo vacilar. Pero, sobre todo, no adquirió nada porque todas las bacinicas —sería una docena— se remataron en un solo lote, y francamente, ¿qué íbamos a hacer con una docena de bacinicas con el retrato del Presidente Balmaceda en el fondo?

Le hice a mi padre la observación de que era extraño que, siendo como había sido el bisabuelo, tan balmacedista, sus hermanas fueran furiosas opositoras a Balmaceda, a quien llamaban «el tirano». Mi padre me explicó:

—Una de las cosas que hizo la revolución del 91 fue dividir en dos bandos enemigos a casi todas las familias del país. Los hermanos ya no se hablaban con sus hermanos y los padres pusieron en la calle a sus hijos. Es verdad que mi abuelo José Manuel fue balmacedista. Pero también es verdad que sus hermanas, beatas, conservadoras, reaccionarias, eran todo lo contrario. Se negaban a pisar la casa de mi abuelo, su hermano, porque, como tú lo has visto, las paredes están llenas de fotografías del prócer y de grandes cuadros que lo representan. Para ellas, mis tías abuelas, ésa, la casa de su hermano, era una casa maldita que traía las herejías y la destrucción del mundo que ellas defendían. Como una débil venganza, aunque más me parece un placer perverso, hicieron pintar esas bacinicas y las distribuyeron por los dormitorios de la casa y en el fundo «Maule». Pero hay una cosa que me parece rara en este remate. Falta algo. Quiero que conozcas a una pariente tuya, la Inés Letelier Donoso.

—¿Por qué no me la presentó en el remate?

—No estaba.

—¿Por qué? ¿Está sentida con la familia?

—Nada de eso. Está un poco enferma.

—¿Es muy vieja?

—Sí... no, como yo más o menos.

—¿Para qué quiere que la conozca? ¿Qué tiene que ver con el remate?

—Es propietaria de la casa de la Una Sur, la que antes era la casa de mi abuela María.

—¿Para qué quiere que conozca esa casa igual a todas?

—Es que la Inés tiene un cuadro.

—¿Qué cuadro?

—Se llama, o nosotros le decíamos cuando chicos, *Nuestra Señora de la Paloma*.

—¿Era muy bueno ese cuadro?

—No sé. No me acuerdo. Hace más de medio siglo que no lo veo. Ni siquiera estoy seguro de que se llamara *Nuestra Señora de la Paloma*. Para empezar, no estoy seguro de que en el cuadro hubiera la tal paloma.

—¿Por qué quiere que lo vea, entonces, si no recuerda si era bueno, ni si se llamaba como usted dice?

Nos sentamos en un banco de la plaza, bajo uno de los inmensos olmos que la agraciaban antes de que el odio chileno por los árboles se sirviera de una remota peste de olmos como excusa para cortarlos. Cerca del medio de la plaza, junto al estanque donde nadaba un ostentoso par de cisnes blancos entre los nenúfares, se alzaba un quiosco del 1900 (para la retreta vespertina dominical ejecutada por la banda de la policía).

—En las tardes del 1900 —dijo mi padre— se paseaban por la plaza mi abuela y mi tía María (que se casó después con el tío Ursisinio Opazo), luciéndose, un poco intimidadas porque los cazurros talquinos siempre prontos para la burla las llamaban «las sombrerudas»: ellas fueron las primeras en abandonar el tradicional manto y reemplazarlo por frondosos sombreros redondos y emplumados de manufactura francesa. Y ahora quiero que veas ese cuadro —agregó—, porque en cierto sentido prueba que por lo menos una rama de la familia fue realista. No en vano, decían, sus abuelos habían tenido ejércitos personales para defender, a comienzos del siglo XVIII, los derechos de Su Majestad el Rey don Carlos III contra cualquier insurrección. ¡Menos mal que esos ejércitos, que eran muy pobres, se organizarían para defender a Carlos III, el más simpático y el más inteligente de los Borbones!

—Pero hábleme más del cuadro. Me interesa. O entremos a verlo. ¿Queda lejos la casa?

—No. Mírala, ahí en la esquina.

Vi una casa achaparrada bajo su techo de tejas. La habían intentado «afrancesar», «achupocruzar» (Neruda decía que París no le gustaba porque parecía ser una ciudad enteramente construida por el Chupo Cruz, cuya obra arquitectónica está siendo ampliamente revalorizada). La modesta fachada talquina fue remozada con resultados estruendosamente malos: enlucido gris y balaustradas incongruentes en las angostas ventanas que intentaron disfrazar de balcones.

En el estanque de la plaza, cerca de donde estábamos sentados, dos suntuosos cisnes blancos habían entablado un íntimo coloquio, formando una lira con los arcos de sus cuellos.

Seguí a mi padre hasta la casa de la Mamita en la esquina de la Una Poniente con la Una Sur. El portón estaba cerrado con cadena y candado. Los postigos clausurados. Las palomas voraces sobrevolaban frustradas los patios silenciosos. Pese a la clausura, mi padre golpeó el portón una y otra y otra vez, hasta que sentimos una puerta chirriar en el interior, y por el resquicio de un postigo entreabierto divisé el bosquejo de las facciones de un anciano: parecía hecho de una materia más impalpable que la nuestra y vivir en unos ámbitos tan remotos que mi padre y yo no podríamos entrar sin destruirlos. Su voz apenas pudo ser recogida por mis oídos.

—¿Qué buscan?

—¿Está la señora Inés Letelier?

—El señor se la llevó a Santiago.

—¿Cuándo vuelven?

—La señora está enferma y la van a operar. Dicen que es una enfermedad única la que tiene y parece que va a salir en los diarios.

La voz llegaba tamizada por una cortina de arpillera parda. Se cerró el postigo. Desapareció el espectro. Mi padre se quedó mudo un minuto frente a ese mundo clausurado. Luego dijo en voz baja:

—Era Sandalio. Se quedó cuidando la casa.

—¿Qué edad tendría Sandalio hoy?

—¿Hoy? No sé. ¿Ciento cuarenta años?

—No diga tonterías, papá.

—Tontería no es. El recuerdo de la gente de esta casa vive muchos años más que las personas y es mucho más tangible.

Volvimos a sentarnos bajo los olmos de la plaza y contemplamos los cisnes. Mi padre dijo:

—«Los cisnes unánimes en el lago de azul...»

—¿Qué está diciendo, papá?

—Nada.

—¿Cómo nada?

Él continuó de cualquier parte:

—La Reconquista fue una época de terror. El gobernador don Francisco Casimiro Marcó del Pont, que había llegado a Chile con ochenta y tantos baúles de adornos y lujos, se ganó inmediatamente fama de pelele en el aguerrido ambiente de Santiago, un pisaverde sujeto a la voluntad del capitán San Bruno de los temidos Talaveras, que con su venia sembraba el terror en los campos y ciudades, llevándose presos y torturando a quien se acusara de ser descreído, patriota o hereje. Muchas familias que habían sido realistas dejaron de serlo, abandonando la defensa del trono de Fernando VII y pasándose al bando patriota debido a los abusos que provocó en todo el país la célebre crueldad de los montoneros. Se prohibieron las chinganas, las celebraciones y las fiestas patrióticas. Era necesario solicitar permiso oficial para viajar de un punto a otro. Fue la época de las conspiraciones en Mendoza para formar con O'Higgins y San Martín un Ejército Libertador... y Manuel Rodríguez, disfrazado de arriero, de cura, de mujer, de soldado, solía aparecer de repente en cualquier parte, transformándose en leyenda popular. Era poca la gente, sin embargo, que quería a los montoneros, porque llevaban, junto con su terrible reputación de revoltosos, el desprestigio de ser patriotas, enemigos declarados de todo orden establecido.

—¿No estábamos hablando de un cuadro? —le pregunté a mi padre—. ¿Para qué me está dando esta clase de historia con cosas que se saben de sobra?

Caía la tarde malva de Talca en verano. Las muchachas comenzaban a pasearse con sus mejores galas por la sección «elegante» de la plaza. Los cisnes blancos seguían su digno itinerario entre los nenúfares. Por la calle Una Sur, hacia el oriente, se divisaba el parpadeo de uno que otro anuncio comercial encendiéndose. De vez en cuando un caballo con su apuesto jinete circulaba entre los autos. Y no faltaba una carreta de bueyes, o una carretela repleta de verdura, o un coche lleno de vociferante chiquillada. Mi padre se restregó los ojos como un niño que despierta. Se apoyó contra el respaldo del banco y se echó para atrás, sobre la pelada, su veraniego canotier.

—El cuadro del que te hablé pertenecía a la casa de mis tías viejas. Me extrañó no verlo. Pero en el remate alguien me contó que la tía Adelaida se lo regaló a la Inés Letelier Donoso cuando ésta la cuidó con tanto cariño durante su última enfermedad.

—¿Le regaló *Nuestra Señora de la Paloma*?

Mi padre se rió un poco:

—Le regaló *Nuestra Señora de la Paloma*. Como te he dicho, ni siquiera recuerdo si había o no una paloma en el cuadro. Ni si el tema era una Virgen de alguna denominación. Puede haber sido una diosa pagana, por ejemplo, obra de un pintor italiano muy menor que la dotó de brazos bastante sicalípticos. Hace más de cincuenta años que no veo esa pintura, así es que te figurarás que me acuerdo poco de ella. En realidad, me encantaría volver a verla, aunque forzando mi recuerdo me encuentro con un retrato francamente frívolo, muy poco español, más bien francés, de una mujer con apariencia de cortesana, mirando el cielo con sus lindos ojos extáticos, apretándose contra el pecho algo que podría ser una paloma. Muy mundano, recuerdo. Un poco Greuze, te diré. Pero mi recuerdo es más bien vago, parte del arrumbamiento de trastos incompletos de los que quedan apenas unos vestigios en mi memoria. Como tantas cosas... ¿Por qué mis hermanas llamaban «el Borgoño» a lo que los españoles descarnadamente llaman «el culo», cuando esa parte de la anatomía es muy desarrollada? Al contártelo, ahora, después de tenerlo olvidado durante decenios, aparecen las sombras odiosas de unas viejas peludas, primas de mi madre, que a veces nos visitaban y que llevaban ese apellido, y entrando o saliendo de la casa observábamos cómo bamboleaban unos inmensos culos. Desde entonces mis hermanas usan el eufemismo «el Borgoño» para referirse a esa parte de las personas. ¿Qué habrá sido de las pobres tías Borgoño?

—Papá, es como si usted no quisiera contarme nada más sobre *Nuestra Señora de la Paloma,* y se me va por las ramas...

—Supongo que será porque se comprometen cosas que no es agradable tener que enfrentar. No es bonito el dato de que algunos de mis abuelos no fueron lo que en el colegio nos enseñaron a admirar; es decir, no fueron héroes patriotas sino realistas. Y sin embargo hay parte de la familia que ama acrecentar el mito de *Nuestra Señora de la Paloma,* que aunque cuestionable por lado y lado, está unido, de alguna forma que jamás se ha desentrañado, con un origen realista.

—¿Pero en qué puede encontrar apoyo una leyenda tan desagradable sobre un cuadro y una señora que no estuvieron nunca en Talca?

—Viejos cuentos familiares muy contradictorios que por cierto no cuesta nada desmentir. Don Francisco Casimiro Marcó del Pont y su señora no pueden haber pasado una noche en Talca en su huida hacia Chiloé para embarcarse de regreso a España. Después de la derrota realista en Chacabuco, el gobernador intentó fugarse, aterrorizado por la turbamulta que invadió su casa para robarle sus legendarias pertenencias. Pocas veces ha habido un hombre más despreciado y odiado en Chile que Marcó del Pont, por petimetre, cruel y cobarde.

—¿Pero qué tiene que ver todo esto con nuestra familia, papá? ¿En qué se basa usted para afirmar que sus antepasados fueron realistas? ¿Y qué tiene que ver Marcó del Pont con una supuesta *Nuestra Señora de la Paloma?*

—Cuentos... historias que se perpetúan fragmentadas e inconexas en el fondo más tenebroso de la memoria de la familia, y que encarnan terrores ancestrales y culpabilidad. Tienes que recordar que, durante la Independencia, las familias (igual que en la revolución balmacedista) se trizaron, creando odio de hermano contra hermano, de padre contra hijo, que no volvieron a dirigirse la palabra hasta después de Maipú... en algunos casos hasta hoy mismo, cuando las llagas que todos creían cerradas de pronto se abren: realistas y patriotas, carreristas y ohigginistas, todavía no se pueden poner de acuerdo sobre «el Guacho». Después de Chacabuco, durante el destrozo e incendio de su casa en Santiago, Marcó del Pont, de hecho, huyó, pero al puerto de San Antonio en la costa de Santiago, no hacia Chiloé en el sur. Antes de llegar a San Antonio, fue prendido por los patriotas y llevado prisionero a Mendoza y San Luis, en Argentina, estableciéndose más tarde en Luján, donde murió.

—No veo que tengamos nada que ver con este asunto —dije yo, airado—. No me satisface el final de este relato. Quedan demasiados cabos sueltos, demasiados personajes sin castigo ni solución.

—Es que existe otra versión de las cosas, que corre por lo menos en mi familia, aunque con escasos visos de verdad, por debajo y con sordina respecto a la versión oficial, la de la crónica. Con el tiempo lo real se transformó en rumor, más tarde en cuento, luego en una fantasía en que la libertad hace cualquier juego con los remotos datos reales, hasta casi desvanecerse... ya vamos siendo muy pocos los que conservamos sus vestigios en forma de conjeturas o especulaciones de viejos... y con nuestra desaparición esas posibilidades se extinguirán. Quedará campeando sólo la escuálida verdad desnuda, o *una* verdad desnuda que llamamos la *verdad histórica* de nuestras afirmaciones. El hecho es que esta conjetura que te estoy proponiendo como posible dice que el odiado Marcó del Pont con su mujer, en la lujosa calesa que se había hecho construir en España, después de ser apresado en la hacienda «Las Tablas», vecina a San Antonio, se las habría arreglado para fugarse de allí con su cuantioso equipaje. Habría viajado, según dice parte de mi parentela, todo un atardecer, una noche, una mañana y una tarde, sin parar, rumbo al sur, hacia el remoto Chiloé, donde lo esperaba un navío realista que lo devolvería a su Rey y a su Madre Patria. La primera noche durmió incómodamente en la calesa, pero al cabo del segundo día de viaje sus huesos ya no pudieron más y, necesitando una cama para descansar, se refugió en casa de un amigo y correligionario realista, un señor Donoso (primo del Donoso que convocó el Cabildo Abierto en Talca en 1810) que lo atendió discreta pero lujosamente. Le dio la mejor habitación de la casa, puso a su servicio a un negrito como ayuda de cámara, mientras varias mujeres atendían la *toilette* de su esposa. A pedido del gobernador hizo llamar a un fraile para que los confesara a él y a su señora. A la mañana siguiente, al partir con exclamaciones de «¡viva el Rey!», Marcó del Pont le dejó a su amigo Donoso, como recuerdo de la noche en su casa, un cuadro que llamaré *Nuestra Señora de la Paloma*. Ambas parejas se abrazaron, agradeciéndose las mutuas atenciones. Y Marcó del Pont y su señora volvieron a partir rumbo a Chiloé. A mediodía tuvieron que cruzar con su calesa, en balsa, el río Maule, lo que resultó demoroso. Al desembarcar en la ribera sur, de entre la arboleda vieron surgir la figura del fraile confesor, un franciscano encapuchado. Lo seguía un piquete de soldados patriotas a los que dio orden de apresar a los ilustres viajeros e incautarse de su equipaje. Después de cambiar los caballos en una posta vecina que le tenía otros listos, en la misma calesa que los trajo del norte los volvió a mandar a Santiago, donde los esperaban las autoridades. Un rutilante jinete de botas de charol y calzas blancas galopó sonriente, pero sin decir una palabra, junto a la calesa, vigilando a los viajeros con aire socarrón, seguido por el mismo piquete de soldados que prendió a Marcó del Pont en la ribera sur del Maule.

«Al llegar a la capital, el ex gobernador rindió ceremoniosamente su espada al general San Martín, rodeado por autoridades civiles y militares. Al avanzar hacia San Martín sujetando su espada horizontalmente con ambas manos, Marcó del Pont se detuvo y el aliento se le cortó de estupefacción: había reconocido entre las autoridades, con el rostro ya no sombreado por la cogulla de franciscano talquino, el rostro de su confesor. Caminó dos pasos más, aterrorizado ante el rostro, ahora luminoso, del guerrillero archiconocido y celebrado como militar y audaz aventurero, Manuel Rodríguez, de cuyas artes y disfraces había sido víctima. Anonadado, se dejó caer en un sillón. Pero al instante se incorporó y se acercó al Libertador como buen militar que era: no en vano, y pese a toda su cursilería, había sido dos veces héroe en el sitio de Zaragoza durante las guerras napoleónicas. Y reconoció que le había llegado el momento de rendir su espada. De ahí se lo llevaron a morir en Argentina.»

—¿*Nuestra Señora de la Paloma?*—le pregunté a mi padre.

—Si es verdad esta historia, terminó su peregrinación en Talca, decorando no sé qué empapelado de qué pared. No importa. El hecho es que yo la vi, de niño, en la casa que fue de mi bisabuelo, y antes de mi chozno. Hartos con los desmanes de los montoneros que asolaban los campos y que con su libertinaje corrompían a la población, esa rama de Donosos conservadores fue siempre realista, fiel a Fernando VII, contraria a la patota de jóvenes revoltosos y ricachones que fueron, en cierto sentido, los que hicieron la Independencia, siguiendo los pasos de los Carrera. El abuelo Donoso que habría alojado a Marcó del Pont veía sus convicciones realistas reforzadas por la mano autoritaria del gobernador, apoyado por los sanguinarios Talaveras y por su lugarteniente San Bruno. De éste se decía que era capaz de hacer lo que quisiera con el susodicho gobernador. Los reaccionarios sentían que Marcó del Pont y San Bruno proporcionaban una estabilidad férrea, sin derecho para nadie a cuestionar nada, el único ambiente en que el trabajo del campo podía funcionar con seguridad plena. Aquí, a una cuadra de donde estamos sentados bajo estos olmos, quedó *Nuestra Señora de la Paloma*... si es que queremos conjeturar que ése es el origen del mediocre cuadro. Y, dentro de la maraña de estas narraciones, aceptar por lo menos en parte que este relato contradice el trabajo de la historia, con enmiendas que tienen mucho de fantasía y que pueden resultar lesivas para algunas familias. Es por esta vergüenza que se fue borrando poco a poco esta faceta de lo que presentaba la memoria como posibilidad. Nadie habla (nadie la recuerda) de la breve permanencia de Marcó del Pont en Talca. Poquísimos conocían la existencia de ese cuadro. Hoy, por casualidad, porque no lo vi colgado en el oratorio de la tía Adelaida, me puse a suponer que no era más que una estratagema para que los pocos que lo recordaban se olvidaran completamente de él. En todo caso, no importa. Todo da igual, patriotas y realistas, criollos y pelucones, curas o labriegos: ya no son ni datos curiosos para los vástagos de las familias que dieron su sangre por ser una u otra cosa. Han perdido la noción de cuáles fueron las pasiones que movilizaron a sus mayores, la fidelidad y la traición. Todo lo que no tiene que ver con el dinero ha perdido significación.

Mi padre y yo nunca volvimos a hablar de *Nuestra Señora de la Paloma,* ni de mi pariente Inés Letelier Donoso —ahora uno habla de otras Letelieres, más sofisticadas y elegantes—, que puede haberse muerto. ¡Es tan larga la familia, se queja mi padre, uno ya ni sabe quién es quién! ¡Si uno asistiera a los funerales de todos los primos que van falleciendo, no le quedaría tiempo para ninguna otra actividad! No importa nada que sea la Inés Letelier de Talca, o una Inés Letelier distinta, la que se quedó con el cuadro de Marcó del Pont, que por otra parte es de calidad bastante dudosa.

Santiago de Chile,
octubre de 1994 a septiembre de 1995

Este libro se terminó de imprimir
en el mes de abril de 1996,
en los talleres de Editorial Antártica S. A.,
ubicados en Ramón Freire 6920,
Santiago de Chile.